Marty
Cagan

# 马蒂·卡根

## 享誉全球的产品管理大师

# 从顶尖程序员
# 到优秀的产品经理

**“我不想始终在别人的产品中做仅仅会编码的人，我也想做产品。”**

1977 年，马蒂·卡根进入加州大学圣克鲁斯分校攻读计算机科学学位。毕业后，他进入程序员的梦想之地惠普实验室，在那里工作了 10 年。他和团队共同创立了专注于软件工程和系统开发的惠普 SESD 部门，并开发出了热销近 20 年的产品 SoftBench。

离开惠普后，马蒂加入了当时还很年轻的网景通信公司，成为联合创始人马克·安德森的下属。他带领产品团队参与首个商业化的网络浏览器 Netscape Navigator 的研发工作，进一步推动互联网的普及与商业化，也为后来的互联网服务和应用奠定了基础。

2001 年，马蒂又转战 eBay 担任产品管理及产品设计高级副总裁，他的加入开创了 eBay 全球 C2C 电商领军者的地位。

“我不想始终在别人的产品中做仅仅会编码的人，我也想做产品。”这是他在惠普工作了一段时间后的感受。产品领域最大的问题不是没有足够优秀的技术人员，而是没有人好好地训练这些人，没人教他们如何做产品。后来，他花了 5 年时间完成了从优秀技术员到产品管理高级经理人的转变。这段经历也让他学会了如何做到真正的“好”，不仅要成为好的技术员，还要成为好的管理者。

湛庐 CHEERS

与最聪明的人共同进化

HERE COMES EVERYBODY

# 硅谷顶级产品顾问
# 解密产品经营模式第一人

**“我希望帮助更多企业学习如何像顶级科技公司一样创造卓越的产品。”**

2002 年 9 月，马蒂·卡根怀揣着帮助企业持续打造创新产品的美好愿景创建了硅谷产品集团。公司成立后，他作为顾问辅导过很多硅谷上市公司，他的客户名单上有苹果、谷歌、特斯拉、奈飞、雅虎、BBC 等企业。

通过多年的观察，马蒂·卡根发现了这些顶级科技公司打造优秀产品的经营密码，他称之为“产品经营模式”。这种经营模式是一个基于一系列核心原则的概念体系，这些原则被优秀的产品型公司所认同。他认为自己有义务且乐于将这些洞见分享给更多希望利用技术为客户创造有效解决方案的公司。“我希望帮助更多企业学习如何像顶级科技公司一样创造卓越的产品。”他经常说道。

在马蒂的指导下，很多不同规模、不同阶段和不同行业的企业，都成功完成了向产品经营模式的转型，并且获得了良好的回报。比如，软件巨头 Adobe 在他的辅导下通过转型让公司市值从 130 亿美元增长到 2 690 亿美元；美国凯撒医疗在他的帮助下重获创新能力，开发出了获得用户推荐值 88% 的产品。

Marty
an

# 全球产品人的思想领袖

**“成功的前提是你必须知道：产品要解决什么问题？为谁而解决？怎样解决？”**

在顶级科技公司的产品管理经验加上在硅谷产品公司积累的产品顾问经验，使马蒂·卡根关于产品管理的思想体系对硅谷，乃至全球互联网产品人都产生了深厚而久远的影响。他不仅是一位杰出的产品管理专家，更是一位激励人心的思想领袖。

马蒂·卡根的足迹遍布全球，他经常受邀在全球各大高规格行业盛会和顶级公司发表演讲。无论是线上还是线下，他的演讲总是座无虚席、一票难求。他会定期在自己的网站上撰写博客，将自己的经验和知识传授给更多的产品经理和团队。他与团队成员共同打造了一系列书籍，被全球产品经理奉为圭臬。这些年，他与硅谷产品集团一起成长，已经成为技术产品开发领域公认的思想领袖。马蒂·卡根的影响力已经超越了技术领域，触及了每一个渴望创新和卓越的心灵。他希望帮助更多的企业和个人实现他们的梦想。他相信，无论时代如何变迁，卓越的产品管理始终是推动创新和成功的关键。



Marty Cagan

CHEERS
湛庐

# 转型启示录

# TRANSFORMED

[美] 马蒂 · 卡根（Marty Cagan）等　著
潘农菲　译

浙江科学技术出版社 · 杭州

测一测

# 企业如何才能成功转型?

扫码加入书架
领取阅读激励

- 产品经营模式适用于那些相信科技驱动业务的公司。如今，这种信念几乎涵盖了所有行业的广大公司。这种说法对吗？（　）

  A. 对

  B. 错

扫码获取全部
测试题及答案，
一起了解企业成功转型
所需的要素

- 作为产品领导层，在你开始转型时，要牢记两件重要的事情：第一，你有多少主人翁意识就有多少信任度；第二是什么？（　）（单选题）

  A. 需要组建一个新团队

  B. 需要实现奖惩分明

  C. 需要改变人心和思维方式

  D. 需要提升薪资水平

- 驱动企业进行转型的原因有很多，但不包括：（　）（单选题）

  A. 竞争威胁

  B. 技术债务

  C. 诱人的回报

  D. 受挫的领导

扫描左侧二维码查看本书更多测试题

# 技术驱动的中国

1996 年，我首次来到中国。当时，我是网景通信公司的产品执行官，受到中国政府的邀请来此探讨新兴技术。那次访问是在北京，当时我主要是与那些刚开始认识到互联网潜力的年轻的计算机专业学生见面交流。自此，我多次访问中国，除了北京，还去了上海和深圳，与各个企业交流，包括小型初创公司、成长型公司和大型企业。

回想 1996 年来中国时，中国能够接触到互联网的人寥寥无几。如今，超过 10 亿的中国民众可以上网，这使得中国成为全球技术驱动型公司的最大单一市场。相比之下，印度有 7.5 亿网民，欧洲各国更少，只有 5 亿，美国仅超过 3 亿。

得益于中国每年涌现的大量才华横溢的工程师和毕业生，许多中国公司致力于开发面向中国市场乃至全球市场的产品。正如在美国、欧洲各国和印度的公司一样，在中国，有些企业在创造技术驱动型产品方面比其他公司做得更出色。

本书的目的就是帮助更多公司学习如何像这些优秀的企业一样创造卓越的产品。需要特别指出的是，本书和之前出版的《启示录》系列中的内容并非我们自创，而是我们对世界上最具创新力的公司所实践的方法的观察和分享。

自本书的英文版出版以来，世界各地的读者都在阅读和分享他们的成果。Palace 公司是一家位于墨西哥梅里达的旅游公司，他们的技术副总裁安瓦尔·查普尔（Anuar Chapur）最近分享道："这本书已经成为我们的指路明灯。在阅读了之前的两本书之后，我们对这些概念有了深刻理解，但是拥有工具、技术和动力去实现转型，对我们来说是一个重大的突破。"

虽然像顶级公司那样工作并不容易，但这绝对可以实现。希望书中的案例能激励你尝试这些原则和技术。我期待着下一次中国行，并希望有机会亲自与你们中的更多人见面。

# 目　录

# 引　言

# 转向打造好产品、创造高收益的产品经营模式

本书回答了在向产品经营模式转型中人们最关心的三个问题。第一，产品经营模式的本质以及在这种模式下工作的真正含义是什么。第二，转型充满挑战，是否任何公司都可以转型为产品经营模式。第三，公司成功转型后你将获得什么样的能力。

开篇将讨论我们撰写这本书的原因，以及它与我们所撰写的另外两本开创性著作《启示录》和《启示录2》(*Empowered*)之间的联系。接下来，我们将阐述公司愿意投入大量时间和精力进行转型的主要原因并深入探讨一种非常典型的公司转型尝试，这种尝试通常会产生意料之中但令人失望的结果。

我们还会向你介绍公司成功转型的必备要素，这对帮助你转型至关重要。

许多人告诉你转型很容易，只要聘请他们帮忙即可，但现实并非如此简单。不过，我们也可以负责地说，转型确实有可能取得成功，而且一旦公司成功转型，你将取得巨大的成就。

最后，我们要解决这样一个难题：你意识到公司需要转型，但你所在的公司可能从未在产品经营模式下工作过，在这种情况下，公司将如何转型？本书面向所有致力于帮助公司转型为产品经营模式的读者，具体包括以下几类：

- **产品团队成员：**努力让工作转向产品经营模式的产品团队成员。
- **产品领导层：**引导公司完成转型的产品管理、产品设计和产品开发团队的管理者。
- **公司高管：**公司高级领导者，特别是 CEO 和 CFO。他们希望了解转型所涉及的方方面面来决定公司是否要转型。如果决定转型，该如何提供支持。
- **其他公司高管、公司利益相关方和员工：**受产品经营模式的影响，并希望学习如何有效参与转型的人员。
- **产品教练：**致力于帮助公司成功转型至产品经营模式的教练。

“我们公司并不是科技公司，那么产品经营模式对我们来说适用吗？”大多数人对此有疑惑。**当我们提及科技公司时，并不是指一家公司销售什么样的产品，而是指这家公司靠什么理念驱动业务。**

特斯拉销售汽车，奈飞销售娱乐产品，谷歌销售广告，爱彼迎销售度假住宿服务，亚马逊最初销售书籍，现在几乎销售一切商品。这些公司的区别不在于它们正在销售什么，而在于如何设计、打造它们所销售的产品，以及如何经营业务。

**产品经营模式适用于那些信奉技术驱动业务的公司。**如今，这种信念几乎涵盖了所有行业。我们撰写《启示录》是为了分享顶级产品团队在产品经营模式下打造优秀产品的最佳实践和技巧。之后，我们又撰写了《启示录 2》，从产品领导层的角度分享如何打造优秀的产品团队，帮助公司在产品经营模式下蓬勃发展。

现在，我们经常被问到的问题是："我们公司的经营模式与你们书中描述的截然不同。像我们这样的公司有可能转为产品经营模式吗？如果能的话，我们应该如何转型？"我们写这本书的目的就是回答这个问题。

过去 20 年里，硅谷产品集团一直致力于帮助公司完成向产品经营模式的转型。我们了解到，一些公司，特别是互联网时代成立的新兴公司就是在技术驱动业务这一全新模式下创立的。对它们来说，这种工作模式很普遍。然而，对世界上绝大多数公司而言，我们所描述的这种工作模式非常陌生。一位 CEO 将公司转型的体验描述为"把交通规则从靠右行驶变为靠左行驶，而且还要逐渐切换"。这些公司的领导意识到，为了在日新月异的新兴技术（enabling technology）时代保持竞争力，公司需要转型。然而，他们发现需要变革的程度巨大，绝非易事。

如果你读过我们之前的两本书，可能会对产品经营模式有所了解，但这两本书并没有涉及如何转型为产品经营模式的内容。如果你没有读过这两本书，那么本书能帮助你深刻理解产品经营模式的概念，并为你所在的公司转型提供必备的基础知识。

## 什么是产品经营模式

科技行业在术语标准化方面做得并不完善。同一个概念经常有多种不同的名称，甚至同一个术语也可能存在不同的定义。我们并不喜欢引入新术语，但为了清晰表达这本书中的重要概念，需要在此明确一些术语的含义。书中使用最多、最需要明确的核心概念就是“产品经营模式”。这个术语并不是我们首创的，我们发现许多优秀的产品型公司在使用它，只不过很多公司使用的是“产品模式”（product model）这个简称。

**产品经营模式并不是一个流程，也不是单一的工作方式。它是一个基于一系列核心原则的概念体系，而这些原则被优秀的产品型公司所认同。**例如，产品型公司强调试验的重要性，相较于产出的可预期程度，它们更注重创新。我们在本书中使用“产品经营模式”一词，指的正是我们在调研顶级科技公司的过程中观察总结出的公司始终遵循的运营方式。

**本质上，产品经营模式是指持续创造既受用户欢迎，又为公司创造效益的技术驱动型解决方案。从财务角度来看，产品经营模式意味着最大化公司的技术投资回报。**这里要重点强调一下，并不存在唯一正确的方法来开发卓越的产品。稍后我们会详细地讨论这一关键点。

我们在每本书中都会强调一点，这本书也不例外：书中提到的内容并非我们独创。我们的角色是策展人兼传播者。我们只是记录了在顶级科技公司观察到的现象。当然，我们不会事无巨细地记录，而是聚焦于我们认为的共同主题和核心原则。

采用产品经营模式的公司有时被称为“产品主导型公司”或“以产品为中心的公司”。我们并不喜欢这些术语，因为它们往往会让人误解产品团队在公司里应该接管一切，这种误解会产生不良的作用。同样，虽然产品经营模式是“用户驱动型公司”的一个例子，但这个术语已被滥用到失去了其原有含义的程度。更难以命名的是你所在的公司目前采用的模式。公司如何判定其以往的经营模式，其实受一个因素影响，即公司里哪个职能部门在主导和驱动公司发展。

在许多公司里，你会经常听到业务部门提出各种需求而其他部门对此进行响应，这遵循的是 IT 模式，因为 IT 部门响应各种需求。与 IT 模式类似的是项目模式。在项目模式下，CFO 扮演着重要角色，因为公司的资金和人员配置通常以项目为基础。

如果公司各个职能部门的利益相关方处于主导地位，那么这种模式通常被称为功能团队模式，即公司每个利益相关方主导自己所负责功能的产品路线图。如果销售部门处于主导地位，那么你常常会听到“销售驱动型模式”这个术语；如果营销部门处于主导地位，你则会听到“营销驱动型模式”这种说法。

在整本书中，我们将你的公司之前使用过的模式都称为“传统模式”，而你正在努力转型成为的模式称为“产品经营模式”。在本书的第一部分中，你将看到向产品经营模式转型的真正含义。本书还会讨论其他一些重要的产品术语和概念，我们会在遇到它们时再进行定义。

TRANSFORMED

**转型的关键提示**

## 产品经营模式适合谁

“什么是产品”是一个经常被问及的问题，它看似简单，但包含了多个层次，人们提问的原因也各不相同。有的团队担心他们做的产品并不像电商应用程序或者消费类产品那样直接面对用户。他们可能在开发一个公司内部员工用来服务用户的工具，或者他们在开发一个平台，用于搭载其他类型的产品，也可能是提供关键数据的后台系统。有人在开发硬件设备，而非纯软件。尽管这些类别的产品有各种各样的名称，但请放心，产品经营模式都能够提供帮助。

人们有时候会问，他们正在开发的东西是一个端到端的完整产品，还是作为更大项目的一部分。这涉及一个重要课题，我们称之为“团队组织设计”(team topology)。但就目的而言，即使只是大项目的一部分，它们也可以被视为产品。

人们问这样的问题是因为大量不同类型的产品并不是由工程师开发的技术驱动型产品。也许有人在管理与第三方供应商的关系，他们想知道产品经营模式是否也适用于他们，我们的回答是：不适用这种情况。那些打造技术驱动型产品或服务的团队往往面临独特的挑战，产品经营模式就是为了解决这些挑战。

TRANSFORMED

## 为什么要转型

当你决定阅读本书时，想必你的公司已经有了不得不转型的理由。但考虑到公司转型风险高、投入大，明确阐述公司转型的原因至关重要。一般来说，驱动公司进行转型的原因至少有以下三种。

### 行业竞争威胁

如今，几乎所有行业都充满竞争，各公司都在致力于为用户提供更好的解决方案。截至撰写本书之时，最新颠覆性技术生成式人工智能（GAI）已经重塑了诸多行业的竞争格局。与往常一样，一些公司正在利用这项新技术以全新的方式解决用户的长期痛点，而有一些公司则被远远抛在了身后。

这种颠覆性转型的“剧情”在各个行业都上演过，包括金融服务、医疗保健、零售、汽车、物流、广告，甚至太空探索领域。某些行业存在更高的转型成本、更严格的监管门槛或一定程度的政府保护，因此这种颠覆性转型需要更长的时间，但这并不意味着任何一家公司可以置身事外。许多公司意识到，它们正处于一场用户争夺战中，而它们使用的工具和战略虽然曾经奏效，如今却无法与新竞争对手的工具和能力相抗衡。

### 转型成功后诱人的回报

有些公司会被那些能够持续创新并取得成功的公司获得的财务回报所激励。它们看到了新一代公司的估值，以及成功转型的公司所获得的回报。这些诱人的奖赏激励着这些公司的投资者、高管、产品领导层和员工走上转型这条路。

### 对企业生存现状不满

一些公司的领导之所以追求产品经营模式，是因为他们对投入大量资金用于技术项目却收效甚微感到挫败。他们持续经历着超支的成本、令人失望的结果、漫长的产品交付周期、失去耐心的用户以及无休止的指责和借口。也许他们听说过一些花较少的钱却产出较多成果的公司，并希望学习这些公司的经营模式。在某些情况下，以下因素会共同促使公司做出重大转型决策：

- **人才流失：**公司里最优秀的技术人才因不满意当前的工作模式而选择离职。
- **领导层的推动：**公司“空降”了一位来自优秀产品型公司的领导者，他一直鼓励其他人考虑转型。
- **用户期望的转变：**尽管用户愿意保持忠诚，但他们直截了当地表达对你提供的产品或服务以及改进速度的不满。

无论是哪种动机，从根本上说，公司进行转型是因为它们认为应该成功抓住新机遇，并有效地应对重大威胁。

## 一次有代表性的失败转型

我们接触过的大多数公司之前也尝试过转型，最终结果是浪费了大量的时间和金钱却毫无进展。以下讲述的故事非常典型，尽管我们隐去了公司名，但故事属实。看看你能发现多少与之相似的经历。

自 2000 年成立以来，这家公司一直以财务为主导驱动业务。它始终以用户为中心，擅长根据用户的具体要求提供解决方案，并最终推出了长长的一系列满足不同用户需求的“特殊定制”。

最初，这家公司以不计代价拿下订单的策略取得了一定程度的业绩。无论是在内部还是外部，快速满足用户需求已成为该公司的独特品牌优势。但这种优势并没有持续下去。尽管公司不断增加员工人数，并且还有长时间“加班文化”，但是交付新功能所需的时间却明显变长。与此同时，市场上出现了几个新进入者，它们迅速获得了市场份额。最终该公司的销售业绩开始下滑，市场份额下降。

为了应对这种局面，该公司采取了积极收购策略，迅速收购并整合了更多的解决方案。然而，这些收购远没有为公司带来预期的盈利和增长，反而带来了重重问题。

该公司董事会对此做出了反应，并采取行动进行最高管理层的变革。公司新任 CEO 拥有令人瞩目的商业履历。她[①]曾迅速晋升至一家全球咨询公司的最

① 为了贯彻我们一直以来致力于扩大对优秀领导者形象认知的宗旨，本书中我们将始终使用女性的“她”进行指代。但本书面向所有性别的人群。

年轻高级合伙人，之后又担任了多个商业金融组织的高管职位。此次是她首次担任 CEO，她深知自己的职业生涯将由业绩来定义，这次绝不能失败，她已经做好了充分的准备。

目前，该公司仍然拥有较大的市场份额、较高的品牌影响力并且仍然盈利。但她知道转型势在必行，这也是她向董事会提出的方案。董事会之所以任命她为 CEO，目的正是重新唤起品牌活力。

她在担任公司管理咨询顾问期间，曾在多个不同行业实践过一套娴熟的策略。她因此迅速投入工作，开始诊断公司存在的问题。

该公司当时已发展成一个庞大的组织，在全球各地设有办事处，包括美国、印度和欧洲多国。公司由此产生的文化差异根深蒂固。经过多年的收购式增长，公司实际上由数家子公司组成，整合程度低下，技术债务[①]沉重，用户怨声载道。

该公司新任 CEO 借助之前的人脉关系，火速聘请了咨询顾问，为她提供一些传统做法。当时的方案是，该公司需要进行重大的变革，包括搭建一个新的、集中化的组织架构，工程开发转为由内部产品开发团队自研，制定更加聚焦的业务目标，以及创建一个全新的产品部门来集中管理产品经理和设计师。此外，该公司还聘请了一位新的首席数字官领导转型工作。

该公司启动变革后，许多挑战同时出现，其中之一就是产品开发转为内部自研。在竞争激烈的人才市场环境下招聘一支 600 名工程师的团队意味着支付高额薪资。

① 指多年来为了快速发展而积累的产品开发和架构上的“捷径”总和。技术债务在一定程度上是正常的，甚至是必要的。但如果任其发展会让公司陷入困境，常见表现为原本只需几天完成的工作，现在几周才能完成。

12 个月后，该公司预算超支，但仍未招够所需的人数。为了降低成本，该公司没有聘请有经验的产品经理，而是选择将一组商业分析师直接改为产品经理。该公司这样做的理由是产品套件非常复杂，需要工作人员具有深厚的行业经验。

事实证明，这次变革比公司预想的更具冲击力，且成本高昂。销售人员长期以来被认为是成功获得用户的唯一负责人，他们对这些变革并不满意，于是直接向 CEO 抱怨。虽然新任首席数字官对新聘工程师和多个产品团队的组建情况给予了积极评价，但变革进展缓慢，成本仍在继续增加。

在高管看不到的地方，新入职的工程师们对技术债务感到震惊。每个被收购的业务部门都继续沿用自己原有的技术栈运行业务。没有人认真地尝试整合他们的解决方案。该公司许多初创时期的人员离开了，留下来的人员勉强维持着多个系统的运行。除了立刻重构整个平台，工程师们看不到任何替代方案。

私底下，公司领导层对新工程师们表示同情，但他们对再次投资另一项巨大工程（这次是平台重构）兴趣寥寥。他们指示工程师们先在力所能及的范围内进行局部重构，但要找出方法加速产品交付。

该公司的转型持续了两年，进展比以往任何时候都慢。CEO 认为核心问题出在产品开发团队身上，他们需要协助才能提供符合预期的可靠结果。首席信息官建议采用一种更加正式和结构化的全新产品开发交付流程，并重新培训工程师团队使用这一流程，希望以此提高产品交付的可预期程度，尽管这会延长产品发布周期并降低发布频率。

但是，由于产品发布次数进一步减少，该公司新的争论焦点变成哪个业务部门能够增加足够多的功能来补偿用户升级带来的痛苦和成本。此外，新的流程也给该公司带来了大量额外的负担。

由于所有人的注意力都集中在每个冗长的产品发布上，该公司聘请了一个项目经理团队来监督产品交付流程，这样一来又增加了一层治理和控制成本。随着成本的持续上升，产品发布的次数变得越来越少。与此同时，竞争对手却蓬勃发展。该公司董事会最初对转型成功寄予的期望现在几乎被遗忘了。

此外，该公司里一大批刚刚被聘用的工程师因失败的领导层而离职。用户流失率越来越高，其中许多用户因对公司的转型明显缺乏进展而感到失望。认为该公司的转型已经山穷水尽的一小部分产品团队和研发主管层选择直接向 CEO 谏言。他们指出，公司的技术阻碍了他们满足用户需求，而且公司内的官僚主义已经严重到他们的工作难以取得任何进展。所有的备用方案都不理想。该公司因之前对技术管理不善终酿苦果。

投入数千万美元的转型成本后，CEO 开始困惑这次转型到底给公司带来了什么成果。4 年的痛苦经历和不断投入的真金白银，以及来自其他深感挫败的高管的压力，使这位 CEO 失去了董事会的支持。

这家公司的转型就这样，逐渐地，然后突然地，失败了。

## CEO 在转型中至关重要

帮助公司转型为产品经营模式的 20 年间，我们学到的最重要的一课是，CEO 在转型成功过程中扮演着至关重要的角色。请不要误解，CEO 不需要有产品经营模式方面的经验，也不必花费大量时间在转型本身上。但是，CEO 的角色仍然至关重要。

当然，每位 CEO 都会宣称自己支持公司转型。然而，大多数 CEO 直到公司转型的后期才真正意识到转型意味着什么。造成这种现象的原因在于，转型对公司的影响远远超出最初涉及的技术部门。公司转型会影响销售、营销、财务、人力资源、法务、业务拓展、合规和制造等各个部门。

本书中，我们将详细讨论转型如何影响到公司的每一个职能部门，以及为什么会影响到这些部门。重点是，并非所有关键领导者和公司利益相关方都热衷于转向这种新的工作模式。

多数人会愿意尝试至少一种有望带来好结果的方法，而且其中许多人意识到，学习如何在产品经营模式下高效工作，已逐渐成为简历中的加分项。我们还需要认识到，即使公司利益相关方或高管非常支持转型，他们也可能会对转型提出问题或合理的反驳意见，他们希望确保这些问题和意见得到妥善解决。

但有些人会被动抵制，也有一些人会积极抵制。这可能是因为他们想保住现在的职位，也可能是因为根深蒂固的“宁愿选择熟悉的魔鬼，也不愿选择未知的魔鬼”的观念。这些难以合作的公司利益相关方最终都向上汇报给 CEO，他们期待 CEO 来决定公司转型是否真正重要且必要。

正如硅谷传奇教练比尔·坎贝尔（Bill Campbell）曾经说过的那样：“公司关心领导者关心的事情。”在通常情况下，CEO 会将转型的负责人委托给首席信息官、首席数字官或首席转型官。然而，虽然这些高管在其所管辖的部门内能够主导决策与执行，但除非公司利益相关方向他们汇报（这种情况很少见），否则转型仍然会遇到抵制。

如果你是 CEO，这可能是你第一次意识到转型不仅仅是 IT 部门的事情。如果是这样，那么你必须仔细审视这些新情况和新问题。大多数公司确实是从关注产品、设计和产品开发方面必要的改变开启转型工作的。

这样做是合理的，因为只有具备这些能力，后续的工作才能顺利进行。你需要培养新的能力、新的技能以及慢慢给组织导入新的工作原则，最重要的是，你的公司还需要进行文化转型。

然而，在通常情况下，只有在做出这些改变之后，公司才会意识到这些新能力能够影响到整个公司。当 CEO 和其他高管没有积极拥抱这些变化时，转型工作就会陷入停滞。

**明确地说，CEO 需要被视为产品经营模式的首席传播者。如果你所在公司的 CEO 不愿意或无法做到这一点，那么请重新评估公司是否做好了转型的准备，这能节省大量的时间、金钱和精力。**

不过，公司转型带来的好处是，在产品经营模式下成功运营的公司可以改善每个人的处境，而不仅仅只有产品团队和产品开发团队获益。比如，员工对公司的产品更有自豪感。营销部门可以为更多产品做市场推广与市场定位，销售部门可以卖出更多产品。每个人都能看到财务变化，员工的士气和留存率也会提高。以上这些好处就是要求 CEO 积极帮助和支持公司转型的有力理由。

## 为转型做好准备

希望到目前为止，你已经理解了我们所说的“转型是艰难的”是什么意思。这本书旨在让你为即将到来的挑战做好准备。在书中，你不会找到任何所谓的转型秘籍或操作手册。许多人会试图向你兜售这样的东西。但很遗憾，我们从未见过这种一劳永逸、过于简化的方式奏效。

整本书穿插着转型的案例。这些案例旨在让你对转型充满信心，让你相信虽然转型困难重重，但绝对有可能实现。案例中的故事由成功转型的公司当时的产品负责人亲自分享，其中有一些案例会让你对公司转型完成后可以抵达的高度感到振奋。除此之外，本书还包括以下部分。

在第一部分中，我们将从一个全面的定义开始，介绍向产品经营模式转型的 3 种方式。

在第二部分中，我们将首先讨论产品经营模式下 4 种关键角色的胜任力。如果你想当然地认为你的公司已经具备这些能力，那么你大概率会犯错，而且转型注定失败。不要被那些只是挂着相关头衔却无法胜任的人所迷惑。

在第三部分中，我们将介绍产品经营模式的 5 大关键要素。大多数公司很快就会意识到它们还不具备这些知识和技能，这便是学习的第一步。产品经营模式的 4 种关键角色胜任力和 5 大关键要素是转型的基础。

在第四部分中，我们将讨论产品部门如何与用户、销售、产品营销、财务、公司利益相关方和高管进行建设性且高效的合作。

在第五部分中，我们将介绍转型的 7 大步骤。转型总是困难的，但有几个关键策略可以促进转型。我们会分别讲述各种技巧及持续推动转型的重要性。你可能已经意识到这里存在一个左右为难的处境。一家从来没在这种新模式下运作过的公司，而且可能公司管理层也没有人在这种模式下工作过，如何才能学会这种新的工作模式呢？

如果作者和培训师足够专业，书籍和各种类型的培训可以提供帮助，但这些并不够。我们将在书中讨论，当你公司的管理层从未以这种模式工作过的时候，你如何转型。

在第六部分中，我们将讨论每个重要的公司利益相关方的各种常见疑虑，包括销售、营销、客户成功、财务、人力资源、首席信息官、项目管理办公室

（PMO）、CEO 和董事会，以及产品部门内部的反对意见。这些反对意见和疑虑都是合理的，人们通常也是出于善意提出这些反对意见，因为他们看到了问题，但还不清楚如何解决。我们将逐一考虑这些反对意见，然后讨论如何处理它们。

在结语中，我们将尝试连接各个要点，总结本书讨论的关键内容，包括成功转型案例中的共同主题和提高转型成功率的 10 大关键因素。

TRANSFORMED
**转型的关键提示**

## 献给产品领导层的逆耳忠言

成功转型并非易事，需要直面棘手的问题，而相关人员往往不愿面对。考虑到这种情况，我们首先向产品领导层送上一些逆耳忠言。毋庸置疑，高管在公司转型方面扮演着重要角色。然而，许多产品领导层感到吃惊的是，他们自己要付出不亚于高管的努力。

许多产品领导层认为，只要高管改变做法，一切问题就会迎刃而解。因此，他们将精力放在敦促他人做出改变上，而不是改变自己。他们抱怨产品经理能力不足，抱怨高管没有赋权，抱怨产品工程师不够投入，抱怨公司利益相关方不信任他们，抱怨 CEO 要求看到详细的产品路线图。然而，他们似乎没有意识到，之所以出现上述问题，很大程度上是因为他们自己的行为，准确地说，也许是他们不作为的结果。

如果产品领导层不愿意承担提升产品团队人员能力的责任，或者不愿意纠正招错人的问题，那么产品团队就会由缺乏胜任力的人员组成。在这种情况下，团队没有被赋权，产品工程师像雇佣军一样工作，公司利益相关方不信任产品经理，CEO 不信任这些不能胜任工作的产品人员的主管难道令人意外吗？归根结底，作为产品领导层，在你开始转型时，要牢记两件重要的事情：

- 你有多少主人翁精神就有多少信任度。
- 产品领导层的一部分工作就是改变人心和思维方式。

虽然高管需要做出很多改变才能转向产品经营模式，但产品领导层和产品团队需要做出更大的改变。我们的目的是让所有人都清楚地认识到需要做出的改变，但成功的起点是产品团队提升自己的能力。

# 第一部分

# 向产品经营模式转型的 3 种方式

# TRANSFORMED

MOVING TO THE
PRODUCT OPERATING
MODEL

# 导 读

TRANSFORMED

公司在转型方面存在着非常多的反模式。很少有人见过真正成功的转型，这使得从成功转型中学习经验变得异常重要。我们经常被问到一个问题："哪些事情是我们公司在转型前做不到，而转型后就能做到的？"由于我们在产品领域经常谈论成效，因此我们认为这是一个好问题。

我们一直在强调已经成功转型的公司具备的能力和取得的成果，尤其是它们应对威胁和利用新机遇的能力。但是，假设公司领导层说他们需要实打实地转型，究竟是什么意思呢？你们可能听过这样的说法："转型到敏捷可能只是必要的一步，但远远不够""转型的核心是将功能团队改为赋权的产品团队""目标是转型为产品主导型公司"。

尽管以上说法可能针对转型的某个特定方面，但没有一种说法能很好地、全面地描述转型真正意味着什么。因此，在这本书中，我们采取了不同的方法来描述转型。与其贴某种标签，比如"敏捷""赋权的产品团队""产品主导型公司"，我们认为研究实际正在发生哪些改变更有用。在本书中，我们将产品经营模式视为沿着三个维度进行的变革：改变开发产品的方式、改变解决问题的方式、改变筛选问题的方式。

## 改变开发产品的方式

尽管敏捷方法已经存在多年，但许多公司仍然坚持月度，甚至更糟的季度“憋大招”式的版本发布。“伪敏捷”[①] 的兴起让这些公司自欺欺人，以为公司正在按照需要的方式工作，但实际上并没有用任何有意义的手段改善其产品开发方式。

我们的公司和用户需要我们提供可靠且可信赖的服务，这意味着小型、高频的版本发布；这意味着为你的技术增加监测工具，以便你了解其运行状况和用户的使用情况；这意味着监测你的技术，以便在问题影响用户之前先被检测出来；这也意味着先验证新功能的价值，再做全量发布。如果你没有进行持续交付（continuous delivery），那么你至少需要以不低于每两周一次的频率来进行真正的发布[②]。

## 改变解决问题的方式

当一家公司谈论从功能团队向赋权的产品团队转型时，主要指改变解决问题的方式。以前，公司利益相关方会优先考虑他们认定的解决方案，主要侧重于功能和项目，并将其列入产品路线图交给功能团队执行。现在，需要解决的问题会直接分配给产品团队，由他们自主找出有用户价值、产品易用、技术可行、业务可持续的解决方案。这样做的目的在于，将最佳解决方案的决策权直接赋予离用户最近的开发人员，因为他们是满足用户提出的产品需求的人。

在实践中，这意味着公司需要培养一种能快速测试想法的专业能力来发现值得开发的功能，用专业术语来讲叫“产品探索”（product discovery），并确保产品工程师和产品设计师拥有一名真正精通用户、数据、业务和行业的产品经理，以便产品团队拥有成功所需的跨职能综合能力。需要注意的是，这意味着产品团队要与公司利益相关方建立一种新型关系，产品团队与各方由服从关系转变为协作关系，并且产品团队必须找到既令用户喜爱，又为公司创造效益的解决方案。

## 改变筛选问题的方式

掌握产品探索技能能让你的团队持续快速地解决用户的棘手难题，同时又能为

---

① 伪敏捷中最臭名昭著的例子是 SAFe，但即使那些采用基本敏捷框架却仍进行月度或季度发布的团队，也错失了敏捷的真正优势。

② “真正的发布”的含义因产品类型而异，但就我们而言，它意味着成功地将产品的新功能交付到用户手中的状态。

公司带来效益，这对任何人来说都是一个重大飞跃。但它并没有解决一个问题：你如何决定这就是最重要的、最需要解决的问题。

在传统模式中，通常由公司利益相关方来决定哪些问题需要解决。在产品经营模式中，一种全新的关键能力就是产品领导力。每一家公司都会面临各种威胁和机遇。你重视哪些威胁，你决定抓住哪些机遇，这可能决定成败。一家实力很强的产品公司拥有令人向往的产品愿景和基于洞察力的产品战略，以此确定需要解决的最关键问题，从而实现业务目标。这里有几个重要的注意事项。

首先，改变开发产品的方式、改变解决问题的方式、改变筛选问题的方式，都依赖于有实力的产品领导层。我们希望你能开始理解产品领导力。产品团队成员需要教练式辅导与战略全景信息。

其次，从更高层面来看，你可以将这三个维度中的每一个都视为发展过程中的步骤，这确实是公司转型的一条路径。实际上，这三个维度像是组成了连续的光谱，你能够也应该同时在不同的维度上取得进展。有关这方面的更多内容，请参阅第五部分。

总结一下，改变开发产品的方式意味着将产品发布从大型的季度发布转为小型、高频的发布节奏。这是持续加快产品上市时间的关键。改变解决问题的方式意味着从由公司利益相关方驱动功能团队的产品路线图转为由赋权的产品团队直接解决问题，然后进行产品探索来提出有用户价值、产品易用、技术可行、业务可持续的解决方案。产品团队既要解决用户的问题，又要解决业务经营的问题。这种改变是持续缩短产品创收时间的关键。改变筛选问题的方式通常是最深刻的转变，因为它决定你选择抓住哪些机会，以及如何最大限度地利用你的投资，包括产品愿景和产品战略。这种转变是最大化技术投资回报率的关键。

衷心希望上面的框架能够帮助你全面地思考公司可能需要进行的转型，以及公司可能处于转型过程中的哪个阶段。在接下来的几章中，我们将深入探讨这三个维度，并描述为什么这些改变对优秀的产品型公司如此重要。

TRANSFORMED

MOVING TO THE
PRODUCT OPERATING MODEL

# 第 1 章

# 从以项目为中心转向以产品为中心

在技术投资方面，为用户和公司创造价值是核心目标。创造价值涉及很多方面，但归根结底，开发产品所依赖的主要是工程师。对于许多科技公司而言，产品工程师是成本构成中最大的单项支出。传统模式通常把每项技术工作视为一个项目。每个项目都会获得资金、配备人员并且完成规划、执行和交付。项目完成后，人们转而从事其他工作。

请注意，**在所有开发产品的工作中，我们都在创造两种价值：我们开发的产品和在这一过程中积累的经验教训**。在传统的项目模式中，这些经验教训没有得到足够的重视和有效的留存。这导致如果我们再次在这个领域开展工作，就要重新花费时间和金钱学习。或者更有可能什么都没学到，我们因为缺乏必要的知识，犯下代价高昂的错误。

此外，在对待代码的态度上，需要长期维护自己编写的代码的团队与项目结束后会离开的团队是截然不同的。这就是项目模式下技术债务如此普遍的原因。这就像翻修房子是为了出售还是自己居住的区别。如果是前者，简单地粉刷墙面更快、更省钱，即使以后油漆剥落也无所谓。

这就是外包公司常用的方式。我们经常说，如果这是你想要的工作方式，不如直接聘请埃森哲咨询公司，因为它比你更擅长以这种模式工作。但在产品经营模式中，仅仅以完成项目为目标的工作模式成本过高。更重要的是，它无法满足用户和公司的持续创新需求。

**因此，转型始于改变开发产品的方式。这意味着公司将重点从以项目为中心转变为以产品为中心。**在产品经营模式中，产品需要持续不断的改进。在优秀的产品型公司中，产品每周都在改进，甚至是每天多次，而且通常会持续数年。

你可以将团队的工作从开发新功能转为创收变现、降低运维成本或任何公司所需的其他任务。总而言之，团队将持续对产品进行投资，直到公司决定停止投入仅维持产品目前收入，或者公司决定产品进入生命周期结束阶段，直至从产品组合中被完全淘汰。在这种持续开发模式中，你需要小型、高频、可靠的发布机制。

优秀的产品型公司早在几年前就认识到，产品开发的次数越多，交付的变更就越多。**对公司，尤其是对公司的用户而言，高频发布比低频发布的效果更好。**这一点在《加速：公司数字化转型的 24 项核心能力》一书中作者妮科尔·福斯格伦（Nicole Forsgren）等做了详细解释。尽管这听起来有违常理，但数据非常清楚地证明了这一点。

如果你想为用户提供可靠的服务，那么确保产品少量变更能够正常运行，并且不引入任何意外问题，这要比将大量变更集中在一起并试图一次性发布容易得多。也就是说，如果你的产品团队没有做到至少每两周发布一次，那么你就无法按需服务好你的用户。关于公司无法做到这一点的常见借口，我们将在第六部分中加以揭示。

更重要的是，对于你部署的所有内容，你都需要确保产品的新功能经过充分的测试，以便了解产品运行状况和用户实际使用情况。你还需要持续监测产品，以便在用户发现问题之前及时发现并解决。对于产品的许多重要更改，你需要在全量发布之前证明新功能提供了必要的价值，目前的标准做法是通过 A/B 测试。

你可能认为这并不适用于你的产品类型，或者指出用户希望你减少发布频率，而不是增加发布频率。但在第 11 章中，我们将深入讨论为什么这种做法对你和你的用户至关重要，驱动这种工作模式的原则以及采用的机制是什么。

TRANSFORMED
**转型的关键提示**

## 实现小型、高频的发布不一定需要敏捷方法

你应该听说过敏捷。在过去 20 年里，许多公司转向敏捷方法的主要原因之一是，它为产品团队提供了一种推动力，让其实现持续、小型、高频的发布。

诚然，转向小型、高频的发布可能需要大量投入，主要用于测试和部署自动化。但是，对于那些使用敏捷方法让其发布频率不低于每两周一次的公司来说，这确实为它们和用户提供了真正的价值。

不过，需要说明的是，实现小型、高频的发布不一定需要敏捷方法。事实上，世界上许多顶级产品团队已经拥有了以持续集成和持续部署（CI/CD）的方式发布极小版本的能力，但他们并未遵循任何正式的敏捷

方法。

相反，一些公司在敏捷教练、敏捷仪式、敏捷角色、敏捷方法和敏捷流程上花费了巨额成本和时间后，产品仍然只能实现按季度发布，让它们的用户产生了不好的体验。

这里需要讲清楚一个关键点：如果公司的产品仍然按照年度、季度或者月度发布，那么你遵循多少敏捷仪式或聘用多少敏捷教练都没用。因为你并没有在本质上实现敏捷，甚至连表面上的敏捷都没有实现，也没有获得相应的收益，并且无法像你所期望的那样为你的用户提供服务。

许多公司花费了数百万美元转向敏捷流程，因为它们认为这是转型的必经之路，但它们为此付出的努力却很少，或者没有取得任何有意义的成果。如果这正是你所在公司的情况，我们相信你一定感到非常沮丧。

无论你是否选择采用敏捷方法，你都需要让每个产品团队能够至少每两周一次地进行高频、小型、可靠的发布。如果你的现有团队无法做到这一点，那就需要引进经验丰富的研发主管、工程师或真正的产品交付教练来指导他们。

TRANSFORMED

# 第 2 章

# 从功能团队模式转向赋权的产品团队模式

不管你选择开发什么产品，改变开发、测试和部署方式都至关重要，但很多公司只是变成了更有效率的功能工厂。它们发布了大量的新功能，却看不出这些功能对用户有什么价值，也看不到它们对业务有什么影响。事实上，大多数公司产品路线图上的功能和项目，只有一小部分能够产生正向的投资回报。大多数行业分析师认为投资回报比例在 10% ～ 30%。

请你将公司真正需要的功能列表与新发布功能产生的实际成果比较一下，如果新功能没有带来预期的回报，那么改变解决问题的方式就变得至关重要。这个问题的根源在于，这些功能团队的设置是为公司内部的利益相关方服务，而不是以对业务有利的方式服务于公司的用户。

业务主管和其他公司利益相关方了解他们自身的具体工作需求，于是他们会列出可以帮助自己完成工作的功能和项目列表。他们将这些工作作为优先事项交给功能团队，然后要求对方提供标明交付日期和交付成果的产品路线图。

那么，为什么在这份产品路线图里的功能中，只有极少数能够真正产生预期的回报呢？请注意，产品路线图里的每个功能都是针对某个潜在问题的潜在解决方案。它可能是与用户相关的问题，例如用户无法弄清楚如何有效使用产品；它也可能是与公司相关的问题，例如产品的服务开通成本太高。

在功能团队模式中，产品路线图里的功能首先由功能团队的设计师设计，然后由功能团队的工程师开发。但是该功能是否会为你的用户或公司提供价值，则取决于谁在路线图上要求开发该功能。这通常是公司利益相关方，他们可能了解自己的需求，但对科技产品至关重要的新兴技术缺乏深入理解。他们也很少有机会与用户就他们的需求和问题进行交流。因此，在功能团队模式中，你无法要求功能团队对业务成果负责。功能团队仅负责产出，即功能的实现。如果某个功能没有产生预期效果，功能团队可推卸责任，表示他们是按照相关指示开发功能。

但是，下达指示的公司利益相关方也不想对失败负责，这也是事实。他们大概率会称交付的功能不是他们期望的那样，或者交付时间比他们预期的时间长。这就是公司利益相关方和功能团队之间普遍缺乏信任的原因。功能团队模式产生的另一个不良后果是积累大量“孤儿”功能，这些功能没有产生真正的价值，但一直在等待未来某一天可能得到更新迭代，而这种情况很少发生。结果就是技术债务会迅速积累，可能导致管理失控，最终大大拖慢功能团队的进度。在最糟糕的情况下，这种模式甚至可能使整个业务陷入瘫痪。

**无论出于什么原因，一旦公司不能为用户持续创造价值或失去创新的能力，竞争对手就能够通过更具吸引力的解决方案抢走用户，这只是时间问题。**

这种情况已经在无数公司上演。你当然可以打价格战，也可以启动营销和促销活动，但这些措施充其量只能延迟不可避免的结局，即最终被竞争对手取代。

## 赋权的产品团队肩负着找到解决方案的重任

让我们将功能团队与一个赋权的产品团队进行对比。在这种情况下，产品团队不会收到写满功能和项目的列表，而是被告知一组需要解决的问题，以及期望达到的结果。产品团队会与公司利益相关方坐下来，从他们要求的特定功能反向思考，倒推出用户或公司面临的底层问题，然后讨论衡量成功的标准与期望的结果，这些都不难做到。

赋权的产品团队认为，与其简单地执行公司利益相关方期望的功能开发，不如肩负起为用户和公司找到解决方案的重任。这意味着产品团队要提出以下几个解决方案：

- 有用户价值的解决方案，即用户愿意购买或使用它。
- 产品易用的解决方案，即用户能够弄清楚如何使用它。
- 技术可行的解决方案，即工程师知道如何利用团队的时间和技术来解决问题。
- 业务可持续的解决方案，即该解决方案在营销、销售、财务、服务、法务和合规方面符合公司的业务规范。

为什么赋权的产品团队必然优于功能团队？除显而易见的理由，比如更强的主人翁精神带来的士气提升，以及直接为用户测试潜在解决方案获得的知识外，最主要的原因是，优秀的产品型公司理解赋予工程师自主权对创新至关重要，而赋权的产品团队正是为了利用好这种优质资产而建立的。

在功能团队模式下，工程师只是单纯地开发功能，设计师则负责让它外观漂亮。他们实际上就像雇佣兵一样。更糟糕的是，如果你用了外包工程师，他们就真的是名副其实的雇佣兵了。然而，**在一个赋权的产品团队中，工程师不仅仅负责开发产品，设计师也不仅仅负责设计。他们还肩负着帮助公司探索出正确解决方案的责任。这正是“赋权的产品团队”的含义。**

工程师的优势在于，他们每天都在使用新兴技术，这使他们处于可以发现最新可能的最佳位置。当这些得到赋权的产品工程师与产品经理和产品设计师协作，并直接接触用户时，你就明白了那些受用户喜爱的创新产品或服务是如何诞生的。我们承认，这里特别强调了赋予工程师权力的重要性。这样做的原因是，在尚未转型的公司中，与其他角色相比，工程师的外包占比更高。这通常需要公司更好地理解工程师在产品开发中的角色。

**当赋权的工程师与一位经验丰富的产品设计师（擅长设计有效且引人入胜的用户体验），以及一位能够理解用户和公司业务规范的、有能力的产品经理结合在一起时，你就拥有了解决难题所需的跨职能综合能力，开发出既令用户喜爱，又为公司创造效益的产品。**

## 以产品创收时间作为产品团队的目标

虽然产品上市时间对一个要为结果负责的赋权的产品团队而言很重要，但更重要的是产品创收时间。换句话说，就是实现业务成果的时间。如果一个赋权的产品团队发布了一个功能，但没有产生预期的成果，那么他们会对该功能或开发方法进行迭代，直到看到成果为止。

以产品创收时间作为产品团队的目标，会激励团队快速确定特定的想法或方法是否可行，这就是产品探索的核心。产品团队可以直接开发他们的各种想法，然后看看哪些能实现。但这很浪费时间，并且会在用户面前暴露很多糟糕的想法。相反，产品团队也可以通过一套完整的工具和方法来快速测试想法。

通常，产品团队会创建原型，原型有多种形式，但所有原型都有创建速度快且成本低的特点。每个原型被用来测试不同的风险或验证假设。**一般的经验法则是，产品探索中测试的任何想法都应该比工程师实际开发、测试和部署产品所花费的时间及成本至少低一个数量级。**在许多情况下，原型要比产品低两个数量级。

如果一个典型功能通常需要 3 ～ 5 次迭代才能达到预期的成果，并且如果每次迭代都需要功能团队来开发，每次迭代需要几个月的时间，那么你通常需要 1 ～ 2 年的时间才能使开发的功能产生预期回报。而且，这还是在公司利益相关方愿意继续将这些必要的迭代纳入其产品路线图的情况下。

相比之下，如果将需要解决的问题分配给赋权的产品团队，团队成员有执行产品探索的能力，那么这 3 ～ 5 次的迭代可以在几天或几周内完成，迭代后的产品版本也可以交付到用户手中，这样通常在几周后就能实现预期的成果。如果你曾经想搞清楚为何小型、赋权的产品团队能够比大型公司的功能团队更高效、持续地产出，那么这正是答案所在。我们在第 10 章中将讨论哪些技能可以帮你改变解决问题的方式。

## 以能创造公司效益的方式为用户服务

改变解决问题的方式不仅仅能节省金钱和时间，更重要的是，它能为你创造一种持续为用户创造价值的机制。与其让功能团队服务于公司内部的利益相关方，不如改用赋权的产品团队，以能创造公司效益的方式为用户服务。这并不是无关紧要的改变，它可以从根本上改变公司的运作方式。

但请注意，有些关键的公司利益相关方可能因失去对技术资源的控制权而不满。他们可能会被动抵制，甚至有些人会积极抵制。这就是为什么如果没有公司最高层明确并实际的支持，转型往往会失败。同时，有的公司目前在任的一些产品经理、产品设计师和工程师可能不愿意承担，或者没有能力承担这份额外的责任。

事实上，承担解决用户问题的责任比被动开发产品功能的难度要高得多。你需要确保产品团队成员达到合格水平，并为他们提供必要的指导和业务的背景信息才能取得成功。详情请参阅第二部分。**由产品经理、产品设计师和工程师组成的实力强、跨职能、赋权的产品团队，以既令用户喜爱，又为公司创造效益的方式共同解决用户问题，这就是产品经营模式的第一性原理。**详情请参阅第 8 章。

TRANSFORMED
**转型的关键提示**

## 成果路线图的优势

如果你正在改变解决问题的方式，那么有一个重要的问题是：待解决的问题源自哪里？在传统模式中，待解决的问题通常来自公司利益相关方，因为他们在产品路线图中优先考虑自己的需求。而在采用产品经营模式的公司中，待解决的问题则来自基于洞察的产品战略。

但是，如果你想在提升产品战略方面的产品领导力之前，先专注于加强解决问题的能力，该怎么办？针对这种情况，有一种非常实用的转型方法，称为“成果路线图”。

如果你今天去找公司利益相关方，问他们有哪些要解决的问题，这可能会引起混乱，因为大多数产品路线图实际上都列满需要产出的功能清单。路线图上不是要解决的问题，而是要开发的功能。

幸运的是，通过逆向工程来解决这些问题并不困难。逆向工程的工作方式是，首先你从现有的以产出为导向的产品路线图入手，然后逐项检查路线图上的每个项目，确定希望每个功能解决什么问题，以及成功的衡量标准，即预期成果是什么。你还是会解决以前需要解决的问题，但现在你给产品团队探索潜在解决方案时提供了一定的自由度，从而使团队成员能够专注于成果。然后，你可以学习产品探索的技术来帮助你实现这些成果。成果路线图的另一个好处是，它可以帮助你的公司利益相关方不再只是关注功能和交付日期，转而讨论待解决的问题和期望达到的成果。

# 第 3 章

# 从功能路线图转向成果路线图

我们已经讨论了改变开发产品的方式和改变解决问题的方式的必要性。但是，我们还没有讨论过如何决定哪些问题是最重要的。简单地采用现有的产品路线图，并针对每个功能或项目确定要解决的根本问题以及衡量成功的逻辑方法并不难。最直接的方法就是从功能路线图转变为成果路线图。

事实上，仅为赋权的产品团队提供待解决的问题和明确的成功衡量标准，就非常有助于为用户和公司策划出很好的解决方案了。但这些真的是他们需要解决的最重要的问题吗？每一家公司都面临着一系列机会和威胁。你的公司在面临最应抓住的机会或该严阵以待的威胁时，你做决定有多严谨？

## 颠覆产品规划

在大多数由公司利益相关方驱动、以功能团队为主导的公司中，存在某种形式的年度产品规划流程。在这个流程中，公司利益相关方会为他们认为最重要的项目进行辩护。

在许多这样的公司里，财务部门往往扮演着仲裁者的角色。他们会根据提交的商业计划做出决策。还有一些公司，公司利益相关方会直接向高管团队陈述他们的提案，最终由高管团队做出决策。然而，真正注重问责文化的公司会跟踪最终交付的结果与当初的承诺之间的差距，他们知道上述两种方法都不能稳定地产出高质量的决策，因为一开始就没有良好的数据作为决策依据。

产品规划就是关于如何决定解决哪些问题的。改变筛选问题的方式是公司转型为产品经营模式的第三个维度。

## 在被别人颠覆之前，颠覆自己

人们很容易低估产品规划这项改变的重大意义，因为他们没有意识到这对许多公司取得成功来说是必不可少的要素。那些取得成功的公司在被其他公司颠覆之前，先人一步做到了自我颠覆。

设想一下，由于竞争压力、用户需求和行为改变，你意识到需要对核心产品进行更新换代。但你同时也意识到，这项变革将非常深入，会全面影响到产品的开发、营销、销售、交付和服务等方面。

即使你举办再多的公司场外研讨会，聘请再多的管理顾问，公司里的每个利益相关方都不一定愿意做出自我颠覆的改变。即使他们愿意，坐在会议室里就能想出答案的可能性也微乎其微。远离技术和用户去做重大创新是非常困难的。我们猜你也意识到这种情况发生的可能性很低。

产品经营模式正是洞察了这一现实。这不是说赋权的产品团队的事情，而是说在 CEO 的支持下，产品领导层和产品团队与公司利益相关方合作，推动公司进行必要的变革。你将在后文 Trainline 公司、Datasite 公司、Adobe 成功转型的案例中看到这种变革动力。但现在先让我们从一个概括性的描述开始，了解正在发生的事情。

## 以用户为中心的产品愿景

很多公司总是忙于被动应对，应对新的销售机会、应对竞争对手的产品、应对用户的需求、应对价格压力等。然而，优秀的产品型公司虽然也关注这些因素，但并不会被这些因素裹胁。

**真正驱动优秀的产品型公司的，是对产品愿景的主动追求，即一种能够实实在在改善用户生活的产品愿景。事实上，一个令人向往、深入人心的产品愿景是公司招聘产品团队成员的最佳利器。**你想要招聘的人正是那些相信你的产品愿景，并渴望为用户生活带来改变的人。一个强大的产品愿景可以激励公司很多年，一般而言，一个愿景的激励周期为 3 ～ 10 年。

值得重点关注的是，产品愿景首先是关于用户的。它将帮助你的用户生活得更加美好。它不是关于如何赚更多钱，也无关本季度你的优先事项，或者如何搭建产品团队的组织架构。这些也很重要，我们将在接下来讨论，但产品愿景的目的是描述你正在试图创造的未来。你可能拥有几十甚至数百个产品团队，正是产品愿景将它们团结在一起，大家齐心协力使愿景成为现实。

## 基于洞察的产品战略

如果产品愿景描述了未来，那么产品战略则是用来帮助你确定当下要解决哪些最重要的问题。产品战略首先要聚焦业务成功最关键的领域。现实情况是，大多数公司总想同时做很多事情，最终分散了精力，难以在真正推动业务发展的关键点上取得实质性进展。正如网景通信公司 CEO 吉姆·巴克斯代尔（Jim Barksdale）所说：“最重要的事就是始终让关键的事处在核心位置。”或者，引用一句俄国谚语：“如果你同时追两只兔子，你一只也抓不到。”

一旦你确定了几个关键领域，你就需要慎重挑选合适的洞察方法来进行研究。你需要持续研究定量洞察，这主要来自生成的数据。你也需要进行定性洞察，这主要来自与用户直接交谈。同时，你还需要不断评估新兴技术以及相关产业受技术趋势的影响。

**基于洞察的产品战略通常需要公司发展新技能，但优秀的产品战略会使你的研发投入得到最好的产出。**可以这样说，优秀的产品战略是助推器。比合适的洞察方法更重要的是要理解产品战略与业务策略和市场推广策略（Go To Market, GTM）不同。许多公司在制定业务策略和 GTM 方面很强，但在产品战略方面往往是空白。在大多数以功能团队为主的公司中，产品战略实际上就是尽可能多地为不同的公司利益相关方交付功能。换句话说，这样的公司根本没有真正的产品战略。

## 肩负指导和培养团队成员任务的产品领导层

大多数想要转型的公司都明白，它们需要提升产品团队的水平，因此它们会招聘更多的资深工程师、熟练的产品设计师、优秀的产品经理。然而，许多公司惊讶地发现，它们忽视了产品领导层之间往往存在较大的差距。事实上，许多以功能团队为主的公司根本没有真正的产品领导层可言。

由于这些公司很少有产品愿景，更不可能有产品战略，因此在以功能团队运作的公司里，产品负责人的工作与产品经营模式的公司中拥有这一头衔的人的工作完全不同。

总体而言，在产品经营模式中，产品领导层在指导和培养其团队成员、使其具备发现和有效交付解决方案的技能方面发挥着首要作用。产品管理、产品设计和产品开发的主管不仅对确定解决哪些问题至关重要，而且对改变解决问题的方式和产品开发的方式也至关重要。我们将在第 9 章中详细说明。

TRANSFORMED

**转型的关键提示**

## 产品经营模式没有唯一的框架、方法和工具

在更广泛的产品社区中，一个非常普遍但错误的观点是，开发卓越产品的正确方法只有一种。有时产生这种误解是因为某个人或团队通过尝试一种方法、技巧或流程取得了很好的成效，所以他们认为只需复用传统模式即可。更常见的是，这种误解是由正在推销他们的流程、框架、方法或工具的人和公司所努力制造的。

但是，产品经营模式是一种概念体系。它是一种关于你如何思考工作的方式。它不是一种处方药，也不是一种流程。它没有唯一的框架、方法和工具。

从事产品相关工作的现实是，你面临着大量待解决的问题，每个问题都有不同的风险程度、不同的用户类型、不同的技术类型和不同的限制条件。即使有一种方法可以适用于所有情况，但对于绝大多数不太复杂的工作来说，这种方法肯定过犹不及：太慢或者太昂贵。

开发消费类电子产品与开发人工智能驱动的 SaaS 服务有着根本区别。即使在同一产品团队内部，也往往存在着截然不同的产品形态。这就是在公司转型为产品经营模式的过程中我们需要专注于原则的原因。这些原则无论复杂程度、用户、技术或行业如何，都能适用。因此，当你评估一家公司是否应该转型时，你需要深入了解其背景以及团队是否做出了适当的选择。

这种产生误解的例子随处可见。之前我们提到过，许多公司遵循敏捷仪式和活动，使用敏捷教练，设置敏捷岗位，但它们只是每月甚至每季度才发布一次产品。与此形成鲜明对比的是，许多优秀的产品型公司认为不需要敏捷方法、敏捷岗位或敏捷仪式，但它们长期实践持续交付。不难看出哪家公司是真的在应用敏捷原则。

再举一个例子。优秀的产品型公司会综合多种胜任力。例如，产品设计师可能是前端工程师，这种情况很常见。这样做有明显的优势，尽管候选人的可选范围要小得多。但真正的问题不是这些公司如何定义产品设计师角色，而是它们如何利用这些产品设计师来最大限度地减少浪费、化解风险，并创造有用户价值、可用性高的产品。

第二部分

# 产品经营模式下的 4 种关键角色

TRANSFORMED

MOVING TO THE
PRODUCT OPERATING
MODEL

在传统模式中，产品团队的存在是为了满足业务需求，更确切地说，是满足业务领导者的需求。但是在产品经营模式中，产品团队的存在是以一种用户喜爱且为公司创造效益的方式解决用户和公司的难题。这种差异听起来可能微不足道，但在团队的工作模式以及他们与公司其他部门的互动方式方面，却能产生相当大的影响。我们本质上是将寻找最佳解决方案的决策权和责任下放到相关产品团队，然后让该团队对结果负责。这就是产品岗位需要新的胜任力的原因。

优秀的产品由优秀的产品团队创造，而优秀的产品团队则由具备新的胜任力的人员组成。这一部分我们将讨论这些岗位新的胜任力是什么，以便你知道应该关注什么、期待什么，还要避免被那些空有头衔，却没有真才实学的人所蒙骗。公司为了建立新的胜任力所付出的努力至关重要。本书接下来讨论的所有内容都建立在这些胜任力之上。如果你不愿意建立这些新的胜任力，转型成功的希望可能就此破灭。

必须承认的是，对于那些围绕不同胜任力规划职业生涯的人来说，这些新的胜任力可能会对他们构成威胁。有些人会将产品经营模式视为职业生涯的重大机遇，以及未来几年继续发挥重要作用的机会。有些人会对这个话题不屑一顾，认为他们已经做到了这一点；还有人则会选择等待，希望领导者几个月后会对这一模式失去兴趣。

我们同样要强调，公司现有的许多员工可以通过指导成为具备这些岗位胜任力的实力型员工，但不要期望所有人都是如此。这一切取决于员工是否愿意学习，以及领导者或产品顾问是否有能力帮助员工学习这些新的胜任力。

在这一部分中，我们将分别介绍 4 种关键角色的胜任力，但内容不会详细到你看完就能学会。因为学习每一种专业能力通常需要数年时间。我们希望通过介绍这些胜任力，让你理解为什么需要这些新的胜任力，以及你应该从具备这些能力的人那里学到什么。我们还希望你现在开始考虑改变你的职位描述和职业发展路径，以确保这些新的胜任力派上用场。转型过程中的一大挑战是，许多公司只是采用了产品经营模式下的岗位名称，并没有真正学习这些岗位新的胜任力。这个问题比你想象的要严重得多。我们希望为你提供一些工具，帮助你有效地评估岗位胜任力。

## 产品经理、产品设计师和技术专家胜任力

一个典型的跨职能产品团队需要三种特定且截然不同的技能组合。这通常意味着一个产品团队至少需要三个人。但有时一个人能够具备多种技能，或者在某些特定情况下，特殊产品可能只需要其中的两种技能组合。请记住，在为你的用户或公司解决问题时，你需要提出既令用户喜爱，又为公司创造效益的解决方案。为了找到有效的解决方案，团队需要负责应对以下 4 种不同的风险：

- **用户价值风险：**用户是否会购买我们的解决方案，或者是否会选择使用我们的产品。
- **业务持续性风险：**这个解决方案能否为我们的业务带来效益。我们能否有效且合法地营销、销售、服务、融资和盈利。
- **产品易用性风险：**用户学习、使用和感知解决方案价值的难易程度。
- **技术可行性风险：**我们是否知道如何利用现有的人员、时间、技术和数据来开发、扩充此解决方案。

除本书中介绍的风险分类方法之外，还存在其他分类方法。产品设计公司 IDEO 提出了一种主要的分类方法，该方法将风险分为三类：用户渴求度（desirability）、技术可行性（feasibility）和业务持续性（viability）。换句话说，IDEO 将价值风险和可用性风险合并为“用户渴求度”风险。

使用某种类型的风险分类方法最重要的目的是确保你考虑到所有重要风险。然而，我们发现 IDEO 的分类方法更适用于消费类产品（每个用户同时也是购买者），而对于商业类产品则不太适用，因为用户能否使用产品和用户是否会购买产品很容易混淆不清。在跨职能的产品团队中，团队角色需要的关键胜任力是：产品经理负责应对用户价值风险和业务持续性风险，并总体负责实现业务成果。产品设计师负责应对产品易用性风险，并总体负责产品体验，即用户与产品之间的所有互动。工程师团队中的技术专家负责应对技术可行性风险，并总体负责产品交付。

我们需要认识到，团队角色需要的这三种胜任力中的任何一种，都能够影响也确实在各个方面影响着他们交付的解决方案，因此，了解谁具体负责应对哪类风险将对转型有所帮助。如上所述，发展以上每一种胜任力所需要的技能相当重要。

## 产品领导层胜任力

产品领导层需要对团队中的产品经理、产品设计师和工程师进行面试招聘、培训上岗、指导培养等工作。除建立和指导产品团队之外，产品领导层还肩负着重要的职责，包括创建令人向往的产品愿景、制定基于洞察的产品战略、精心研究团队组织设计、明确需要解决的关键问题和要达成的业务成果，确保产品团队的目标与公司目标保持一致，以抓住最佳机会和应对最严重的威胁，并影响产品团队周围的公司利益相关方与生态伙伴，使其成功实现变革。因此，你选择的产品领导层会对你的转型工作起到至关重要的作用。如果你的公司目前还没有具备丰富经验和合格技能的产品领导层，首选方案就是从外面招聘，让他们参与启动转型的工作。如果公司现有的产品领导层只掌握了部分技能，也可以聘请外部的产品领导力教练为他们补充知识。

## 产品经营模式下的角色

最后需要指出的很重要的一点是，还有其他一些角色随着公司向产品经营模式转变而被深刻影响。其中一类是产品营销，另一类是项目管理（又称交付管理）。本书稍后将讨论这两类角色。

# 第 4 章

# 产品经理负责实现业务成果

我们现在要郑重提醒你，建立产品经理胜任力一直是最难的工作。你的公司很可能已经拥有很多产品经理。但现有的“产品经理”很可能只是从其他职位转岗过来的，如敏捷开发产品主管、业务分析师或敏捷开发项目主管。他们只是简单地换了个头衔而已。

造成产品经理胜任力如此混乱的原因在于，传统模式中可能已经有一个“产品经理”头衔的角色，但那是一个在实际工作中与真正的“产品经理”所需的技能和职责完全不同的职位。结果就是，你需要逐个深入考察拥有“产品经理”头衔的人员，以确定他们是否真正具备必要的技能。如果他们不具备，你还要判断他们是否可以在有能力的教练的指导下，在合理的时间内达到所需的胜任力水平。

正如我们之前讨论过的，在传统模式中，如果有公司利益相关方的话，他们在无形中承担了所开发解决方案的用户价值和业务持续性的责任。**在产品经营模式中，产品经理明确负责确保产品的用户价值和业务持续性。**

用户价值需要你深入了解用户，而业务持续性需要你深入了解业务。对产品经理这一角色我们不在这里深入探讨，只需确保你能够评估担任此角色的人员是否能够胜任这份工作。

了解用户不仅仅意味着成为用户如何选择和使用你的产品的专家，你要对此既可以做定性分析，也可以做定量分析；了解用户还意味着了解市场、竞争格局以及相关技术和行业趋势。了解业务意味着明白你的产品如何获得资金、实现盈利、进行制造、营销、销售、交付和服务，以及了解所有相关的法务、合同或合规要求。

新任产品经理在优秀的领导的指导下，通常需要 2 ～ 3 个月的时间才能全面熟悉公司用户和业务。如果没有优秀的领导的积极指导，该产品经理即使干好几年也可能仍然缺乏必要的技能。这会导致一种最常见的结果：公司利益相关方对该产品经理失去信任。认识到这一点很重要，因为通常情况下工程师和产品设计师并不具备这种知识（尽管我们非常希望他们具备）。为了让产品团队在探索有效解决方案的过程中能够进行正确决策，他们往往需要从其他地方获得这种知识。

产品团队缺乏有胜任力的产品经理的一个显著标志是，所有决策或者由上级领导拍板，或者召开公司利益相关方会议，让公司利益相关方集体做出决定。为了让你对产品经理所需的技能有所了解，这里有两个现实情况：

- 产品负责人的表现将被其团队中最弱的产品经理所影响。
- CEO 应该相信，团队中的每位产品经理在未来 5 年左右的时间里都具有成为公司未来领导者的潜力。

尽管存在例外，但大多数传统业务分析师和敏捷开发产品主管根本达不到产品经理的标准。与产品经营模式中的产品经理相比，这些传统岗位的角色定义非常狭窄，所需的专业知识也少得多。你要认识到，产品经理需要与主要用户和关键的公司利益相关方建立信任。这需要能力非常强的人才能做到。

不幸的是，许多转型项目失败的原因在于，公司不愿对其所谓的“产品经理”严格要求，这导致产品团队缺乏必要的跨职能技能，公司利益相关方缺少对团队的信任，产品团队无法交付预期的成果，最终只能宣告向产品经营模式的转型尝试失败。如果你认为只要修改一下现有“敏捷开发产品主管”或“业务分析师”的职位名称就够了，那么你很可能会失败。

在转型过程中，可能有一些人需要找到更能使他们发挥才能的职位，同样有可能的是，你的组织中有非常适合担任产品经理角色的优秀人才散落在各个部门。**转型过程中非常重要的一环是识别高潜人才，把他们放在产品经理这个关键岗位，并为他们提供必要的指导以助其成功。**你要去寻找这样的人才：

- 对业务有深刻的理解，并能迅速学习其他业务领域知识。
- 乐于研究数据，以了解用户行为和趋势。
- 渴望与真实用户面对面交流。
- 愿意与设计师和工程师一起撸起袖子，在白板前进行头脑风暴，共同去解决各种各样的问题。
- 热衷于高效学习，竭尽所能地汲取新知，并且乐意协助他人解决困难问题。

最后，我们想再次强调一点：如果你认为自己的公司不存在以上问题，因为你们招进来的人才都很优秀，那么根据我们的经验，你的转型正在走向失败。

TRANSFORMED
**转型的关键提示**

## 直接接触用户、产品数据和利益相关方至关重要

为了让产品团队交付有效的解决方案，产品团队，尤其是产品经理能够顺畅地直接接触用户、产品数据和前端业务的公司利益相关方至关重要。

### 直接接触用户

如果没有直接畅通的渠道接触实际用户，产品团队几乎不可能取得任何成功。用户不仅能为尚未解决的问题提供灵感，而且能快速测试你所提出的解决方案。

产品经理和产品设计师需要直接接触用户，这应该是显而易见的。但让工程师直接接触用户同样重要，这一点很多人不清楚。诚然，并非所有工程师都需要参与每一次与用户的互动。但是，当工程师亲眼看到用户使用产品遇到困难时，就会产生神奇的效果。因此，你越是鼓励和促进这种互动，结果就越好。

当然，你需要确保团队成员经过培训和指导，能够与用户进行恰当的互动。但这里的关键是，不要让任何人阻止产品团队直接接触用户，无论是销售人员、营销人员、客户成功人员、用户研究人员，还是用户的供应商经理，都无权阻拦[①]。

不过，这并不意味着产品线以外的人不能偶尔参与与用户的直接互动。例如，当你认为需要同事感同身受时，邀请关键的公司利益相关方或感兴趣的高管参与互动可能会非常有影响力。

① 大多数公司直观上认为产品团队需要直接与用户互动，但一些公司仍会提出反对意见。我们将在第六部分中详细讨论这些反对意见。现在，请理解产品团队与用户进行持续且直接的互动是产品经营模式的基础。

## 直接接触产品数据

同样，产品经理也需要直接接触产品数据，以便于基于数据做出好的决策。通常，多个数据源会包含不同类型的数据，例如用户如何与产品互动、用户如何购买产品、用户行为如何随时间而变化。

产品团队可能会寻求数据分析师和数据科学家的帮助来解释复杂的数据模式。但产品经理负有数据决策的责任，因此她需要直接接触数据。

在一些公司中，某些人希望限制产品经理接触这些数据，因为要维护用户隐私和数据安全。但你可以创建系统来对数据实施适当的治理、接触、匿名化和聚合，这些措施必不可少，目的是要让团队成员或产品经理直接接触必要的数据。与直接接触用户一样，直接接触数据也是产品经营模式的基础。没有直接接触数据的权限，产品经理的工作就如同盲人摸象。

## 直接接触前端业务的公司利益相关方

为你的业务找到有效的解决方案，就是要解决各种业务约束，如营销、销售、服务、财务、法律、合规、制造、行业专家等多个部门的约束。因此，产品经理必须直接接触负责这些业务约束的全公司各个业务领导。

产品经理必须与他们建立关系，投入时间和精力去了解不同的公司利益相关方的关注和需求。公司利益相关方必须真正确认产品经理理解了相关限制，并确保在拟订的解决方案中予以考虑和解决。

在业务持续性还不确定的灰色地带进行产品开发之前，产品经理要与公司利益相关方进行讨论。产品经理与公司利益相关方之间的信任对于找到既能解决用户问题又能解决业务问题的有效解决方案至关重要。

产品经理需要直接接触用户、直接接触数据以及直接接触公司利益相关方，以确保其所开发的解决方案的用户价值和业务持续性。如果你的产品经理无法直接接触这三方中的任何一方，那么他们很可能会失败。这意味着你需要确保产品经理不被阻碍，避免任何善意人士或烦琐流程成为障碍。

在一些公司，尤其是那些外包工程师的公司，产品经理还需要直接、畅通地接触工程师。对于来自 IT 模式的人来说，这似乎是理所当然的。但对于许多人来说却并非如此。在以下情况中，产品经理直接接触工程师可能并不是那么方便：

- 工程师被外包。
- 工程师处于不同时区，因而交流比较困难，或者有人认为工程师需要封闭开发，以免在写代码时被打扰。
- 产品团队实行分治管理，产品经理负责与用户、公司利益相关方互动，而其他人，比如敏捷开发产品主管或项目经理，负责与工程师互动。

由于工程师日复一日地在应用新兴技术工作，因此他们理解现在的技术能够实现什么。但只有当工程师每天与产品经理互动时，这种理解才会转化为可执行的动作。退一万步说，产品经理需要能够直接接触技术专家。

## 了解太多行业知识未必是好事

你可能已经注意到，关于优秀产品经理的描述中，明显缺少一项属性：行业知识。例如，如果你的产品是保险，那么你需要对保险的行业知识了解多少？这个话题之所以如此重要，是因为转型中的公司经常会从用户或拥有丰富行业经验的人员中聘请产品经理。但是，在大多数情况下，这样做是错的。

毫无疑问，对行业知之甚少的人很难胜任这份工作。然而，更令人惊讶的是，当产品经理对行业了解太多时也会带来一些问题。需要明确的是，我们期望新任产品经理能在入职后几个月的时间里掌握行业知识而成为专家。这样要求是为了避免招聘产品经理时过度强调候选人之前行业的经验，这样会存在风险。

产品思想领袖施雷亚斯·多什（Shreyas Doshi）将真正的行业知识称为“行业知识减去行业教条”。对于在某个行业沉浸多年的人来说，很难将行业教条与行业知识区分开来。而问题就在于，行业教条严重阻碍了创新。这些行业老人可以列出某种方法行不通的无数理由，直到不去理会这些教条的人出现，然后证明这种方法其实是行得通的。

对于某些需要深厚专业知识的行业，我们会聘请一位专职的行业专家，为各个产品团队服务，例如外科手术器械、税务筹划或法规报告。

# 第 5 章

# 产品设计师负责产品体验

多数正在向产品经营模式转型的公司已经有了一定数量的设计师，但他们通常承担的职责与产品经营模式所需的截然不同。在传统模式中，设计师的岗位职责往往是服务产品经理，或支持营销团队，但这都不是我们所需要的。**就产品经营模式而言，设计师真正需要解决的是两个问题：产品如何工作和产品如何探索。**

在传统模式中，设计师拥有的技能比较少。他们通常是平面设计师或视觉设计师，虽然这些技能肯定有用，但正如史蒂夫·乔布斯的那句名言：“设计不仅仅是产品的外观与感觉，设计是产品如何工作。”

在产品经营模式中，我们将设计师称为“产品设计师”，因为产品经营模式需要设计师扮演更重要的角色，负责整体用户体验，使用户感受到产品的价值。我们需要设计师精通服务设计、交互设计、视觉设计，如果是设备类产品，还需要精通工业设计。

产品设计师不需要全部精通这些技能，但对于大多数产品而言，产品设计师具备已得到验证的交互设计知识与技能至关重要。因为交互设计旨在理解技术与人，即用户应该如何相互交流。

公司目前的设计师通常是在产品设计阶段的最后才被引入，负责美化产品，或者至少让产品看起来像是出自同一家公司之手。然而，你们真正需要的是能够为产品探索出有效解决方案的产品设计师。

**资深的产品设计师经过训练可以直接与用户互动，深入了解他们的想法，理解他们如何看待你正在努力为他们解决的问题，以及他们如何看待你的潜在解决方案。他们努力设计全面的用户体验，让你的用户面对产品时感到直观和熟悉。此外，资深的产品设计师不仅设计体验，还刻意设计这些体验的变化。**

当这些变化设计得当时，用户甚至不会注意到持续不断的变化和改进。但当用户注意到它们时，顺畅的体验会引导他们快速习惯这些变化，无须任何形式的重新培训或业务中断。

在日常的产品探索工作中，产品设计师是产品经理和技术专家的关键合作伙伴。产品设计师通常会率先做出你可以体验、考虑、评估和测试的产品原型来表达产品想法。对于一个典型的设计师来说，每周创作十几个甚至更多的原型并不少见。虽然大部分原型最终会被淘汰，但它们能帮助产品设计师找到一个有效的解决方案。

由于遵循产品经营模式的公司对产品设计师的技能水平要求较高，并且市场对这类人才的需求很大，因此，这些备受重视的专业人士通常薪酬水平与产品经理和工程师相当。在通常情况下，每个负责用户端产品或服务的团队都会拥有一位专属的产品设计师。

随着越来越多的公司转向产品经营模式以及更多类型的产品公司，那些向大型公司销售产品的公司越来越深刻地意识到，它们需要产品设计师的帮助。市场上这类专业人士的需求将持续增长。

TRANSFORMED

MOVING TO THE
PRODUCT OPERATING MODEL

# 第 6 章

# 技术专家负责产品交付

在讨论工程师和产品经理、产品设计师的区别时，有一个重要的点需要注意。每个跨职能的产品团队只有一名专职的产品经理和产品设计师。因此，这两个角色承担着相当多的责任和期望。然而，每个产品团队通常有多名工程师。因为不同类型的产品团队使用不同的技术，承担不同的责任，因此需要数量不等、拥有各种专业知识的工程师。

由于有多名工程师，你可以拥有一支由各种技能、各种经验、各种水平的人组成的混编团队。例如，在一个特定的产品团队中，通常至少会有一名担任技术专家的资深工程师、一些拥有数年经验的工程师，以及少数可能刚开始职业生涯的工程师。

一些公司喜欢有经验的工程师，而另一些公司则更喜欢刚入行的工程师，以便他们从一开始就能培养良好的职业习惯。这个选择取决于研发主管。

接下来，我们将探讨资深工程师的角色，我们称之为技术专家①。需要澄清的是，技术专家通常是个人贡献者，而非工程师团队的经理。当我们讨论产品经营模式中的工程师与以往模式中的工程师之间的区别时，主要有以下两方面的维度。

第一个维度是与典型的 IT 系统相比，产品公司开发的解决方案的复杂性。值得注意的是，几乎所有技术在真正深入了解之前看起来都比较容易。然而，产品工程师需要处理的规模、性能、容错性、可靠性、国际化、测试自动化、部署基础设施、新兴技术以及管理技术债务的架构和策略方面存在显著差异。产品工程师掌握这些经验非常重要，因为在这些方面犯错代价会非常高昂。

第二个维度是判断工程师只是单纯地实现产品经理和产品设计师提出的解决方案，还是参与确定最佳解决方案，然后实现该解决方案。在构成产品经营模式的所有原则中，最重要的原则是认识到创新绝对依赖于赋权的工程师。因为工程师每天都在使用新兴技术，这使他们成为洞察最新技术可能性的最佳人选。但这只有在工程师不仅重视怎么开发产品，而且重视开发什么样的产品时才成立。

“产品经理负责做什么、为什么做，工程师负责如何做”这句陈旧且充满误导性的观点完全忽视了赋权产品团队的意义以及创新的真正源泉。在产品经营模式中，不使用外包工程师的主要原因是，外包工程师介入的时间太晚，对产品背景和用户了解太少，无法真正发挥创新作用。

---

① 这个关键角色还有许多不同的称呼。你使用什么头衔并不重要，关键在于对于技术专家来说，他们不仅要关心如何开发产品，而且要关心开发什么产品。

在理想情况下，所有工程师都应该参与确定最佳解决方案，而不是仅仅参与开发解决方案。然而，有些工程师，尤其是初级工程师只关心开发解决方案。只要每个团队的技术专家愿意与产品经理和产品设计师合作，共同探索找到有效方案去解决团队正在攻克的问题，你就能够取得成功。

在此需要明确指出一个关键点：**如果技术专家没有能力或没有意愿参与产品探索，那么最终的产品大概率无法实现目标。因此，将产品探索作为技术专家岗位描述的正式组成部分至关重要。**

实际上，产品探索这项工作每天不会占用技术专家太多时间，通常每天少于 1 小时[①]。多数技术专家会告诉你，如果没有咨询他们就做出决策，有可能在后期导致数周甚至数月的时间来做损失控制。而在早期阶段，技术专家只需要投入几分钟时间对产品概念做出评审，就可以避免这种情况发生。

① 我们偶尔会遇到产品开发团队存在相反的问题：他们希望将所有的时间都花在产品探索上，这通常是因为他们厌倦了实现他们认为是无休止的、无益的功能列表。你可能需要提醒这些工程师，他们的主要职责是在交付中开发产品。但是，如果你确实遇到这种情况也不必担心，这很容易纠正。

# 第 7 章

# 产品领导层负责管理和领导团队

许多人天真地认为，转型为产品经营模式的关键仅仅在于让管理人员放手，停止微观管理，赋权产品团队，给他们空间来开展工作。然而，在产品经营模式中，赋权产品团队依赖于更好的领导力，而不是更少的领导力。这到底意味着什么？

正如英特尔公司 CEO 安迪·格罗夫（Andy Grove）所说："是什么妨碍了出色的工作？只有两种可能。第一种是人们不知道如何出色地工作。第二种是他们知道如何做，但没有动力这么做。"让我们按顺序依次来解决它们。

# 产品领导层的领导方式

让我们首先讨论一下管理职责，这主要包括辅导下属和组建团队。

## 教练式辅导

在产品经营模式中，人们最常忽略的管理要素之一可能是教练式辅导。培养下属的技能是每个团队主管的首要职责。这并不意味着团队主管要对员工实行微观管理。教练式辅导指的是团队主管评估和了解下属的优势和不足，从而制订指导计划，然后花费必要的高质量时间来帮助他们改进。

更普遍地说，**产品团队中的每个成员都应该有一位致力于帮助他们精进技能的人。**这就是为什么在绝大多数优秀的技术型产品公司中，工程师会向经验丰富的研发主管汇报，设计师会向经验丰富的设计主管汇报，产品经理会向经验丰富的产品经理主管汇报。你需要在辅导下属方面投入多少时间和精力取决于你管理的人员数量和他们的技能水平。但为了设定好你的预期，一线经理通常需要将工作日时长的 80% 用于组建团队与辅导下属。

## 组建团队

产品团队的管理者是你用于负责组建产品团队的人员。这意味着他们需要负责物色人才、招聘、面试、入职培训、绩效评估、晋升，以及在必要时替换团队成员。如果你的公司设有人力资源部门，该部门会协助管理者完成这些工作，但绝不能替代用人经理在这方面的职责。这一点对管理者至关重要。

**赋权的产品团队建立在能力出众的产品经理、产品设计师和产品工程师的基础之上，因此提高管理者组建团队和辅导下属的标准是至关重要的第一步。**

组建团队并不容易，需要投入大量的时间和精力。你可能觉得这不是你最喜欢的产品相关工作。但是，正如亚马逊创始人兼执行董事长杰夫·贝佐斯所言：“在招聘方面树立高标准一直是，并将始终是亚马逊成功第一要素。”

## 产品领导层的领导方式与责任

领导产品团队主要有两种截然不同的方式。一种是命令控制型。领导者明确告诉团队成员需要做什么，通常是通过分配给团队需要开发的功能与项目的路线图来完成。在这种方式下，领导者和公司利益相关方做出大部分重大决策，产品团队，更准确地说是功能团队负责执行这些决策。诚然，命令控制型领导方式更容易实施。

另一种方式是赋权产品团队。领导者分配给团队成员要解决的业务或用户问题，让他们自主解决，并由他们确定最佳的解决方案。如果你选择将关键决策权下放给产品团队，那么你需要为他们提供必要的战略全景信息，尤其是产品愿景和产品战略，以便他们做出正确的决策。

如果领导者发现自己不同意赋权团队的最终决策，或者在后期介入改变决策方向，那么就应该反思自己是否应该在前期提供更多的全景信息，而不是到后期再听到反馈。这是一项领导者需要反思和改进的新技能。正如奈飞公司的信条所传达的：“基于全景信息来领导，不要基于控制而领导。”

产品领导者具体负责产品愿景、团队组织设计、产品战略和团队目标。产品团队中的个人可以贡献想法或见解，这是强大的公司文化的一个标志，但这些最终都是领导者的责任，因为它们涵盖了所有产品团队。

## 描述产品愿景

产品愿景描述了你想要创造的未来，最重要的是，它描述了这个愿景如何改善用户的生活。产品愿景是产品团队的共同目标。在时间范围方面，它通常涵盖未来 3 ～ 10 年。

跨职能的赋权产品团队数量不一，从初创公司的几个产品团队到大公司的数百个团队，它们都需要朝同一个方向努力，并以各自的方式共同实现产品愿景。我们可以将产品愿景作为一个高屋建瓴的视角，确保产品团队和公司利益相关方之间保持一致。如果我们能够在这个层面上达成一致，将避免后期就解决方案进行大量争论。让每个人参与其中也有助于培养对用户的同理心。

一些公司将产品愿景称为北极星，意思是无论你在哪个产品团队，无论你正在尝试解决什么具体问题，你始终知道你的工作如何融入更有意义的整体方案。

一般而言，产品愿景是激励团队、让团队成员对每天的工作充满热情的动力，它能使团队主动引领产品向前发展，而不是被动地应对变化。**值得注意的是，产品愿景通常是吸引优秀的产品人才加入的重要手段。**

制定令人向往的产品愿景与战略全景信息中的其他要素略有不同。产品愿景更像艺术而非科学。它的目的是说服和激励，需要引起情感共鸣。你需要描述你打算如何改善用户的生活。产品愿景的描述既不能太过详细，让团队成员觉得这变成了一项规范，又需要提供足够的细节，让大家真正了解想要达成的目标。

虽然创造一个好的产品愿景并不容易，但付出努力是值得的，因为好的产品愿景将带来持久的收益。许多工作都源于产品愿景，包括产品架构、团队组织设计、产品战略以及未来几年的产品。

### 设计团队组织

团队组织设计指的是你如何定义不同产品团队的权利与责任。这包括团队的结构和职权范围，以及它们彼此之间的关系。许多公司现有的团队组织设计并非专门制定，只是其组织架构的简单反映。这种常见的反模式被称为康威定律[①]。团队组织设计目标是最大限度地赋予团队权力。你可以通过努力打造松耦合但高度一致的团队来实现这一点。

**做出有效的团队组织设计是产品领导者最重要的职责之一，也是最具挑战性的职责之一，尤其是在公司规模较大的情况下。**它需要产品主管、设计主管和研发主管之间进行密切的协作和谈判。你做出的决定会影响团队之间的关系和依赖性，以及每个团队将拥有哪些自主权。

如果团队组织架构设计得当，你的产品团队将拥有高度的自主权，并对自己工作的贡献以及其如何融入整体目标产生真正的主人翁精神。这样的团队能够解决棘手的问题，快速行动并看到结果。

### 制定产品战略

产品战略描述了你如何在满足业务需求的同时实现产品愿景。战略始于聚焦，然后利用洞察，将洞察转化为行动，最后管理各项工作直到完成。我们将在第 9 章中进行深入探讨。

① 康威定律是马尔文・康威（Melvin Conway）于 1967 年提出的，指的是设计系统的架构受制于产生这些设计的组织的沟通结构，即系统设计本质上反映了公司的组织机构。系统各个模块间的接口也反映了公司各个部门之间的信息流动和合作方式。——译者注

通常来说，产品战略可以帮助你最大限度地发挥所有产品团队的价值。产品战略的产出内容是一系列需要解决的业务或用户问题，即团队目标，领导者随后需要将这些问题分配给特定的产品团队。制定产品战略水平的高下，使卓越的产品领导者脱颖而出。他们做出抓大放小的取舍决策，尽管有时这些决策会让其他领导者不以为然。

**卓越的产品领导者时刻关注产品数据和洞察，积极发掘助力产品战略的关键制胜点。**优秀的产品战略可以帮助小型组织超越比它大得多的竞争对手。遗憾的是，制定优秀的产品战略没有捷径。这需要投入大量时间和精力来汇总与整合你所需要的数据和洞察。

### 明确团队目标

为了执行产品战略，领导者需要确保每个产品团队被分配一到两项清晰的季度团队目标，明确团队需要解决的问题。这些目标直接来源于产品战略，是将洞察转化为行动的关键环节。这也是赋权从口号变成现实的地方。

领导者会向团队分配少量重要的问题，即团队目标。然后，团队会思考这些问题，提出清晰可衡量的成功标准，即关键结果，再与领导者进行讨论。领导者可能需要与团队和其他部门反复讨论并迭代这些目标和关键结果，以尽可能地覆盖更广泛的组织目标。

**赋权的试金石是产品团队是否能够自主研究出解决被分配问题的最佳方法，即实现团队目标。**真正的赋权需要领导者具备足够的自信和职业安全感，去信任和支持下属，并将团队努力取得的成绩归功于团队。

### 持续宣传

产品领导者的最后一个关键职责是向产品团队和整个公司持续宣传产品经营模式和战略全景信息，包括产品愿景、团队组织设计和产品战略。这需要持续宣传涵盖招聘、入职培训、每周一对一指导、全体会议、团队午餐、董事会会议、用户简报等所有方面。

**组织越大，持续的宣传就越重要。领导者需要理解，宣传永无止境，需要持续进行。**正如你所看到的，在赋权产品团队的优秀产品型公司中，产品领导层的职责与传统模式中的角色截然不同，更具挑战性。你还会注意到，在即将分享的成功转型故事中，每家公司的CEO都特别重视打造强有力的产品管理、产品设计和产品开发部门的领导者团队。

TRANSFORMED

**转型的关键提示**

## 快速验证想法的重要性

产品团队致力于快速尝试想法，以确定其是否有效，避免在开发成品级解决方案上浪费时间和金钱。这些决策有时基于你收集的数据，有时则基于你与用户就他们使用产品时的体验进行的交流。

一些公司意识到，它们可以通过相对较小的投入来更好地支持产品团队的决策，从而提高其效率与效能。

用户研究人员是准备与用户进行直接测试、运行测试并从测试结果中得出正确结论的专家。数据分析师擅长帮助你准备正式上线环境的数据测试，收集足够的数据以达到可信水平，并从结果中得出正确的结论。

一些公司为产品团队聘用了大量用户研究人员和数据分析师来进行这些测试。虽然这听起来很有效率，但在这种情况下，产品团队无法直接、深入并且充满动力地与用户互动，也无法直接感受测试结果。如果这些洞察无法真正融入产品团队成员的内心与思想，那么其价值就大打折扣[①]。

其他公司将所有用户和正式上线的数据测试都留给产品团队，这也是一种可行的方式。但是，产品团队通常不太熟悉数据研究的最优技术方法，有时可能会得出错误的结论，从而导致额外的时间、迭代和测试。

我们发现，最有效的方法是聘用一小群用户研究人员和数据分析师，他们可以指导和支持更大的产品团队快速行动、做出正确的决策，并确保将洞察结果直接传达给产品负责人，因为这些洞察结果可能有助于下一个产品战略迭代。

在许多公司，这些人分属于不同的团队。但在某些公司，这些人会被集中在一个小型产品运营（product ops）的专职部门，这有助于提高人们对他们承担的重要支持职能的认识。

不过，要特别注意，不要在用户与团队之间设置任何的中间层，即使中间层的员工满怀诚意。正如我们讨论过的，跨职能的产品团队要想成功，就需要能够直接接触用户、直接接触用户生成的数据以及直接接触前端业务的公司利益相关方。

一些公司对产品运营的定义与我们不同。最严重的问题是，一个善意的产品运营团队认为他们的职责是在产品团队与用户、数据或公司利益相关方之间充当中间人。一定要避免发生这种情况。

稍后我们会更详细地讨论另一个潜在的危险，那就是使用“产品运营”这个头衔来掩盖旧式的项目管理办公室。这是有问题的，因为旧式的项目管理办公室通常体现了我们正试图取代的命令控制型管理方式。正如你将看到的，传统模式通常不会轻易消失，因此你需要意识到存在这种可能性。

## 人工智能对产品团队的影响

新兴的人工智能技术使产品团队能够提供新一代的产品或服务，产品

① 用户调研摘要总结的作用就如同度假摘要总结一样，真正的价值在于亲身经历。

团队用比以往任何时候都更好的方式解决现有问题，同时这些技术也影响了产品团队的核心能力。

与其他工作一样，产品经理、产品设计师和工程师也受益于人工智能所带来的生产力显著提升。人工智能工具可以帮助我们自动执行许多乏味、琐碎的任务，并且能够更加全面地帮助我们研究和评估新想法。我们期待这种情况可以持续下去，尤其是在工程师使用的工具方面。但同样重要的是，在道德和业务持续性风险方面还有很多工作要做。

因此，如今的产品团队能够完成比以往更多的事情，但在许多情况下，面临的风险也更高。

随着人工智能技术和工具的不断发展，采用产品经营模式的公司将采用行之有效的方法继续试验它们的作用。就像你不断评估如何将新技术融入产品以帮助用户一样，优秀的产品团队也将继续评估新技术如何为打造这些产品提供帮助。

TRANSFORMED

产品创新案例
TRANSFORMED

## Almosafer 公司的新型预订服务

马蒂手记：Almosafer 的案例展示了令人印象深刻的创新成果，而且是来自一个并非以技术驱动创新著称的地区。多年来我学到的一件事是，人才遍布世界各地，一旦他们采用产品经营模式，他们就能够达到非凡的创新水平。卓越的领导力与优秀的产品团队携手合作，共同克服了疫情带来的挑战。

Almosafer（隶属于 Seera 集团）是一家总部位于沙特阿拉伯的旅游公司，目前业务范围遍及整个中东地区。公司致力于满足该地区各国和文化的本地需求，同时也为来自世界各地的游客提供进入该地区的观光和宗教旅游服务。

Almosafer 最初是一家实体旅行社，多年来一直为该地区的个人、商业单位和政府部门提供旅行服务。然而，随着互联网时代的到来，很快出现了几家规模庞大的全球旅行服务商，许多实体旅行社陷入了激烈的竞争之中。

这些全球旅行服务商拥有规模经济的优势和由技术驱动的解决方案，但他们很少满足当地人们的需求、习俗和行为习惯。在世界许多地区，区域性参与者往往有机会脱颖而出，因为他们既能理解当地需求，又拥有满足这些需求的技能和技术。

2018 年，Almosafer 的产品负责人伦尼·瓦尔吉斯（Ronnie Varghese）和技术负责人卡伊斯·艾莫里（Qais Amori）与其他高管一起决定，为了真正服务该地区的用户，他们需要组建一支数字化团队，有能力探索并交付出优于全球旅行服务商的解决方案。因此，他们着手转型为产品经营模式。这项转型工作于 2018 年开始认真进行，很快便为他们的业务带来了实实在在的成果。

最重要的是，他们锻炼出好几块新的“肌肉”。他们现在能够持续访问用户以识别未被满足的需求，收集并分析数据以准确理解哪些方案有效、哪些无效，并快速制作原型和测试想法。他们现在能够发现用户真正喜爱的解决方案，因为这些解决方案以市场主要参与者无法理解的方式满足了用户的特殊需求。

在第一年里，公司专注于两个主要领域：显著改善用户体验；建立技术基础设施和架构。这不仅可以降低运营成本，还能使公司在未来创新发展并更好地服务用户。仅在旅游业务的航班方面，公司就利用这些投资实现了数十亿美元的业务增长。

除产品方面的改进之外，数字化团队还在该地区树立了与众不同的公司形象：这是一家由独特的人才和技术混合驱动的公司，其运作方式像全球其他地区的优秀公司一样，并且该公司正向它所在的社区、国家和中东地区证明，它可以与世界上任何竞争对手抗衡。该团队正走在创造真正区域成功故事的道路上。然而，边境关闭了。

## 需要解决的问题

新冠病毒感染疫情使全球旅游业几乎陷入停滞。沙特阿拉伯因对国际旅游的依赖而受到的打击尤其严重。幸运的是，尽管疫情是一个巨大的考验，但该公司数字化团队一直在准备应对挑战并解决难题。

通过与消费者和公司用户持续互动，数字化团队发现了许多潜在的机会。其中一个是他们之前就观察到的机会，随着疫情的到来，这个机会从一个可能变成了迫切的需求，那就是帮助家人和朋友安全地聚在一起。

在沙特阿拉伯，有一种名为“伊斯提拉哈”（istiraha）的休闲区，通常带有烧烤区、阴凉休息区、能够呼吸新鲜空气的大型露天庭院或其他户外区域。家人和朋友通常会聚集在伊斯提拉哈休闲区聚会或庆祝特殊节日。

然而，随着疫情的暴发，为了避免室内聚会，快速找到和预订伊斯提拉哈休闲区突然成为一个迫切而未被满足的需求。与酒店或航空公司不同，这些独特的区域甚至没有任何形式的登记或清单。另外，与人们通常过夜的住宿不同，伊斯提拉哈休闲区的预订时间是从当天午后到傍晚。

## 探索解决方案

产品团队意识到，这是一个特别有风险的产品类型，因为绝大多数产品都是针对现有问题的创新解决方案。具体来讲，伊斯提拉哈休闲区预订是一个针对全新问题的解决方案，即如何寻找和预订伊斯提拉哈休闲区。这不仅需要一个可靠的解决方案，还需要从头开发市场。本质上，产品团队需要让该地区的人们了解市场上出现的这款新型产品。

为了在旅行市场提供一种新型的预订服务，产品团队需要与业务拓展和营销团队紧密合作，一方面识别可供出租的伊斯提拉哈休闲区以确保供给，另一方面探索预订伊斯提拉哈休闲区的用户所需的体验。

产品团队与产品教练霍普·古里恩（Hope Gurion，本书稍后将详细介绍）合作，共同努力快速碰撞出一个强有力的解决方案。

另一个挑战是产品团队需要调整工作模式，以便远程运营。由于他们已经建立了团队内部的技能和信任，因此能够迅速有效地过渡到远程协作和远程用户研究（包括问题发现和解决方案探索）。

## 成效

这款新产品存在着巨大的未知因素。没有人知道确切的伊斯提拉哈休闲区数量，更不知道有多少业主愿意将其添加到平台列表中，以及最终有多少用户会进行预订。产品团队的初始业务目标是证明这款全新的产品契合市场需求，他们很快实现了这一目标。之后，他们将重点转移到增长上。目前，伊斯提拉哈休闲区预订已成为市场中不可或缺且快速增长的品类。

除财务上的成功之外，这款产品在国家和地方的困难时期提供了实际帮助。该区域几乎没有人认为有哪一家全球旅行服务商会愿意投资这项功能。如今，Almosafer 在该地区拥有令人瞩目的 70% 以上的市场份额。如此非凡的成就绝非来自任何单一功能或产品。它是真正关心用户的人才和技术持续努力的结果。

Almosafer 是中东地区的成功案例之一，公司还在继续拓展中东地区的更多国家。这家公司未来仍会持续增长，获得更大的成功。

第三部分

# 转向产品经营模式的 20 条核心原则

TRANSFORMED

MOVING TO THE
PRODUCT OPERATING
MODEL

# 导 读

TRANSFORMED

转向产品经营模式不仅需要掌握新的岗位胜任力，更要学习一些关键要素，本质上就是学习一系列有助于持续打造有效产品的全新活动。其中一些要素可能与你过去所做的工作相似，但会存在一些非常重要的区别；另一些要素很可能是全新的。

这一部分旨在解释清楚这 5 大关键要素。这些内容将在接下来的第 8 ～ 12 章中进行讨论。需要注意的是，有一些要素虽然有助于转型，但并不是决定成败的关键。

此外，通常有多种方法可以实现相同目标。但对于那些关键要素，无论如何，你都需要正确理解。正确理解它们，你有可能走向成功；但若理解错任何一个关键要素，一切都将瓦解崩塌。

产品经营模式的每一个关键要素都基于一套核心原则。这些原则是所有优秀的产品型公司的共同信念，无论它们是诞生于产品经营模式，还是转型为产品经营模式。无论规模大小，无论面向消费者还是公司，无论开发软件还是设备，这些原则都适用。

此外，如果你理解了这些原则，你就可以快速判断一项新流程、一种新技术、一个新角色，甚至你正在面试的潜在团队成员的经验，会为转型带来帮助还是危害。

产品经营模式的第一性原理是跨职能、赋权的产品团队。本书的大部分内容旨在帮助这些产品团队开展工作。由于任何公司的人员或产品团队的数量都不可能无止境增加，因此你需要巧妙地利用现有资源来激发团队的最大潜力。你要做到这一点，就需要拥有令人向往的产品愿景，并制定基于洞察的产品战略。

在传统模式中，产品战略不是很重要，因为功能团队主要是满足前端业务的公司利益相关方的需求。然而，在产品经营模式中，产品战略在识别最佳产品机会、最严重威胁，以及选择最关键的待解决问题方面发挥着关键作用。

产品团队收到需要解决的关键问题后，应该掌握产品探索技能，即如何发现值得开发的解决方案。你可以通过在开发任何东西之前评估产品风险，然后以最快、最经济的方式测试潜在的解决方案来实现。

此外，在产品经营模式中，努力工作、探索、交付大量功能还不够。你还需要用增加业务效益的方式为用户解决问题。这意味着你将交付真正的产品结果。一旦你确信自己找到了值得开发的解决方案，就需要立刻开发并将其交付给用户。要始终快速、专业地做到这一点，需要一套产品交付的技能。为了回应用户需求，又持续交付新价值，产品团队需要能够交付高频、小型、可靠、解耦、可测量和可监控的版本。

最后一点也很重要，建立这种新的产品文化需要大量的工作，摧毁它却很轻松。你需要不断提醒自己产品经营模式原则的重要性。在公司内部，总会存在一些力量试图让你偏离正轨。防止这种情况的发生首先需要时刻意识到这些原则。

# 第 8 章

# 打造赋权的产品团队的 4 大原则

产品经营模式的第一性原理是打造跨职能、赋权的产品团队，这也是创新产品诞生的源头。

## 赋权原则

首先，让我们来看看赋权意味着什么。一个赋权的产品团队是为了以用户喜爱且为公司创造效益的方式解决问题而存在的。使团队获得权力的本质，是分配给他们待解决的问题。这些问题可能是用户问题或公司问题，他们需要提出解决这些问题的最佳方案。这与 IT 模式中的功能团队非常不同。功能团队会收到优先级列表，其中列出了需要开发的功能和项目。

其次，让我们来看看什么是跨职能产品团队。跨职能产品团队拥有能够涵盖产品经营模式所有胜任力的成员，以便为所分配的问题制订强有力的解决方案。对于一个赋权的产品团队来说，真正做到跨职能至关重要。因为如果产品团队不具备解决问题所需的全部技能，就无法合理地期望团队承担责任并对结果负责。

在通常情况下，赋权的产品团队包括产品经理、产品设计师和工程师团队。我们之前提到过这一点，但其重要性不容忽视，值得重复强调：

- 产品经理负责应对用户价值风险和业务持续性风险，并对产品的成果总体负责。
- 产品设计师负责应对产品易用性风险，并对产品的使用体验总体负责，即用户与产品之间的所有互动。
- 工程师团队中的技术专家负责应对技术可行性风险，并对产品的交付总体负责。

一些人喜欢将产品团队中的这三类人称为“产品三驾马车”①。需要注意的是，产品团队通常还会有其他工程师加入，根据需要，他们可能拥有特定的专业知识，例如数据科学、移动技术、测试自动化或质量保证方面。他们也可能拥有一系列广泛的技能，能够处理多种不同的技术，这类工程师通常被称为全栈工程师。

TRANSFORMED

**转型的关键提示**

## 产品领导层的首要任务

一个赋权的、跨职能的产品团队是一个极其强大的工具。挑出你最喜

① 虽然我们并不反对“产品三驾马车”这种说法，但我们通常不会使用它，原因有两个。首先，有时这三种核心能力可能由 2～4 个人来承担，并不总是固定为 3 个人。其次，在我们最喜欢的产品团队中，所有工程师都会参与产品探索，而不仅仅是技术专家。

欢的科技产品，这款产品背后很可能有一个赋权的产品团队在运作。关键在于，这样的产品团队并不是自然而然形成的。

在产品经营模式中，你需要产品领导层来辅导这些产品团队成员，并为他们提供必要的战略全景信息，让他们能够做出正确的决策。你一定要了解的是，大多数人并不是带着成为赋权的产品团队成员所需的技能和知识进入公司。即使是来自优秀的产品型公司的人才，也不一定会了解你的战略全景信息。

因此，产品领导层的首要任务是辅导和培养这些产品团队成员，使每个人都能胜任他们的工作。优秀的管理者和领导者还会积极地搬开影响其产品团队进步的绊脚石。

TRANSFORMED

## 成果重于产出原则

归根结底，除非用户认为你的新解决方案完胜他们目前一直使用的解决方案，能更好地解决他们的问题，否则你就失败了。发布大量功能可能会让你感觉良好，但除非这些功能转化为真正的业务成果，否则你就失败了。

围绕这一主题的类似口号还有很多，例如“对业务成果负责”和“产品创收时间重于产品上市时间”。它们都阐述了这样一个原则：**产品团队的存在是为了有效地解决用户和公司经营的难题，而不是仅仅开发一些不被购买或使用的功能。**

例如，遵循“成果重于产出”这一原则可能会导致产品团队做出不同的行为。有时，产品团队仔细研究数据后会发现，改善产品效果的最佳方法实际上是去掉某些功能。这在移动应用程序中最为常见，因为移动设备的屏幕空间非常有限，屏幕上的每一个元素本质上都是在争夺用户的注意力。一个注重成果的产品团队至少会考虑这种可能性。

## 主人翁精神原则

要想让产品团队真正感受到自主权和责任感，就需要让他们对所负责的工作有真正的主人翁精神。让我们来看看产品团队的职责范围。换句话说，他们究竟拥有哪些方面的自主权？

为团队成员划分各自的职权范围是产品领导层在团队组织设计方面的一个重要议题，但就目前而言，你需要每个产品团队对一些有实质意义的部分负责。这可能是一个完整的产品，现在更常见的是，它是一个大型产品中的一部分。就最终用户的感知而言，单个产品的不同功能或组件存在几十甚至上百个产品团队在开发、迭代、维护的情况并不少见。

**产品团队既需要负责提出解决方案来解决分配给他们的问题（产品探索），还需要负责将解决方案开发出来并交付给用户（产品交付）。**将这两项职责分离成两个不同的团队会违背“主人翁精神”这一原则，并造成严重的实践和文化方面的问题。因此，这种主人翁精神至关重要，它适用于所有工作，包括产品探索和产品交付、重大创新工作和小的优化工作、修复漏洞以及扩展用户规模。

注意，这并不意味着产品团队的每个成员在探索和交付上花费的时间都一样。在实践中，产品经理和产品设计师将大部分时间花在产品探索工作上，而工程师将大部分时间花在交付工作上。

## 协作原则

“协作”这个词经常被使用，并且以各种不同的方式被使用，使用频率高到对许多人来说，它已经失去原本的含义了。大多数人认为自己具有协作精神。然而，在赋权的跨职能产品团队的背景下，协作具有非常特定的含义，这绝对不是大多数人，尤其是大多数产品经理认为的工作模式。

太多的产品团队仍然遵循旧的瀑布式流程。在这种流程中，产品经理定义需求，再将需求交给设计师来设计符合这些需求的产品，然后在冲刺计划会议上将这些需求和设计图纸交给工程师来实现。需要明确的是，这绝对不是我们所说的协作。

首先，协作并非达成一致。虽然你喜欢产品团队就最佳行动方案达成一致，但你不必坚持这一点。这就是你要练习“虽不同意，但全力支持”的原因。

其次，协作也不是少数服从多数的民主投票。你不会通过投票来做出决策。相反，你依赖的是产品团队中每个成员的专业知识。一般来说，如果决策与技术相关，你就会听取技术专家的意见；如果决策与用户体验相关，你就会听取产品设计师的意见；如果决策与业务约束相关，你就会听取产品经理的意见。偶尔这三种意见会出现冲突，通常你会通过测试来解决。

再次，协作并不仅仅是输出文档。许多产品经理认为他们的工作是制作一份包含需求的文档，或者至少是编写用户故事。诚然，协作经常需要创建文档（尤其是在团队成员远程工作时），但这绝对不是你们进行协作的方式。事实上，这些文档往往会阻碍真正的协作。

为什么这样说呢？因为一旦产品经理将某件事称为“需求”，基本上就意味着结束了讨论，转而进入实施阶段。此时，产品设计师会觉得自己只是需要确保设计符合公司风格，工程师觉得自己只是需要编码，这又回到了瀑布式流程。

最后，协作也并非妥协。如果最终用户体验平庸、性能缓慢、可扩展性有限，且为用户提供的价值令人怀疑，那么团队就输了。你需要找到一个有效的解决方案。这里的“有效”指的是该解决方案有用户价值（有价值到目标用户愿意购买或使用它）、产品易用（用户可以实际体验到价值）、技术上可行（你可以真正交付该价值）以及业务可持续（你的公司其他部门可以有效地营销、销售和支持该解决方案）。实现所有这些需要真正的协作。

**记住，产品团队的工作是用既令用户喜爱，又为公司创造效益的方式解决被要求解决的问题。这就是跨职能产品团队的工作，团队中的每个成员是因为他们能带来特定且必要的技能而加入团队的。这一切都始于产品经理、产品设计师和工程师之间真正且深入的协作。**

我们最喜欢的做法是，团队成员围着一个原型（通常由产品设计师创建）坐下来，共同思考和讨论摆在桌面上的解决方案：

- 设计师可以考虑不同的体验方式。
- 工程师可以考虑不同方法的影响以及不同可用技术的潜力。
- 产品经理可以考虑每个潜在方向的影响和后果。例如，解决方案是否存在隐私侵犯，或者解决方案是否能与公司的销售渠道配合使用。

请注意，产品团队中的任何人都不是来告诉其他人如何工作的。相反，在一个健康且能力强的团队中，每个团队成员都希望其他成员将必要的技能带到讨论桌上。

但请不要误解。设计师经常会基于他们对用户及其行为的深刻理解提出一些见解，这些见解可能会引导你在解决问题的方式上朝不同的方向前进。这些见解通常会对产品价值产生重大影响，并间接影响性能等方面。

同样，优秀的工程师对实现技术的深入理解往往会引导你找到解决问题的完全不同的方案，通常比产品经理、设计师，尤其比用户所能想象的解决方案要好得多。产品经理同样对用户和业务有着深刻的理解，这可能会引导你找到完全不同的解决方案。

**如果我们必须选出最喜欢的一件事，那就是在一个赋权的产品团队中，一群才华横溢并且在各自的领域（产品、设计和产品开发）技艺精湛的人一起协作所产生的魔力。**他们围坐在一个原型旁，或者观看用户与原型互动，工程师指出新的可能性，设计师指出不同的潜在体验，产品经理权衡销售、财务或隐私相关的影响。探索了几种方法后，他们共同找到一个真正能够解决所有问题的方案。

协作意味着产品经理、产品设计师和工程师共同努力，找到一个突破所有限制条件的解决方案——这就是我们所说的既令用户喜爱，又为公司创造效益的解决方案。擅长协作是优秀的产品团队工作模式的核心。

第 9 章

# 明确产品战略的 4 大原则

如果你拥有一个鼓舞人心且有意义的产品愿景，并且团队都在努力使其在未来几年内成为现实，那么产品战略就是实现这一愿景的路径。如果说产品团队的职责是解决难题，那么产品战略就是决定哪些问题是最重要的。许多值得追求的好机会，同时也存在许多对业务构成潜在威胁的因素。问题在于如何选择最佳的机会，以及如何判断哪些是最大的威胁。

## 聚焦原则

正如乔布斯所说："人们认为聚焦意味着对你必须做的事情说'是'。但这也意味着对其他 100 个好想法说'不'。你必须仔细挑选。事实上，我对我们放弃的产品和打造的产品一样感到自豪。创新意味着对 1 000 件事说‘不’。”

在公司利益相关方驱动模式中，几乎做不到这种必要的聚焦。这是因为每个公司利益相关方都有自己的目标和需求，而公司只是试图满足尽可能多的公司利益相关方。

相比之下，**在产品经营模式中，你需要全面地看待机会和威胁，而产品战略正是你真正聚焦并发挥最大影响力的途径。**公司的高层领导参与关于聚焦的决策很重要，尤其重要的是产品领导层需要保持透明，以避免被视为有意隐藏议程。

同时要意识到，比起哪一个具体目标最重要，更重要的是宣布这种行为本身。在大多数公司里，确实存在几个非常好的目标，即使实现其中之一也能大大改善公司状况。但是同时追求太多目标往往会导致所有目标都无法成功实现。我们经常指导产品领导层鼓励 CEO 选择两到三个最重要的目标，然后产品领导层就可以专注于实现这些目标。

TRANSFORMED
**转型的关键提示**

## 保持聚焦的有效方法

保持聚焦的一个非常有效的方法是规划产品愿景。产品愿景描述了你正在努力创造的未来。无论你拥有多少个产品团队，你都希望每个团队知道他们如何为整体目标做出贡献。

产品愿景通常描述未来 3 ～ 10 年的情况。最重要的是，产品愿景从你的用户的视角出发，看世界将如何变得更加美好，而产品战略是从公司的角度出发。因此，产品愿景可以说是完全关于用户的。

精心规划的产品愿景具有许多重要优势。它能极大地鼓舞产品团队的士气，并且通常是吸引新产品人才的最佳利器。

我们在此提及产品愿景，是因为它对聚焦和目标优先级非常有帮助。如果你所讨论的工作或想法无法使公司更接近实现其产品愿景，那么你就需要质疑为什么这是优先事项。追求这样的工作或想法或许有其他理由，但你需要意识到，这偏离了实现产品愿景的道路。

TRANSFORMED

## 洞察驱动原则

虽然保持聚焦需要严明的纪律，但辨识出能够驱动产品战略的关键洞察则需要真正的技能。这些洞察提供了关键支点，指引你如何集中精力。虽然从任何地方都可以获得这些洞察，但主要来源有以下几个：

- **分析数据：**包括用户如何使用你的产品的数据，用户如何购买你的产品的数据以及这些数据如何随时间变化。
- **与用户交谈：**不要问用户想要什么（因为用户不知道什么是可能的），而是询问用户当前使用的解决方案、身处的环境和背景，以及让用户转向新解决方案需要什么条件。
- **新兴技术：**工程师现在可以解决哪些以前无法解决的问题？新技术带来了哪些新的机遇？新技术能带来哪些新的体验？
- **更广泛的行业：**你可以从更广泛的竞争格局中学到什么？哪些趋势正在影响你的行业或相关行业？用户期望随着时间的推移如何变化？

产品领导层应沉浸于这些洞察之中，整个公司也应鼓励员工立即与产品领导层分享他们可能发现的任何洞察。产品领导层负责汇总和分析这些洞察，但这些洞察可以来自任何地方。

## 透明原则

在产品经营模式中，决定解决哪些问题的权力实际上从公司利益相关方身上转移到了产品领导层身上。产品领导层会全面地看待业务，并与高管和公司利益相关方合作，制定最具影响力的产品愿景和产品战略，以便抓住最有价值的机会并应对最严重的威胁。这一点很容易理解。如果公司利益相关方担心产品领导层追求的是自己的利益和目的，可能会引起嫉妒或挫败感。因此，产品领导层对用于制定产品战略决策的数据和推理保持开放和透明至关重要。

还需要明确的是，产品领导层需要努力争取不同的公司利益相关方的支持，因为执行任何产品战略通常需要整个公司的配合。你将在本书的案例研究中看到多个这样的例子。

**记住，只有能够执行的产品战略才是有效的战略。没有一个适用于所有情况的产品战略公式。制定这样的战略需要沉浸于洞察、数据、用户、技术以及行业趋势和经验教训中。**你要尽可能多地吸收相关信息，然后仔细思考各种选项。这通常被称为“产品感觉”（product sense），实际上它是投入所有时间沉浸于细节的结果。这种分析和透明度的益处在于，决策背后的理由清晰明了，组织上下步调一致，这使组织能够更快、更有效地执行产品战略。

## 下注原则

每个人都应意识到，产品战略并非科学。即使有了最佳的产品战略，也有经验丰富的产品团队和产品领导层，你也不能期望每个产品团队都能像时钟一样精确地解决每个季度出现的产品问题。

每个产品团队都由具有不同技能、处理不同问题、使用不同技术，尤其是访问不同数据的人组成。一些问题的难度就是很大，一些问题的风险就是不同，还有一些问题的目标就是很难实现。然而，IT 模式的错误就是忽视了这一点，然后公司利益相关方对项目花费的时间远超预期、对产品团队未能交付任何有意义的结果感到惊讶。

在产品经营模式中，你将接受这些就是技术产品的现实，并为这些可能性做好计划。应对这一现实，有一个恰当的比喻是“下注”。换句话说，如果你有一个至关重要的难题需要解决，你可以将该问题分配给多个产品团队，希望其中至少一个团队在本季度取得实质性进展。

如果你足够幸运，多个团队都取得了实质性进展，甚至比你期望的还要多，这将是一个非常好的结果，但这种情况不太可能发生。经验丰富的产品领导层将通过每季度进行一系列“下注”来管理风险，最大限度地使公司在年底之前实现年度业务目标。

# 第 10 章

# 通过产品探索缩短创收时间的 4 大原则

## 最小化浪费原则

产品团队在公司中负责两个核心任务：产品探索和产品交付。

产品探索的首要原则是在尽量减少时间和精力的情况下解决问题。这就是为什么产品探索是加速产品创收时间的重要因素。产品团队当然可以根据自己的最佳猜测提出解决方案，然后向工程师描述该解决方案，再让他们着手开发和交付。这本质上是许多公司在 IT 模式中几十年来一直所做的事情。然而，数十年积累的数据清楚地表明，使用这种方式开发的 70% ～ 90% 的解决方案最终无法实现必要的业务成果。

这种方式不仅在直接成本方面造成浪费，因为公司最大的成本通常是工程师的成本，而且在机会成本方面也造成浪费。虽然团队有时也会得到第二次尝试的机会，但这种工作模式成功的可能性仍然很低。

产品探索概念的出现是因为明智的公司看到了这种工作模式的浪费。它们希望确保拥有充分的证据来证明工程师被要求开发的解决方案能够成功解决用户问题或者业务问题。

**产品探索的核心思想是快速且低成本地测试产品创意，探索可能的解决方案，然后将该解决方案推向市场。**其目的是通过大大减少浪费，既能更快地实现盈利，又能取得更好的业务成果。

## 评估风险原则

开发产品总是伴随着下列风险：

- 用户价值风险。用户并不认为新开发的产品比自己一直在用的产品有足够多的优势，因此，他们不愿意购买或使用新产品。
- 产品易用性风险。用户不清楚怎么用你的产品做他们要做的事情，或者由于产品过于复杂，操作与他们的预期不符，或者学习难度过高，导致用户无法按照自己解决问题的思路使用产品。
- 业务持续性风险。法律、合规、合作关系或公司道德问题，使你无法销售产品。营销和销售团队无法满足将产品交付给用户的需求。运营成本过高、无法产生足够的收入来维持业务。
- 技术可行性风险。开发产品所花费的时间比最初设想的要长得多，以至于成本高得离谱，你无法负担实际开发和交付该产品的成本。

你正在处理的一些问题存在的风险很小，而另一些问题则存在几个非常重大的风险。但是，你需要考虑每一个项目的风险。最重要的原则是在你决定开发任何产品之前，都需要评估和解决这些风险。

TRANSFORMED

**转型的关键提示**

## 评估道德风险

道德风险是业务持续性风险的一部分，和其他重要风险，例如 GTM 风险和业务变现风险并列。但是，与其他风险不同，在公司内部很少有专门的公司利益相关方负责道德风险。偶尔你会发现由首席道德官来负责，但如今这是例外，而不是规则。

你可能会疑惑为什么产品团队应该关注道德风险。原因在于，在产品的探索过程中，产品团队往往会第一个意识到这项工作可能存在环境、社会或安全方面的影响。

在大多数情况下，这些影响绝非有意造成，但它们可能会引发所谓的“外部效应”或其他影响。如果你能够识别和预测这些影响，就可以寻找没有这些负面影响的替代方案。在这些情况下，产品领导层通常需要亲自参与解决问题的工作。产品领导层指导团队成员如何识别和处理道德问题也很常见。

TRANSFORMED

认真对待产品风险，要求你对自己诚实：哪些信息是你必须通过调查才能了解的，哪些信息是你的用户和公司利益相关方无法知道的，因为他们通常不知道技术上什么才是可能的。

## 快速试验原则

不创建原型测试，就很难知道用户是否真的能够学习和使用新产品，或者他们是否真的会购买新产品。如果工程师没有花时间研究底层技术和潜在的解决方案，就很难确切地知道开发某个产品需要多长时间。

产品探索的核心思想是快速且低成本地测试产品创意，探索可能的解决方案。你自认为提供了解决用户问题的方案，但这只是一个猜测。因此，你需要设计试验，快速确定这个方案是否可行。快速试验不仅可以帮助你应对风险，而且它是创新的核心。许多最终成功的想法最初看起来并没什么太大的胜算。同时，快速试验鼓励产品团队测试产品创意，而试验使产品团队能够快速且低成本地测试这些想法。

一般来说，在产品经营模式中，人们出现分歧是正常的。如果产品团队成员和他们合作的公司利益相关方真正关心他们所做的事情，那么出现分歧反而是一个好迹象。因此，面对分歧时产品团队需要熟练掌握多种探索技术，以便进行快速测试并收集数据，从而做出明智的决定。产品团队必须培养判断力，以了解特定情况下需要收集多少数据。

这意味着他们需要熟练掌握定量分析和定性分析两种探索技术。定量分析可以让你了解用户如何实际使用你的产品创意，这是一笔巨大的财富。然而，定量研究的局限主要在于，这些数据通常无法告诉你用户使用（其实更多的是不使用）你的产品创意的原因。因此，你还需要定性分析，其中最重要的是与用户交谈。

这意味着你开发与部署的所有产品都需要进行必要的检测和数据采集，以便你了解产品实际的使用情况。如果没有这些数据，你就相当于在黑暗中前行。有了这些数据，你可以更快地改进产品，并迅速诊断可能出现的问题。

## 负责任地测试想法原则

产品探索适用于各种规模的公司，从小规模的初创公司到成熟的大型公司。但其中也存在一些差异。不同规模的公司在应用这些技术时会面临不同的挑战和优势。

初创公司通常流量较少，这会阻碍它们收集足够的数据。成熟的大型公司通常拥有众多用户。如果公司已经进行了数据收集，则可以成为产品探索中的一个优势。相反，如果公司尚未开始收集数据，那么这就是改变开发方式的基础。

初创公司和大型公司的另一个区别是，初创公司通常没有太多的收入和用户。直到它们转变模式之前，它们没有什么可失去的。但是大型公司可能会付出比较大的代价。这就是为什么大型公司产品探索的原则之一是需要评估风险、运行试验、收集数据并快速迭代，同时做到以下方面：

- 维持公司的收入。
- 维护公司的声誉。
- 确保公司用户不受混乱影响。
- 避免让同事（销售或客户成功团队）陷入被动。

对于上述方面存有顾虑的技术，你在测试时允许采用更保守的备选方案。需要明确的是，你一定要运行试验，但需要在负责任的前提下运行。

# 第 11 章

# 确保产品交付高效可靠的 4 大原则

大多数转向产品经营模式的公司不仅需要引入我们之前讨论过的技术专家胜任力，还需要在开发、测试和部署用户依赖的产品方面提升技能和基础设施。

在优秀的产品型公司，你经常会听到“可靠是我们最重要的特性”这句话。在现代技术驱动的产品和服务中，产品故障可能会对你的用户、公司收入、品牌声誉和同事（尤其是销售和客户成功人员）造成直接且严重的后果。如果出现了严重的问题，可能会中断所有使用和依赖该服务的用户业务。这是我们从云计算获得诸多好处的同时所需要付出的部分代价。

对于每款产品，用户会遇到一些需要立即采取行动的严峻问题。在这种情况下，你需要能够立即定位到最近的更改，以稳定系统，然后快速诊断问题，创建解决方案，测试该解决方案能切实解决问题并且不会导致其他意外问题，最后安全地部署该解决方案。用户通常能够理解偶然出现的问题，但他们更多的是根据你在出现问题时快速、专业的响应能力来评判你。

如今，对大多数公司而言，用户根本不可能接受等待数周或数月的时间。优秀的产品型公司需要能够快速、专业地响应用户或市场的紧迫需求。为了更好地为用户服务，你需要确保产品正常运行并创造价值。这就是需要一系列关键功能来支持产品部署、检测、监控和分析的原因。虽然这些概念和原则本质上是技术性的，但在概念层面也比较易于理解，它们必不可少。

## 小型、高频、解耦的发布原则

满足用户或市场需求的核心原则就是采用小型、高频、解耦的发布策略。这意味着每个产品团队至少每两周发布一次新成果。对于优秀的产品型公司来说，它们甚至会每天发布多次，这被称为CI/CD[①]。你可能没有意识到你喜爱的产品正在不断地进行更新，因为它们持续不断地发布非常小的更新版本。

然而，确保产品的可靠性比看起来要复杂一些。在通常情况下，你需要测试所开发内容的两个主要部分，第一部分比较简单，第二部分则具有挑战性。

第一部分是新功能的测试。当你开发新功能时，你需要测试新功能是否能按预期工作。这听起来很直接，但由于你可能在未来几个月和几年内数千次地测试和重新测试新功能，因此你通常会在一定程度上投资测试自动化。

① 对此原则最常见的反对意见来自开发原生移动应用程序的产品团队。他们指出，应用商店通常不喜欢公司每月提交多次新版本。但是，多年来我们一直拥有相关工具，可以让我们持续向受控的用户设备发布更新，从而获得持续部署的优势。

第二部分是回归测试（regression testing）。确保实现新功能所做的更改不会有意或无意地破坏其他部分。当你意识到如今的许多技术驱动的产品和服务是数百名工程师多年工作的结果，并且创造了成千上万的交互时，你就会明白，确保复杂产品在引入新功能时不会退步是一项重要任务。

**产品团队用来确保新功能按预期工作且不会引入回归问题的主要方法是部署一系列非常小的更改。发布增量越小，你就越能快速地确保新功能的质量，并且越快地确保自己没有引入回归问题。**

通过这些小型、高频、解耦的发布，如果引入问题，则更容易识别原因，因为你只更改了少量内容。因此，如果你真的想服务好你的用户，那么你需要投资帮助你进行小型、高频、解耦发布版本的能力。如果你觉得这违反常识，并且仍然认为为了确保质量，你需要缓慢地发布，那么你有责任为自己、为公司，尤其是为用户，去审视为什么这种版本发布策略能同时为优秀的产品型公司提供更高的产量、更快的速度和更好的质量。

遗憾的是，许多公司尚未具备进行小型、高频、解耦发布的能力。相反，它们会进行数百甚至数千次的改动，然后，每隔一个月、一个季度甚至一年，才会将所有改动一起集成。它们尝试测试所有新功能是否按预期工作，接着就开始困难地识别和消除新引入的回归问题。

我们希望你从一开始就意识到，为什么"憋大招"式的发布会因延迟数周甚至数月以将所有内容恢复到可靠的可发布状态而恶评如潮。事实上，许多以此方式开发的产品永远无法达到稳定的质量，用户除了被迫应对源源不断的缺陷和问题，只能寻找其他提供商。

此外，就算万一新版本真的按预期工作（重点是"万一"这两个字），用户也仍然被迫一次性接受数百甚至数千项产品改动，可能需要对用户进行重新培训、重新认证、重新集成，否则会因为公司强加给用户的改动而打断他们自己的工作。

在这种情况下，用户通常会要求公司减少发布频率，因为他们根本没有时间应对频繁的变更。正如你现在看到的，虽然用户要求减少发布频率完全可以理解，但这样做实际上对用户和公司更不利。

然而，与其忽视或低估用户的合理担忧，公司更应该承担责任，以一种让用户无须应对变更影响的方式来设计、测试和发布成果。虽然你有充分的理由尽快将变更上线为正式运营环境，但你也拥有控制用户何时能看到和访问这些新功能的技术，我们将在接下来的原则中进行详细阐述。

TRANSFORMED

**转型的关键提示**

## 恰当且谨慎地使用高度精准承诺

在产品经营模式中，产品团队致力于以既令用户喜爱，又为公司创造效益的方式解决用户和公司的难题。同时，也需要你在特定日期交付特定的可交付成果，这被称为高度精准承诺（high-integrity commitments）。

这也许涉及合作伙伴，因为合作伙伴必须能够规划好他们的工作。也许你的公司正在策划一场重大营销活动或行业活动，因此你需要承诺准备就绪。众所周知，典型的敏捷团队在兑现这类承诺方面有着糟糕的表现。但优秀的产品型公司知道，这对于建立和维护用户、合作伙伴和公司其他部门的信任至关重要。

如果你的用户或合作伙伴依赖你提供特定的可交付成果，他们需要知道你可以信守承诺，并且该可交付成果能够提供必要的价值。在这种情况下，你既要解决根本问题，又要高度自信地确定能够在特定日期交付成果。

关键在于，只要负责做出高度精准承诺的产品团队进行充分的产品探索，能够合理地应对产品风险，那么他们就可以安全、负责任地承诺在某个日期交付成果。

如果工程师经验丰富或接受过辅导，这几乎保证了产品团队在承诺任何事情之前会创建一个可行性原型。此外，提供交付日期的人必须是实际交付产品的人，这一点至关重要。交付日期不应该来自项目经理、项目规划经理、产品经理、架构师或其他人，而应该来自实际做这项工作的人。由于首席技术官最终对产品开发部门做出的承诺负责，因此我们发现的最佳实践是首席技术官亲自批准所有高度精准承诺。

值得强调的是，当公司高层领导恰当且谨慎地使用高度精准承诺[①]，并且由产品团队进行专业的处理时，可以极大地帮助产品团队在整个组织内建立必要的信任。



## 监测原则

在产品经营模式中，由于需要致力于解决问题并对结果负责，因此了解产品实际的使用情况或者产品是否被使用至关重要。这意味着你需要确保产品经过监测，以便你能够了解产品的运行状况。这被称为遥测（telemetry），它发生在各个层面，从报告产品健康状况和性能的低级别服务，到生成使用情况分析和公司仪表盘的高级应用程序。如果没有这些监测，你就相当于在黑暗中摸索。

发布一项新功能后，如果没有监测，就很难知道它是否被使用以及如何被

① 我们同时也要认识到，一些公司试图将所有事情都变成高度精准承诺，这完全偏离了重点，实际上会削弱产品经营模式的效用。

使用，也不知道用户在哪些方面遇到困难。借助良好的监测和分析，你可以快速发现和纠正问题，并证明你正在提供必要的价值。

你的工程师可以通过多种不同的工具和服务来提供必要的监测。由于监测的类型和级别各异，需要多种工具是正常的，关键是理解遥测数据的重要性。同样重要的是，随着你更深入地理解产品的使用方式和你需要推动的改进，你所收集的特定遥测数据会不断演变。这是永远不会“完成”的事情，而是一个持续改进的过程。

## 监控原则

监测原则有许多好处，其中最重要的一个好处是监测使另一交付原则成为可能：监控，也称为可观测性。

与监测一样，监控也发生在各个层面。从确保底层计算系统和服务正常运行和性能良好，到确保你的应用程序行为正确并为用户提供适当的服务。通过强大的监控，你可以在问题出现之前快速地监测到问题，通常在用户遇到问题之前就将其解决。

市面上也有多种商业工具可用于监控。同样，你的公司可能需要根据不同类型和级别的信息使用多种监控和报告工具。在监测和监控过程中，这些工具都使用技术手段来防止跟踪或报告任何敏感以及可识别个人身份的信息。

## 部署基础设施原则

到目前为止，你已经有能力部署经过监测的小型、高频发布，以提供必要的遥测数据，并且你正在监控这些发布的状态。为了确保你提供了必要的价值，还有一个重要因素，它涉及用于部署的基础设施。

假设你开发了一个新功能，并准备将其发布到上线的真实环境。即使你已经测试过该新功能并确保其能够正常运行，但在生产环境中偶尔会出现问题。因此，部署基础设施需要能够在必要时回滚（roll back）该更改。然而，即使一切运行良好，你仍然不知道用户在日常生活中如何使用这项新功能。在这里存在以下三种情况：

- 用户喜爱这项新功能，他们会立即开始使用并依赖它。这当然是你所期望的结果。
- 由于某种原因，新功能实际上会对用户正常使用产品造成障碍。这种情况在移动应用程序中尤其常见，原因之一是设备上的可用空间非常有限，有时添加了一个功能后，用户可能找不到更重要的功能了。在这种情况下，你不希望部署此功能，除非可以解决这个问题。
- 新功能已部署并且在技术上运行良好，但它根本没有被使用，至少使用程度没有达到你的预期。结果是新功能既没有带来帮助，也没有造成损害。这种情况实际上非常普遍，而且非常令人沮丧。

既然你要以实现业务目标的标准来要求自己，那么你就需要部署新功能，以便了解这三种情况中的哪一种正在发生。实现这一点最常用的方法是让你部署的基础设施支持 A/B 测试。A/B 测试被认为是“黄金标准”，因为你可以轻松隔离单个新功能的贡献。但是，这也依赖大量流量来快速确定结果。

你可能不知道这一点，但按照产品经营模式运营的公司会同时进行许多（通常数百个或更多）此类测试。它们会部署基础设施来进行各种测试，收集每种测试的分析数据，并一直持续到产生统计学意义的结果为止。

其他部署基础设施功能可以让你控制哪些用户可以看到特定的新功能。一个特别受欢迎的功能允许你将新功能部署到上线的真实环境中，但新功能可以被隐藏，直到你准备让用户看到为止。当你需要同时使一系列更改可见，或者你想要等到在特定营销活动中再展示它时，此技术特别有用。在部署基础设施方面，虽然有几种商用工具可用，但因为需求各异，公司混合使用商用和定制基础设施的情况比较常见。

TRANSFORMED
**转型的关键提示**

## 管理技术债务

“技术债务”这个概念你可能听说过，它是多年来为了快速发展而积累的产品开发和架构上的“捷径”的总和。需要澄清的是，技术债务在一定程度上是正常的，甚至可以说是必要的。但如果任其发展，则会让公司陷入困境。技术债务失控最常见的表现之一是，原本只需要几天就能完成的工作，现在需要几周才能完成。这种情况会给公司内部和用户带来极大的挫败感。

我们讨论技术债务问题，是因为如果这个问题足够严重，将影响其他方面，首先是改变开发和部署的方式。每家公司都会有技术债务，但许多希望转型的公司背负着非常严重的技术债务。造成这种情况有以下两个常见原因：

- 有收购历史的公司通过收购，不仅会继承被收购公司的债务，而且在与其他系统集成的需求和收购后经验丰富的工程师流失之间，问题通常会成倍增加。
- 在传统模式中，尤其是那些遵循传统 IT 模式、项目模式，会快速产生非常高的技术债务。因为投入的资金仅限于特定项目，通常不会全面审视整个系统以持续改进产品和运行系统。

无论成因如何，技术债务导致的后果通常非常明显，比如以前几天或几周就能完成的工作现在需要几个月才能完成。产品团队抱怨各种盘根错节的关系太复杂，而自主权太少。即使是小功能也变得昂贵，而对公司至关重要的重大举措则变得更加困难，以至于公司想尽一切办法能免则免。这就是许多公司如此恐惧技术债务的原因。它是公司面临的为数不多的真正的业务连续性风险之一。

转向产品经营模式，让产品团队真正拥有主要领域的控制权，这是改善状况的一大步，但你仍然需要努力摆脱困境。各种重写底层平台工作的专业内容远超出了本书的范围，但专业公司可以帮助你制订一项稳健的计划，在需要时对你的代码库进行现代化改造。但是，对你而言，最重要的是意识到你需要立即着手解决技术债务问题，然后持续不断地开展这项工作。

大多数擅长管理技术债务的公司会告诉你，它们每天会投入 10% ～ 30% 的产品开发能力来处理技术债务。有时，情况糟糕到需要投入 40% ～ 60% 的产品开发能力。此时，留给你为用户开发资源的工程能力就很少了，因此你需要谨慎行事并制订周密的计划。虽然控制技术债务问题通常需要 1 ～ 3 年的时间，但好消息是，如果你拥有可行的计划和经验丰富的工程师，通常只需几个月就能看到实实在在的成果。

# 第 12 章

# 定义强大产品文化的 4 大原则

我们已经介绍了充分赋权的产品团队，基于洞察的产品战略，试验引领的产品探索和高效可靠的产品交付 4 个关键要素，如果你理解了每个要素背后的核心原则，就能很好地理解优秀的产品型公司所具备的优秀产品文化：

- 充分赋权的产品团队：能够独立解决复杂问题，拥有必要的跨职能技能的团队，并且可以直接接触用户、数据和公司利益相关方的信息。
- 基于洞察的产品战略：帮助组织决定抓住最有价值的机会和最需要应对的严重威胁。
- 试验引领的产品探索：通过前期评估风险、拥抱试验、制作原型和测试用户来快速确定哪些解决方案值得开发。

- 高效可靠的产品交付：具备开发、测试和部署能力，可以进行小型、高频、可靠的发布，并通过监测和监控来保证质量。

然而，还有一些至关重要的产品经营模式原则可以被视为元原则（meta-principles）。这些元原则更普遍地适用于产品开发，但在定义强大产品文化方面发挥着非常重要的作用。

## "原则重于流程"原则

许多渴望转型的公司早期非常擅长创新，但后来不知何故丧失了这种能力。不幸的是，这种情况非常普遍，也是优秀的产品型公司始终担心会发生在自己身上的问题。

正如贝佐斯所警示的那样："良好的流程是为了服务你，让你更好地服务用户。但如果你不加以警惕，流程本身就可能成为阻碍。这在大型组织中很容易发生……流程并非核心。我们始终需要扪心自问：到底是我们控制了流程，还是流程控制了我们？"乔布斯也告诫过我们："这才是打造伟大产品的方法。关键不在于流程，而在于内容……我们的系统就是没有系统。这并不意味着我们没有流程……但这并不是最重要的。"里德·哈斯廷斯则指出："奈飞的成功在于一种重视人才而非流程、强调创新而非效率且几乎没有控制的文化。"

史蒂夫·布兰克（Steve Blank）[①] 也说过："当问题和解决方案都已知晓时，流程非常有用。流程有助于确保你能够交付可扩展的解决方案，而不会破坏组织的其他部分……这些流程降低了整个组织的风险，但每一层流程都会降低敏捷性、精益性和最重要的对新机遇和威胁的响应能力。"

① 史蒂夫·布兰克：美国硅谷极有影响力的连续创业者，创立过 8 家公司，其中 4 家已经上市，著有数本专著。——译者注

流程本身并不是坏事，但许多领导者是从那些早已丧失创新能力的公司离职加入你的公司，他们会带来之前公司的流程和文化，或者他们会将非技术领域的流程引入公司，并试图强加给那些致力于优化创新的组织。

从根本上来说，你可以选择用流程或者用人来管理你的产品团队。员工犯了错误，你可以采取两种方式来应对：增加流程来防止同样的错误再次发生；提供辅导来帮助员工更好地处理类似的情况。如果你想赋予员工真正的主人翁精神，并将决策权下放给产品团队，使之更接近用户，那么就需要将辅导作为管理者职责的重要支柱。辅导包括教授技能和原则，同时也包括分享战略全景信息，即产品愿景和产品战略蓝图。

TRANSFORMED
**转型的关键提示**

### 持续改进流程

为了确保我们讨论的原则始终比特定流程更重要，另一种方法是有意识地实践持续的流程改进。这种方法的核心思想是不断复盘你的经验和需求，并始终努力做得更好。这意味着你要警惕陷入对流程的盲目崇拜。

TRANSFORMED

## “信任重于控制”原则

从命令控制型管理方式转向产品经营模式不仅意味着胜任力和概念的转变，也代表着文化的根本转型。对于许多公司领导者来说，尤其是在自上而下的命令控制型管理方式中建立职业生涯的人，这是一个巨大的飞跃。**产品经营模式是一种依赖信任而非控制的模式。如果你能认识到这种截然不同的工作模**

**式背后的本质，对你的转型会很有帮助。**

“信任重于控制”这个原则体现在许多方面，首先是将公司利益相关方为产品团队提供优先排序的功能和项目列表，转变为赋予产品团队权力，让他们解决问题并自主寻找最佳解决方案。一般来说，这意味着领导方式从事必躬亲的微观管理转变为积极辅导的服务型领导，这意味着领导方式是提供全景信息而非实施控制。

## “创新重于可预期交付”原则

许多公司缺乏创新能力的原因显而易见。它们设计组织架构和工作模式的宗旨就是可预期，简单来说，它们只专注于能够按季度交付大量功能。这并不是说它们有意放弃创新，而是正如亨利克·克尼伯格（Henrik Kniberg）所言，“100% 的可预期等于 0% 的创新”。

那些专注于可预期的公司会告诉你，所交付的功能是否有价值是公司利益相关方的责任。但优秀的产品型公司明白，这并非公司利益相关方是否聪明的问题，而是涉及科技产品的本质，尤其是公司利益相关方和用户无法预知所有可能性。工程师才是真正了解当下可能实现什么的人。当今社会，公司比以往任何时候都更加依赖持续创新。因此，**可预期固然重要，但它并不如创新那么重要或必要。处理可交付成果偶尔需要的可预期的最佳方式是做出高度精准承诺。**

TRANSFORMED
**转型的关键提示**

### 对结果负责，而不仅仅是交付功能

谈论产品文化听起来可能非常理论化，但它每天影响着每个人。为了让这些原则变得生动，这里列举了一个常见的“前后对比”案例。在传统模式中，一切都围绕着在特定日期之前完成项目。这可以理解，因为 IT 部门经常被要求尽快交付特定的功能和项目。问题在于，这种方式忽略了技术驱动产品的现实。

项目通常是庞大、缓慢且昂贵的尝试，目标是在特定日期之前交付部分产出。你需要决定团队规模大小，并预测项目将花费多长时间。你需要努力为这个项目争取资金，而通常情况下你会发现所需的工作量比最初预期的要多，因此项目的收尾阶段会非常紧张。

大多数项目最终无法提供真正的价值，仅仅是为了交付一些成果。一旦交付完成，就无法进行后续的迭代和改进，因为人员通常会被分散到下一个任务中去。没有人对最终结果负责，也不太可能沉淀出项目中获得的重要的经验教训。这种方式存在诸多问题：

- 通常需要根据之前总结的经验进行多次迭代才能获得必要的结果，但你很少能获得超过第一次尝试的资金。即使你获得了资金，也通常会在几个季度之后。
- 你需要让人们真正拥有对技术和成果的所有权，但是当人们仅仅被分配到一个项目去工作时，那么他们几乎不会产生归属感，也没有动力去打造具有影响力的产品。
- 这一切都是为了交付公司利益相关方要求的功能和项目，而不是让产品团队，尤其是工程师，去探索最新可能性。结果就是项目很少出现任何形式的创新。
- 由于团队只开发项目所需的东西，没有人去关心这项工作对长期的影响或底层技术的改进，因此技术债务会迅速累积。
- 谁来承担实现必要结果的责任？所有权分散在多个公司利益相关方之间，最有可能的结果是他们责怪项目团队做得不够好。

相比之下，产品经营模式关注的是产品和结果。

产品团队专注于业务成果，如降低流失率、提高增长率等，或针对你的情况的相关关键绩效指标。产品团队会致力于监控和改善这些结果。他们添加的功能旨在推动达成这些结果。他们专注于最终结果。在一定程度上，这是关于转向以业务成果为导向的持久产品团队，但这也是一种文化上的转变，要求团队对结果负责，而不仅仅是交付功能。

在项目模式中，你真正能奢求的最好结果就是缩短上市时间。但在产品经营模式中，你可以专注于更重要的创收时间。

具有讽刺意味的是，你可能认为一个以上市时间为目标的项目团队至少能比一个以获利为目标的产品团队更快地完成。但事实恰恰相反。项目团队需要组建团队、学习必要的技术、建立必要的关系以及理解必要的背景，而产品团队已经投入运营，并且可能已经完成了许多类似的项目和功能。因此，除能够快速熟悉技术之外，他们还更了解问题和解决方案，他们熟悉数据，并且知道如何作为一个团队解决问题。这就是为什么我们看到浪费最严重的都是在运行项目模式的公司。

这并不是说上市时间不重要。它很重要，速度也很重要。当截止日期成为高优先事项时，有一些现成的技术可以采用。

总而言之，核心问题是：对于这项工作而言，更重要的是什么？是按时完成，还是实现业务成果？有时，日期才是优先级。但这应该是个例，而不是常态。这也就很容易理解为什么许多公司认为工作的成果比单纯产出更重要，但它们的文化和行为却始终将工作产出的可预期程度置于成果之上。

TRANSFORMED

## “从失败中学习”原则

许多公司对失败有着根深蒂固的恐惧。这种恐惧使人们厌恶风险，无法应对不断变化的市场需求和新兴技术。虽然我们不会美化失败，但重点应该放在积极应对风险和快速学习上。**当你进行产品探索时，不存在成功或失败的概**

**念，只有“我们学到了什么”这个问题。**

你的目标是在产品探索阶段验证哪些方法有效，哪些方法无效。在这个阶段，成本和时间会大大降低，风险也会被稀释。这样做的目的在于，当你真正投入时间和资金去开发产品时，你就会有证据和信心确保产品不会失败。然而，也确实存在一些产品项目最终会失败。优秀的产品文化能够理解这种风险，并且拥抱学习过程以及那些愿意冒险的人。

产品创新案例

TRANSFORMED

## 车美仕公司的虚拟用户体验中心

马蒂手记：当疫情给整个组织带来严峻考验时，车美仕公司（Carmax）已经看到了向产品经营模式转型带来的益处。这场危机要求该公司运用所有新能力：产品战略、产品探索和产品交付。有时，需要一场危机才能真正看清一个组织的潜力。

车美仕公司成立于 1993 年，总部位于弗吉尼亚州的里士满市，是美国最大的二手车零售商。在过去 30 年里，公司通过诚信经营二手车买卖业务，建立了强大的业务。车美仕最初是电子产品零售商电路城的分公司，很快成长为二手车销售市场的领导者。随着时间的推移，公司领导层意识到消费者的期望开始发生变化，尤其是对线上购物和购买体验的需求日益增长，加之数字原生竞争对手的出现，他们意识到需要自我颠覆才能保持领先地位。

车美仕向产品经营模式转型的初级阶段，将努力集中于面向消费者的数字体验，由安·尧格尔（Ann Yauger）领导。尧格尔率领公司互联网团队发起并领导了向产品经营模式的早期转型。该举措迅速证明了其价值，由此开启了数年的组织增长，大规模地建立产品。

2020 年初，公司拥有超过 200 家车美仕门店，每家门店拥有数百辆待售二手车。公司一直保持盈利并持续增长。转型已经产生了切实的成果，车美仕在零售汽车领域建立了创新的品牌声誉。消费者可以在线查询可用车辆、了解价格合适的车型，并预约到店试驾特定车辆。

与大多数购车体验不同，在车美仕，每辆待购买或待出售的汽车都采用简单的一口价。车美仕中用于零售的每辆翻新车必须通过严格的 125 项检查，并具有高标准的质量要求。通过等级测试的汽车可供车美仕用户购买，并附带 7 天退款保证和 30 天保修期。质量不合格的车辆则通过拍卖方式出售给其他经销商。

## 需要解决的问题

当疫情袭来时，许多实体零售商，包括车美仕，必须遵守各州和地方的各种限制令和强制令，包括关闭门店、减少同时允许进入门店的顾客数量，或者只能在户外销售车辆。由于这些新的限制和疫情带来的广泛的宏观经济影响，车美仕表示，到 2020 年 4 月初，销量同比下降超过 75%。

然而，除了其他实体零售商面临的挑战之外，车美仕还有价值数十亿美元的库存，即停放在停车场的汽车，但销售汽车的方式受到现实限制。幸运的是，车美仕已经转向全渠道零售体验，用户可以通过线上或线下购买汽车，或根据他们的喜好以“线上 + 线下”的混合方式购买汽车。现在，这不仅仅是业务增长机会，而是关键业务。车美仕需要加快向全渠道零售的转型，并探索在疫情的限制下销售其庞大库存汽车的新方法。

## 探索解决方案

此时，车美仕已经拥有几个优秀的产品团队，其中许多团队已经在研究目前优先考虑的全渠道零售领域。最明显的改变之一是转向一种不依赖于用户来店参观和与店内销售人员面对面互动的体验。

车美仕加速了向虚拟用户体验中心的转型。该中心配备了员工，可以在用户购车或卖车的任何阶段提供协助。车美仕还需要提供一种用户不仅可以在线浏览汽车，还可以选择汽车、融资或付款、完成销售订单以及安排交付或提车的方式。如果涉及用户以旧换新，还需要一个在线方式来获取该车的可操作即时置换价值。

此外，对于那些达不到车美仕质量标准的置换车辆，车美仕也不能再依赖线下拍卖给其他经销商来进行销售了。这些全新的购车和卖车体验涵盖了多个相关的产品功能，涉及交易的各个阶段。这些阶段包括融资、为置换车辆提供即时报价、通过电子文件签名方式支付首付金并同意融资条款、安排交付物流（包括路边提车、无接触交付或送货上门）以及新的“爱车保证计划”。该计划将车辆的质保期从 30 天延长到 90 天，退车窗口期从 7 天延长到 30 天，这在汽车行业内是无人可比的。

交易的各个方面本质上都是有风险的，因为涉及用户的一项重要购买行为。但是其中某些领域的风险尤其高。对于以保持利润率为商业模式的车美仕来说，必须确保其购买和出售汽车的定价准确、公正。车美仕必须确保能够清晰、准确地描述和传达汽车的真实状况，因为如果零售用户或在拍卖会上购买汽车的批发商在看到实际车辆后感到惊讶，他们就会对车美仕失去信任，很可能不会完成交易。

为了应对这些风险，车美仕的产品团队首先在非常小的范围内测试原型，然后按区域测试，最后在全国范围内测试。

## 成效

在疫情初期遭受严重的损失后，车美仕迅速恢复，甚至实现了增长，成为汽车行业内少数取得创新的成功案例之一。在接下来的两年中，由新技术支持的这些服务为用户和员工提供了远比疫情之前更加丰富的体验，因为此前使用的解决方案更依赖人工操作。如今，车美仕在业内享有声誉，成为最适合产品和技术人才工作的地方之一。产品和技术团队的敏捷性和能力赢得了公司其他部门同事的信任。

未来充满未知，但车美仕的产品和技术团队已经证明，他们能够快速、有效地解决用户和公司面临的重要难题。

TRANSFORMED

转型的先锋案例

## Trainline 公司，从老牌火车票经销商到票务科技公司

马蒂手记：仅仅用了几年时间，Trainline 就成为欧洲科技产品创新的最佳案例之一，彻底扭转了其业务局面。值得一提的是，转型始于全球知名私募股权公司 KKR 收购 Trainline 的时候。因为 KKR 判断该公司的业务被严重低估了，如果 Trainline 转向产品经营模式，公司就能释放出真正的价值。KKR 引进了一位能力出色的 CEO 克莱尔·吉尔马丁（Clare Gilmartin），然后吉尔马丁又引进了经验丰富的产品开发负责人马克·霍尔特（Mark Holt）和产品负责人乔恩·摩尔（Jon Moore）。摩尔在这里以亲历者的身份分享了 Trainline 令人印象深刻的转型故事。

2015 年 1 月，KKR（以杠杆收购闻名）宣布收购英国老牌火车票经销商 Trainline。乍一看，这次收购似乎意义不大，因为铁路行业仍然是一个高度传统化的行业，票务变更可能需要数十亿英镑的基础设施投资，而且整个行业受到政府的严格审查。在这种环境下，公司的增长之路通常不是以月或年来衡量，而是以数十年来衡量。考虑到这些限制，Trainline 似乎很难取得 KKR 投

资组合所要求的进展。

然而，接下来发生了令人意想不到的事情。一位由 eBay“空降”而来的才华横溢的年轻 CEO 引领 Trainline 从传统铁路业务向优秀的消费者科技公司转型。

## 转型的动机

新任 CEO 克莱尔・吉尔马丁聘请我担任公司第一任首席产品官时，她提醒我，如果想按照预期的发展路径前进，组织里的每一个部分都需要改变。

当时，公司进展缓慢。Trainline 采用的是传统的 IT 模式，勉强能够满足业务需求，但收效甚微。公司的软件工程能力处于萌芽阶段，许多领域依赖外包团队。产品管理完全缺失，只有少数人被冠以定义含糊的“产品主管”头衔。为数不多的设计师则将自己的岗位职责定义为负责各种营销资产。当时，产品本身也过时了。

Trainline 成立于 1997 年，最初是为了应对英国铁路网络私有化后带来的混乱局面。几年之前，为了促进创新和竞争，英国所有的铁路局被解散。解散铁路局的过程很仓促，由此产生的合同网络涉及 100 多家公司。用户的入口点既令人困惑又繁杂不堪。人们购买火车票通常还需要知道出行线路究竟是由哪家公司在运营。

Trainline 的集中式在线预订平台提供了一个解决方案。它可以让用户免去每天排队预订车票的烦恼，于 1999 年售出了第一张互联网在线车票，并在接下来的 10 年里逐渐在市场上站稳脚跟。但后来公司进入了停滞期。

## 向产品经营模式转型

2015 年，Trainline 被 KKR 收购。KKR 看到了机会，并说服一位才华横溢的现代科技领导者离开 eBay，担任被收购后的 Trainline 的第一任 CEO。这位 CEO 聘请了经验丰富的首席技术官马克・霍尔特和我来负责产品部门。我们三个人迅速成为一个团队，并开始负责各自领域的工作。

## 改变开发产品的方式

产品开发、产品管理和设计部门的变革被列为优先事项，早期的高层会议经常充斥着关于招聘需求和人才缺口的讨论。产品开发部门迫切需要投资。当时，Trainline 外包现象严重，而且更高级别的产品开发职位并非由内部人才担任，而是由多个外包商承包。外包商虽然非常了解平台和系统的复杂性，但对公司未来的发展方向几乎没有发言权。

整个团队采用 8 周一次的发布周期，这远远达不到有效服务用户的要求。我们继承了一种传统的首席信息官文化。技术仅仅被视为一项必要的成本。后果显而易见。那时的 Trainline 技术债务沉重，系统是单一的，而且完全是内部部署的。因此，Trainline 迫切需要进行重大的技术革新。每个职位描述都被重新编写，Trainline 招聘了很多新工程师，并在团队层面创建了新的技术负责人角色。当然，也有相当一部分人被解雇了。

产品开发方面的挑战是巨大的。Trainline 的传统数据中心由数百台服务器组成，已无法满足需求。而且，我们还收到搬迁的通知，因为目前所在的办公楼将被拆除。然而，在 18 个月内，Trainline 就完成了将数据全部迁移到亚马逊 AWS 云端，并迅速朝着 100% 云原生架构的目标迈进。最终，超过 20 000 个独立组件以每周超过 100 个的速度被发布到云端。“记得 5 月的一个下午，”马克回忆道，“有人说：‘顺便说一句，一切都实现了持续交付！’那真是个激动人心的时刻。”

产品开发部门正在快速发展，不仅在架构层面，而且在文化层面也发生了巨大转变。我们在招聘新员工时，不仅会考虑他们的技术能力（我们的 AWS 迁移项目是由英国一位杰出的云专家领导的），还会评估他们理解用户的意愿和能力。工程师们被要求广泛使用产品，并尽可能多地理解用户和业务背景。

## 改变解决问题的方式

随着大量产品开发人才的加入，建立优秀的产品团队变得至关重要。我接手的是一个习惯于满足公司利益相关方需求的团队。这些人虽然服务于业务，但他们对产品探索知之甚少，也不了解优秀的产品团队如何以既令用户喜爱，又为公司创造效益的方式来解决用户问题。但新的任务很明确。我们需要围绕业务建立优秀的产品管理体系。我们的目标是迅速转型为一台能够探索出最大价值并且将其实现的机器。

我曾担心团队可能需要彻底更换人才。但加入团队后，一些人明确表示他们想要学习如何像最优秀的产品团队那样工作。而且，我很快意识到，其中一位最近加入的成员拥有很大的潜力。整个团队之前没有接触过现代产品管理，但他们聪明、有雄心壮志，并且渴望学习。我决定给他们一个展示自己可以做些什么的机会。

辅导成为首要任务，我们三个人每天要花几小时与团队成员一起工作。我们讨论了产品探索的重要性、关键技术以及节奏更快、更有效的“测试、学习”的迭代流程。

为了支持文化转变，我们每周五下午都安排了一个大范围的被称为“每周胜利”的非正式会议。我的目标是创建一个让所有团队成员聚集在一起讨论和思考进展的安全空间。该会议很快形成了势能。探索得到的洞察、测试的数据和原型都被定期展示。大家互相提问并讨论想法。团队沟通和协调的氛围得到了显著改善。“每周胜利”会议迅速成为大家都不愿意错过的会议。

公司转型过程中，处处都是要解决的问题。旅行是令人向往的，但我们的产品毫无疑问只是交易工具，与心之向往无关。面对如此多的早期潜在优先级，我们迅速决定将产品战略聚焦于两个关键核心问题：移动应用程序的使用和网站转化率。解决好这两个问题有可能带来立竿见影的重大成果。

Trainline 当时完全专注于电脑桌面端，这落后了将近 10 年。作为一家市场平台，网站转化率方面的专业知识也是一个明显的增长杠杆，但几乎没有进行过测试，也没有什么数据平台可言。

Trainline 一直在聘请外部咨询公司来领导优化工作。每月的费用高达数万英镑。当我指出过去 12 个月只进行了 8 次测试，每次测试的成本接近 4 万英镑，而且没有一次测试带来明显的效果时，决定几乎毫无争议：我们解除了外包合同。我们会在内部打造这方面的能力，而且我们必须迅速行动。

我们新成立的移动应用程序团队率先垂范，快速迭代，开发了一款在苹果生态系统中迅速获得关注的产品，在该类别排名中占据主导地位。我们决心设定高标准，精心挑选团队成员，打造内部招聘把关人。他们没有让我们失望。在一位才华横溢的新任产品经理和技术专家的带领下，产品团队一同带来了对未来的雄心和前进的速度，与过去彻底决裂。

我们的移动应用程序的使用率迅速增长，作为领导层，我们不断地庆祝取得的成果和团队的出色表现。这可能会让公司其他人感到不快。但是，通过展现一个我们期望的体现公司新文化的具体榜样，我们试图让其他人理解聚焦业务成果意味着什么。这个策略奏效了。通过大力招聘和指导人才，我们迅速获得了增长动能。一个接一个的团队开始效仿榜样。

## | 设计作为超能力 |

设计团队经过特别选拔，能够高效进行大量定性测试。快速制作原型成为一项核心优势。所有团队都持续使用快速制作的用户原型，以便第一时间获得针对各种潜在解决方案的反馈。

团队迅速壮大，但也遇到了阻力。财务部门一度拒绝了产品设计部门的额外招聘请求。要知道，这是一家由私募股权支持的公司，控制支出始终是其重点之一。但是，我们需要产品设计师来最大化我们对产品管理和产品开发方面的投资回报。

我意识到是因为我没有与财务部门分享业务成果导致额外的招聘请求没有被批准。我向财务部门展示了我们取得的业务成果，而这些成果来源于具备优秀产品设计人才的团队。最后，关于招聘设计人员的请求很快就被批准了。

为了应对如此多的并行工作，我们进行了团队组织设计来降低认知负荷，并尽量减少组织间的依赖关系。随着我们越来越多地投资基于云的微服务平台，这种团队组织设计得到了加强，使我们能够最大限度地减少依赖关系。各种各样的用户体验团队负责我们的主要桌面端和移动端的体验。

随着时间的推移和针对全新 B2B 业务以及辅助增长的团队加入，我们的架构也在不断演变。然而，我们更详细的讨论都集中在如何投资于技术平台本身，特别是数据方面。

### |投资数据科学|

我们的数据分散存储在各种不同的系统中，格式也多种多样，并不统一。因此，我们根本没有现成的可供利用的数据战略。“我们的数据就像是一个蒙了很厚的灰的金盒子，”我对克莱尔·吉尔马丁说道，“我们只需要建立能够访问它的手段就行了。”我正在用各种依据力推另一项重大投资，但吉尔马丁已经看到了其中的潜力。

尽管优先事项存在相互竞争的关系，霍尔特还是继续推进数据产品开发方面的招聘工作。与此同时，我也承担起了组建第一个数据科学团队的责任。我们知道正在进行超前的投资。除需要更好地组织数据并为网站优化工作提供强大动力之外，我们对这些团队最终能够做些什么并没有概念。但是，我们清楚，如果没有这些团队，将大大限制我们找到解决方案的潜力。

### |授权工程师|

为了巩固向现代产品文化的转型，我们组织了第一次黑客日[①]（hack day）活动。团队可以专注于他们选择的任何用户或业务问题。事实上，我们的主要目的是鼓励工程师追求更多的想法，并进一步增强我们正在建立的创新文化。我们并不期望他们能立即取得成果，但我们很高兴团队最终证明了我们是错的。

一位工程师用简单明了的方式解决了一个紧迫的问题：帮助用户选择乘客较少的列车，这也是用户一直以来的痛点。

铁路运营商此前曾尝试通过一种耗资数百万英镑且复杂的升级地板压力传感器来解决这个问题。“但为什么不直接问乘客呢？”这位工程师提议。毕竟，我们的运营规模已经相当大了，只需在移动应用程序上稍做改动，乘客可能就愿意告诉我们答案。事实证明，他们确实愿意。在短短几周内，最初的黑客日活动通过实时数据原型得到了验证，产生了数十万个数据点。

---

① 黑客日，又叫编程马拉松。是一种电脑程序员与其他软件相关人员以紧密合作的形式开展某个项目的活动。——编者注

新成立的数据科学团队开始工作，这使我们能够将结果呈现给用户。这是我们日益增强的数据利用能力的第一个关键示例。它还获得了大量免费宣传，不仅仅是我们乐见的全国媒体在报道，而且还出现在一些颇具影响力的科技公司的大厅中。谷歌地图团队和亚马逊 AWS 团队都注意到了我们。

产品开发部门将我们的平台快速迁移到 AWS 的重要工作创造了一个强大的新合作伙伴。AWS 对我们的专业技能印象深刻，我们被邀请参加当年备受瞩目的 AWS 大会——re: Invent。

Trainline 成为该活动的主角，我们由 AWS 首席技术官沃纳·沃格尔斯（Werner Vogels）亲自介绍。我们演讲的核心部分展示了由黑客日活动诞生的解决方案。

我们正在利用来自数百万次火车旅行的实时数据，帮助用户选择乘客较少的车厢，这一切都由开发在 AWS 上的独特用户生成数据提供支持。在那天观看大会直播的成千上万名工程师中，有几位知名工程师选择加入 Trainline。这再次证明，真正的转型的影响力能够以多种意想不到的方式推动公司向前发展。

## 改变筛选问题的方式

多年来，Trainline 一直以“让每个人都能更轻松地乘坐火车”为使命，并以此作为帮助英国实现低碳交通运输的重要因素。事实上，包括我在内的许多员工认为这是我们加入公司的一个重要原因。

共同的动机虽然有用，但不足以实现真正的目标一致。随着一群才华横溢的新员工不断加入公司，我们显然需要展示一个统一的未来愿景。如果我们所有人齐心协力，按照我们新的、更高的期望执行，成功会是什么样子？我们需要一个现代、优秀的产品愿景，使我们的股东、高管、公司利益相关方和产品团队团结一致。

为了实现这个目标，我们需要详细了解用户当下最迫切需要解决的问题。在设定了一些重要的战略业务目标（国际扩张、收入多元化）之后，产品愿景将来自理解用户面临的众多关键痛点并解决它们。一位拥有深入用户分析技能的新任产品研究主管加入了团队。她的团队目标是全面、及时地了解我们当前和潜在的用户，以及我们如何能够最大限度地为他们创造价值。

我们最初在每个目标区域选择了一些小型、具有代表性的用户群体，进行了多轮访谈，发现了数百个问题。但我们也发现了一个主要且直接的状况，即少数问题被反复提及。我们很快给这些问题起了一个名字："七大超级问题"。这七个问题是所有用户区域和细分市场都面临的关键共性问题。一旦我们大规模验证了预测的结论，结果很快就会变得清晰：即使只解决其中几个问题，也足以推动我们进入一个新的增长时代。

但是存在一个问题：人们认为 Trainline 是一家票务公司。然而，其中许多问题发生在交易流程的下游，即购票之后。我们是一个以铁路为导向的电子商务网站，通过整合多个铁路应用程序编程接口（API）来帮助用户进行交易和购买车票。然而，许多新发现的问题存在于交易之外，例如错过的换乘、延误或过度拥挤的列车。这些问题在铁路行业存在已久，但一直没有人能找到满意的解决方案，或许也是有原因的。这些问题非常复杂，我们也不确定自己能否解决。

然而，我们知道，如果我们能够解决这些问题，将显著改善用户的生活和通勤体验。我们的愿景以移动端为核心，展现了一个雄心勃勃的未来。我们进行了早期移动应用程序测试，为乘客提供从纸质票切换到电子票的选项。测试结果带来了一个重要发现：在这些少数支持移动应用程序的线路中，铁路旅行的频率和整体销售额都有了显著增加。

进行这项测试并非易事。在高度监管的环境中，成功的产品创新通常需要与合作伙伴、工会、监管机构甚至政府进行大量且复杂的沟通。我们拥有一支规模虽小但经验丰富的运营团队，他们花费了很多时间向铁路合作伙伴宣扬我们的理念。如果没有他们，我们很难取得重大进展。

向数字化铁路票务的转变，需要合作伙伴对现有的工作模式进行实质性改变，并辅以数百万英镑的基础设施升级投资。实现这一点需要政府的全力支持，并且需要对英国交通运输政策进行重大更新。但数据是清晰的。通过让乘客摆脱烦琐的售票机流程，更轻松地进行改签和退款，铁路将成为更具吸引力的出行选择。

和大多数取得巨大成功的测试一样，事后看来，结果似乎显而易见。但这是一个重要的新的数据点：移动票务增加了铁路旅行的频率，进而提升了用户终身价值。这一发现，加上我们对尽可能减少用户痛点的深刻理解，构成了产品战略的核心，使我们能够找到一条新的、持续前进的道路。

现在，我们已经为产品团队制定了稳健的季度节奏。每个季度末，产品团队都会在高管面前进行为期两天的高调展示。成果是重中之重，团队成员也获得了更多与领导层接触的机会。这种形式现在得到了大多数人的认可，尽管它会带来压力，因为取得成果比单纯地交付产出要困难得多。但是，我们没有退路可走。我们的成败完全取决于团队交付结果的能力。我们的架构焕然一新，现在已成为云原生平台的典范。产品团队被赋予自主权，并重新定位以实现更强大的成果。

在高度协作的产品团队的推动下，我们每年都在测试数百个产品想法。我们的数据集现在是集中化、一致且可用的。我们的用户位置数据指向解决下游延误和拥堵的新的可能性。我们能够将新的、独特的用户生成数据添加到已经相当丰富的旅程和票价数据中。与此同时，我们也开始创建自己的机器生成数据，使我们能够找到更多解决遗留问题的独特方法。

## 成效

Trainline 如今在铁路行业做到了前所未有之事。一位分析师曾用“铁路界的优步”来形容我们，这在当时被视为极高的赞誉，因为优步正处于持续成功的阶段，而我们刚刚起步。考虑到 Trainline 现在是周一到周五苹果商店排名第一的出行类应用，甚至超过了优步，我们乐于接受这种比喻。这在市场决定我们公司价值的关键时刻，代表了一种重大的认知转变。

在 KKR 以低于 5 亿英镑的价格收购公司仅仅 4 年多之后，伦敦证券交易所的钟声响起，公司估值高于 20 亿英镑，成为当年欧洲最大的首次公开募股（IPO）之一。

这次转型是成功的。才华横溢的产品经理、设计师、工程师和数据科学家，再加上经验丰富的运营和法律团队，使我们能够显著优化发展路径。解决问题取代了单纯的开发功能，强有力的衡量标准取代了猜测。技术现在处于核心地位。

一周又一周、一月又一月，我们看得见的成功吸引了越来越多的优秀人才，推动我们快速向前发展。我们已经对公司进行重新定位，使其超越铁路领域，进入更广阔也更赚钱的旅行领域，同时在多个新地区开展业务，甚至将旅行选项从铁路多元化扩展到长途客运。

在卓越的领导力、对顶尖科技人才潜力的深刻理解、高度协作的文化以及最重要的专注于结果的文化引领下，一个小型团队改善了数百万旅行者的生活，并为股东带来了丰厚回报。

第四部分

# 产品团队与 6 类合作方的互动方式

TRANSFORMED

MOVING TO THE PRODUCT OPERATING MODEL

## 导 读
TRANSFORMED

到目前为止，我们主要讨论了产品经营模式的理论基础。在下面这部分中，我们将尝试让这种工作模式变得鲜活起来。

在转型的这些案例中，我们分享了产品团队内部的工作情况。但在这里，我们想让你了解一下产品团队与用户以及公司不同部门，包括销售、营销、财务、公司利益相关方和高管互动的情景。

在阅读本部分内容时，请记住，这些内容描述的是你所追求的互动方式。由于这些互动涉及他人，因此有时你可能会达不到自己的预期。

这部分内容描述的是理想化互动的案例。但即使是在拥有最优秀的人才和最强烈转型的意愿的公司里，事情也并非总是能如其所愿。

# 第 13 章

# 与用户进行直接而深入的交流

在许多遵循以往模式的公司中，尤其是向其他公司提供产品的公司，与用户的关系往往不尽如人意。从用户的角度来看，这些公司可能会被认为不可靠、不可信任、无法兑现承诺。造成这种情况的原因有很多，但根本原因是，产品经营模式引入了一种全新的、直接的、与以往截然不同的用户与产品团队之间的关系。

当一家公司转向产品经营模式时，产品团队与用户[①]互动的方式会发生一些比较大的变化。大多数变化对用户并不直接可见，因为它们涉及产品团队如何通过日常工作来发现和提供解决方案。你现在已经了解到，产品经营模式依

① 在这里，我们使用通用术语“用户”来涵盖所有可能相关的用户形式，例如不同类型的用户、购买者、审批者、影响者、使用技术服务最终用户的内部同事等。

赖于产品团队与用户之间直接、频繁的互动。部分原因是产品团队为了更深入地了解用户的问题和一个成功的解决方案所需的环境及全景信息；部分原因是为了测试你的潜在解决方案是否对用户有价值，并且各种类型的用户都可用。

**当产品团队开始与用户进行直接和深入的互动时，我们鼓励产品团队向用户解释他们改变的用意，因为这种改变从用户的视角来看可能非常不同。**大多数用户习惯于向销售人员口述他们认为自己需要的功能，然后他们期望在某个时间点看到这些功能出现在产品路线图上，最好是尽快，并有一个可以开始的日期。用户可能已经对公司按承诺日期交付这些功能的能力失去信心。

在某个时候，失望的用户可能会转而寻找另一家公司的产品。但是，如果用户目前依赖于一家公司的产品，无论产品好坏，他们通常会尽可能坚持使用下去。因此，**大多数用户对产品的动态变化持开放态度，但前提是他们相信自己的需求大概率能被满足。**

接下来，用户与你之间的互动旨在表达用户期待赋权的产品团队在产品经营模式下能够提供的服务，以及不同模式差异背后的原因。如果你认为这些互动中的信息有帮助，你需要决定是采用用户提出的建议，还是根据自身情况进行修改。

## 只有负责兑现承诺的产品团队才能做出承诺

产品团队不再承诺交付日期或可交付成果，除非他们真正理解实现该承诺所需的内容。这与你以前的工作模式非常不同，这种改变具有重要意义。做出承诺的产品团队需要直接与相关用户进行互动，以真正了解成功所需的因素。

请注意，公司经常会指派善解人意的员工来管理与用户的关系，就像用户经常会指派善解人意的员工来管理与供应商的关系一样。但是，这些代理人，无论是来自你的公司还是用户都是不够的。**产品团队与实际用户之间的直接沟通是极其重要的，也是做出任何承诺的先决条件。**

**唯一能够对产品交付做出承诺的人是负责兑现承诺的产品团队。**不是公司的高管，也不是销售人员、营销人员、客户成功人员、项目或交付经理，更不是产品经理。承诺必须来自产品团队，特别是产品团队中的工程师，因为是由他们来兑现承诺。

在未进行足够的产品探索前，产品团队不应做出承诺。因为在产品探索过程中，团队才会了解用户的真正需求，并评估解决方案是否有效。为了解决特定的风险，他们通常需要制作一个或多个原型来识别和评估风险。一旦了解了用户需求，产品团队还将在准备做出任何承诺之前将其他工作与其他承诺纳入考量。这就是我们之前讲到的高度精准承诺，做出这样承诺的产品团队将会全力以赴，确保兑现承诺。

优秀的产品团队明白做出高度精准承诺必须与其他承诺相权衡，包括可能受到影响的维持日常运营的活动。承诺之所以高度精准，是因为它首先基于深入了解用户需求，然后直接来自兑现承诺的人。产品团队可能需要提醒用户，他们为一家商业产品公司工作。因此，产品团队的工作不仅要提出一个特定用户认为有效的解决方案，而且该方案也要对其他用户有效。这就解释了定制解决方案提供商和商业产品公司之间的本质区别。

在实践中，这意味着有时用户设想的专属解决方案可能无法适用于其他用户，因此产品团队需要探索替代方案。在多数情况下，这个问题是可以被解决的，并且会为所有相关方带来更好的解决方案。但是，如果发现一个用户必需的解决方案只能在用户自己的环境中运行，并且用户了解到这个方案不具有持续创新和服务的优势，那么产品团队会将该用户介绍给定制解决方案提供商。

## 产品探索既了解问题，又测试解决方案

产品探索的目的是为用户的问题找到有效的解决方案。你的产品团队致力于发现既令用户喜爱，又为公司创造效益的解决方案。为了实现这一目标，产品团队需要具备跨职能的综合能力，这需要结合产品管理、产品设计和产品开发。产品团队会直接与用户互动，深入了解他们需要解决的问题，并测试潜在的解决方案。

在大多数直接与用户的互动中，产品团队既会关注用户的问题，也会关注团队是否提出了具备用户价值、产品易用、技术可行和业务可持续的解决方案。因此，产品团队与用户之间的大部分直接互动涉及访问不同的用户，并与这些用户一起测试解决方案的原型。

## 在产品交付中为用户提供适当的服务

产品团队完成了产品探索的工作，并提供了必要的解决方案后，你还有额外的义务为用户提供适当的服务。

首先，你应承诺对解决方案进行有效测试，这意味着两种不同的工作：

- 测试功能是否按预期工作。
- 测试新功能是否会在其他地方意外引入回归问题。虽然防止回归问题很困难，有时即使尽了最大努力也无法避免，但你也有责任确保新功能不会带来意想不到的问题。

其次，你要明白，用户急需你正在开发的解决方案，但用户有自己的工作要做。花时间重新认证你的产品，然后重新学习和培训，不是任何人都想做的

事情，也不应该要求用户去做。因此，在推出新功能时，你要始终关注并减少新功能对用户日常使用带来的成本，并且尽可能利用现代设计和部署技术来顺利实施。

最后，你知道实际上你无法承诺永远不会犯错。但是，你可以承诺使用最佳实践和最大努力来减少犯错。最重要的是，你可以承诺，当错误发生时，你将尽一切努力快速、专业地纠正问题，然后分析如何避免将来出现此类问题。

## 让用户和你一样喜爱你的产品

产品团队最重要的目标是尽可能让每一位用户每天有效地使用你的产品来完成重要且有意义的工作，并让用户非常喜爱、看重你的产品，乐于与他人分享使用体验。这种成功最终会转化为业务成果。这正是你对自己喜爱的产品的感受，你每天都在努力工作，以确保你的用户对你的产品抱有同样的感受。

# 第 14 章

# 在用户面前与销售团队高质量地合作

本章并不适用于所有公司和所有类型的产品。但是，当公司的直接销售团队或渠道销售团队负责将产品推向市场时，本章的内容就派上了用场。产品团队和销售人员之间的关系对公司的成功至关重要。

在一家公司里，也许没有比产品团队和销售人员更相互依赖的角色了。产品团队依赖销售人员将产品送到用户手中。销售人员依赖产品团队为他们提供真正能够满足用户需求的解决方案。如果任何一方出现问题，公司都会遇到麻烦。

尽管产品团队和销售人员在激励机制上有一致性，但在实践中，他们追求的目标却截然不同。在很多使用传统模式的组织中，双方都不满意。产品团队不满意，是因为销售人员不断要求或强求产品团队开发一些他们明知无法解决用户真正问题的东西。销售人员也不满意，是因为他们转达用户的需求后，产品团队却总是提供无法满足用户需求，甚至根本无法交付的解决方案。

要知道销售人员的收入主要依靠佣金。佣金来自新的订单、续费、追加订单以及用户在公司增加的花费。因此，销售人员习惯于非常直接地回应用户的要求。除非他们真正相信产品团队的存在是为了支持类似的目标，否则销售人员会认为他们必须为自己的生存而战。

好消息是，产品经营模式就是为了纠正这个问题，并且在这方面有良好的记录。首先，必须理解产品团队和用户之间存在必要的关系，正如第 13 章中所述。销售人员从潜在用户那里收集需求，然后将这些需求传递给产品团队进行模型开发，这并不是产品经营模式的一部分。

**产品经营模式的核心是关注既对产品满意又愿意传播口碑的标杆用户。产品团队需要与销售团队合作，找到和发展这些潜在的愿意传播口碑的用户。**当产品没有标杆用户时，销售工作就会变得更加困难，还会加剧销售人员对产品团队的不信任。这种情况直接导致销售人员要求定制解决方案，以便他们能将东西卖出去，这很正常。

要使必要的改变发生，关键在于建立产品团队和销售人员之间的信任，而最好的方法就是在当前和潜在用户面前高质量地合作。这始于产品负责人和销售负责人，但目标是将这种良好的合作关系延伸到各个产品经理和销售人员。

销售人员能够近距离见证产品团队如何发现解决用户问题的最佳方案，这些方案往往是用户没有想到的。产品团队能够近距离见证销售人员如何驾驭有效的 GTM，以了解买家、不同类型的用户、影响者、批准者以及影响购买决策和产品成功使用的其他因素。

通过密切合作，产品和销售这两个相契合的维度开始聚焦。通过与多个潜在用户合作，产品团队既可以了解用户之间的共性，也可以了解用户之间的差异，从而确保能够创建在多个用户中成功部署的单一解决方案。

上述这些并不容易，但困难之处不在于风险或复杂性，而在于产品团队和销售人员都需要付出努力。对于愿意投入时间的人来说，回报是实实在在的。产品团队在销售人员的帮助下，拥有专为产品设计工作的一系列技术，目标始终是拥有标杆用户。

产品经营模式对销售人员还有一个强大的影响：在传统模式中，销售人员是唯一以用户为中心、以结果为导向的团队。产品经营模式为销售人员提供了一个真正的合作伙伴，该合作伙伴也以用户为中心、以结果为导向。如果有条件，产品团队和销售人员将成为真正的合作伙伴。

第 15 章

# 主动与产品营销经理建立必要的合作关系

产品团队最紧密的合作伙伴之一是相关的产品营销经理。建立双方有效的合作伙伴关系对产品经营模式的良好运作至关重要。

在少数公司里，产品团队可能会幸运地拥有一位专职的产品营销经理，但在大多数情况下，多个产品团队会共享一位或多位产品营销经理。这是因为按照团队架构的方式来组织产品营销通常效率低下。无论你拥有一位专职的产品营销经理，还是共享一位或多位产品营销经理，产品经理都应该主动与产品营销经理建立必要的合作关系。

产品经理与产品营销经理的互动方式和频率会因产品经理当前正在进行的工作而有所不同，但是有相当多的互动场景需要二者协作。虽然大多数人对产品营销有一些直观的认识，但看到通过与产品营销进行强大而有效的协作所带来的深度和影响力时，许多人还是会感到惊讶。以下是在产品经营模式中你应追求的目标。

## 理解市场与竞争分析

当产品团队致力于理解不同市场时，产品营销经理是一个关键资源，因为产品营销经理可以访问行业分析、市场洞察、竞争对手研究等信息。此外，当你了解到新的竞争对手和新技术时，这些信息也会在产品团队和产品营销团队之间共享。

产品团队在市场理解领域进行合作的一个例子是评估竞争对手的新产品，并制定相应的策略，以便与销售团队共享。

## 有效制定 GTM

可以说，GTM 是最重要的协作领域。当为现有市场开发新产品，或者将现有产品推向新市场时，尤其是在为新市场创造新产品时，仅仅开发出一个有效的产品只解决了一半问题。另一半问题则在于如何有效地将产品推到用户手中，也就是 GTM。

产品营销经理是你掌握各种 GTM 选择和技巧的专家。在寻找产品与市场的契合点时，产品团队和产品营销团队需要携手合作，共同消除许多限制因素。一旦 GTM 确定，产品营销经理会确保每个产品团队都理解该市场路径的力量和细微差别。产品团队之后会对产品进行更新，也可能根据 GTM 来考虑信息传递或定位问题，此时产品经理需要咨询产品营销经理的意见。

## 关键产品决策

在产品探索的过程中，产品决策会不断涌现。对于许多决策，你可能想要咨询你的产品营销经理。但是，对于特别重要的决策，由于产品营销经理对目标市场和产品的 GTM 有深入了解，产品团队希望将产品营销经理的观点纳入决策。需要明确的是，GTM 是决定产品战略成功与否的重要因素之一。

## 用户探索计划

用户探索计划是一种特别适用于开发新产品或将现有产品推向新市场的强大技术，能够促进产品团队和产品营销团队之间的协作。它通常包含以下步骤：识别、挑选并与来自同一目标市场的一组潜在用户密切合作。与产品营销团队和销售团队合作，访谈并挑选一些用户，然后开始进行探索并提供满足他们需求的解决方案。最终，你将获得一批可作为参考的初始用户。

产品经理和产品营销经理应该在用户探索计划的所有环节进行密切合作。产品经理将学到的知识应用于新产品开发，产品营销经理则将学到的知识应用于 GTM、销售工具和销售流程。

## 信息传递和定位

即使是日常的产品改动，通常可见的变化也会传递某种信息，对产品的定位产生影响。有时这些改动只是战术性的调整，但传递出的信息和定位的变动会对产品产生广泛的影响。在这种情况下，产品经理或产品设计师可能会咨询产品营销经理，以确保产品保持一致性，并确保用户关注、了解和使用新功能。

## 用户影响评估

随着诸如持续部署等现代产品交付技术的应用，产品更新变得更加频繁，甚至每天可能发生多次更新。然而，产品的某些更新可能会对你的用户、销售团队或客户成功团队产生影响。在这种情况下，你需要与产品营销经理进行协调，确保即将到来的更新不会让用户感到意外，并且相关团队已为更新做好准备。

如果产品营销经理没有做好准备，可能是因为他们刚刚得知产品更新信息，那么你可以选择推迟更新，或者如果你拥有合适的部署基础设施，则可以将新功能设置为对用户不可见的状态，直到产品营销经理表示他们已做好准备。

## 定价和包装

在遵循产品经营模式的大多数公司中，产品团队通常会在定价和包装决策上参考产品营销团队的意见。造成这种情况的部分原因在于专业知识，因为许多产品营销团队与专业定价公司建立了合作关系，另一部分原因在于定价通常需要考虑更全面的因素，而产品团队的关注点往往更贴近产品本身，因此产品营销团队在定价方面更具优势。产品团队当然会为定价决策提供意见，但制定合理价格需要考虑许多其他因素。

## 销售赋能

各个产品团队都会向产品营销经理提供专业知识，但产品营销经理负责为销售团队提供所需的产品销售资料和各种销售工具。

如果产品经理花时间与产品营销经理建立良好关系，那么产品团队可能会对产品营销经理理解产品功能和细微差别的水平感到满意。如果并非如此，那么这项工作就将落在产品经理身上。这就是为什么经验丰富的产品经理会意识到，花时间向产品营销经理解释产品细微差别通常是非常值得的投入。有关产品营销关键作用的更多信息，请参见玛蒂娜·劳琴科（Martina Lauchengco）的著作 *Loved：How to Rethink Marketing for Tech Products*①。

① 这本书是硅谷产品集团营销资深人士劳琴科的重磅新作，它重新思考了科技产品的营销，揭示了苹果、奈飞、微软等企业的营销秘诀。该书中文简体字版已由湛庐引进，即将出版。——编者注

# 第 16 章

# 与财务部门保持意见一致

与财务部门以及相关投资者的合作是产品团队工作的重要组成部分，因为除此之外没有其他更有效的替代方法。公司依赖其销售的产品，而产品团队则依赖财务部门。与其他合作关系一样，财务部门有效合作的关键在于保持意见一致，理解合作伙伴的需求和限制，提供数据而非主观意见。

**产品经理需要与财务主管共同确立转向产品经营模式的原因。**这可以从共同查看数据开始，并承认当前的模式在做出良好资金决策的预测方面准确度不高，在估计产品增量收入方面准确度也不高。如果你对此有疑问，可以将过往业务案例的预测与过去几个季度的实际结果进行比较来得出结论。

一般来说，与财务部门合作重要的是认识到传统模式不仅浪费了大量资金和时间，更错失了良机，并且在可证明的业务成果方面收效甚微。这已经非常明显了，真正的问题是我们能否做得更好。

## 用少数产品团队尝试新模式

你需要做的就是尝试产品经营模式，并了解它是否能像其他公司那样带来更好的回报。基于公司对以往模式的失望程度和转向新模式的紧迫程度，你可以非常保守地只用少数产品团队或更积极地尝试新模式。另外值得指出的是，如果转向产品经营模式取得成功，那么除更满意的用户和更好的业务成果之外，公司还可能被市场视为技术驱动型公司，这往往是投资者的动力之一。

## 产品团队以业务成果衡量成败

转向产品经营模式后，产品团队和财务部门合作的互动方式会发生变化。产品团队承诺不再隐藏在功能和产品路线图后面，寄希望于下一个新功能完成后结果会更好。产品团队将停止编造一份业务立项论证书，等到没有结果再找借口。相反，产品团队将像公司一样，承诺以业务成果来衡量成败。

如果公司推出新产品，将根据其业务表现来衡量成败。如果公司为产品添加新的功能，将根据其价值和业务影响来衡量成败。如果产品团队承诺解决用户或公司的问题，他们将用业务成果来定义成功。无论这需要增加一个新功能，增加多个功能，或换一个不同的解决方案，产品团队将努力工作，直到取得成果。

产品团队会承认他们所不知道的事情，并诚实地告诉你他们不知道的事情。当需要正确的答案时，他们会进行必要的测试以获取数据，从而做出明智的商业决策。今后，当他们要求增加资金时，会提供数据和公开透明的分析，用于解释其需求。产品团队不会直接提出大额资金需求，而是会进行成本非常低的测试来收集必要的数据。如果他们有更大的资金需求，他们会提供支持这项投资的实际数据。

在公司需要确切的交付日期的情况下，产品团队将通过流程来做出高度精准承诺。虽然这需要很多时间，但该日期是有理有据的，并且产品团队可以对其负责。当产品经营模式开始持续、稳定地产出创新成果时，产品团队应记得与财务部门和投资者关系部门分享成果，证明这些投资正带来回报。

## 财务部门需要提供 4 项支持

为了使合作关系维持下去，产品团队需要财务部门提供以下几项支持：

- 从项目审批转向长期投入。产品团队希望财务部门不再以单个项目为单位做出资金拨款决定，而是根据特定的关注领域和季度业务成果指标来为产品团队进行配备。产品团队将提供实时业务成果，并按季度进行业绩评估。
- 支持人才培养。产品经营模式需要一些新的岗位技能。在大多数情况下，现有员工可以通过辅导和培训来胜任新岗位。但如果员工无法胜任岗位，产品领导者将提出更换现有员工并招聘新员工的建议。值得注意的是，转向产品经营模式通常可以节省成本，而非增加成本，即使这项转变可能涉及将关键技能从外包转为自研。
- 以业务影响为导向的绩效考核。产品团队希望不再仅仅以发布功能和项目完成情况来衡量绩效，而是以业务影响为导向。为了做到这一点，产品团队需要空间来进行必要的测试，并自主决定哪些功能和项目能优先满足目标。我们的目标是将这种精细化的决策权留给产品团队。

- 减少高度精准承诺的需求。最后，产品团队希望财务部门尽量减少对高度精准承诺的需求。因为高度精准承诺不仅会带来烦琐的额外工作量（有时仅仅是为了提供一个日期），还会扰乱产品团队的正常运作。

当产品团队与财务部门高效合作后，大家都能从投入的资金里获得最大回报，也会比以往更有效地管理财务风险。

# 第 17 章

# 凭借尊重与态度赢得利益相关方的信任

在这里，我们将公司利益相关方定义为虽然不是公司架构中归属于产品团队的成员，但是代表公司关键支持部门、业务领域或特殊专业知识的人员。

毋庸置疑，转向产品经营模式对公司利益相关方来说是一个重大变化。一些公司利益相关方对传统模式感到非常失望，迫切地想要尝试一些新的方法。一些公司利益相关方觉得自己有责任为公司做出贡献，但现在他们失去了对曾经拥有的技术资源的控制权。另一些公司利益相关方则对转型采取观望态度。

总而言之，由于在传统模式下，技术资源是为了满足公司利益相关方的需求而存在的，而现在这些资源直接服务于最终用户。他们意识到这是一个重大的转变。**产品经营模式旨在让产品团队成为公司利益相关方的协作伙伴。产品**

**团队不再隶属于公司利益相关方，但他们仍然依赖公司利益相关方。在实践中，这意味着公司利益相关方和产品经理之间需要建立信任关系。**

一个赋权的产品团队旨在以既令用户喜爱，又为公司创造效益的方式解决用户或公司的问题。创造一个用户喜爱的解决方案通常并不难，前提是产品团队可以直接、不受限制地接触用户和产品数据。但要创造一个既让用户喜爱，又能满足公司不同部门的（通常这些部门间是相互竞争的关系）需求的解决方案，则非常具有挑战性。你需要做到以下几点：

- 确保解决方案能够被有效地营销、销售和服务。
- 确保你能为产品提供资金，然后有效地将产品变现。
- 确保能够运营产品。
- 确保产品符合相关法规，尊重隐私和合作伙伴协议，并且不会对人和环境造成意想不到的后果。

我们知道你无法独自完成这些工作。但我们也认识到，创造任何产品，实际上需要做出数百甚至数千个决策。让所有公司利益相关方都参与到每个决策中来，不仅会浪费大量的时间和金钱，而且我们也知道这基本不会带来创新。要进行创新，你需要直接接触用户和新兴技术。

为了让公司利益相关方与产品团队建立尊重和信任的关系，产品领导层有责任确保每个产品团队拥有一位能够胜任的产品经理，他努力了解业务的各种限制因素，并成为公司利益相关方的有效合作伙伴。

指望公司利益相关方信任一位没有经验的产品经理不仅不现实，而且也不明智。即使产品经理代表产品团队了解来自各方面的业务约束，但很少有产品经理能深入了解所有相关的业务。因此，产品团队对公司利益相关方的承诺是，每位产品经理都承诺直接与公司利益相关方接触，并努力学习和了解每个领域的各种限制和需求。

此外，产品团队认识到建立这种知识和信任需要时间。每当他们考虑可能影响特定公司利益相关方的解决方案时，产品经理承诺向公司利益相关方展示解决方案的原型，以便公司利益相关方在团队开发任何东西之前考虑这种变化的影响。

希望产品经理正确理解各种限制，那么公司利益相关方只需几分钟的时间查看并表示赞同。如果出现问题，产品团队可以快速迭代原型，直到公司利益相关方认为解决方案能解决他们的顾虑并对业务有利。有时，这很容易。有时要找到一个不仅对用户且对多个公司利益相关方（因为每个公司利益相关方都有不同的需求）都起作用的解决方案，可能需要多次迭代才能找到。此外，让所有公司利益相关方都满意的解决方案最终可能是他们从未想过可能存在的东西。

**总而言之，产品经理努力朝着期望的业务成果努力。产品团队知道仅仅发布功能不一定能解决用户或业务面临的根本问题。产品团队致力于追求必要的结果。而产品团队应当保证不去开发，当然更不会发布任何不能满足业务关键需求的解决方案。**

如果某些业务不可持续的解决方案被想方设法地开发出来了，或者更糟糕的是被发布到了用户那里，那么产品团队要保证尽快纠正这种情况，并查明这种错误是怎么发生的，以便不会重蹈覆辙。

产品经理要以一种尊重并透明的态度与公司利益相关方合作，以赢得他们的信任。要尊重他们的时间，并且鼓励公司利益相关方参与用户的测试活动。允许他们查看开发好的产品原型和产品的各项数据，包括产品使用的数据和产品测试的实时数据。这样携手合作，产品团队和公司利益相关方就能以超出用户预期的方式一起解决用户和公司的各种问题。

# 第 18 章

# 与高管进行建设性、高效的互动

根据公司当前的文化背景，转向产品经营模式可能会显著改变高管与产品团队、产品领导者之间的互动方式。

产品经营模式通常需要重大的文化变革，尤其是对自上而下的命令控制型管理方式的转变。当我们讨论必要的变革时，我们大多关注产品和技术团队内部的变革。然而，转型的一个重要方面是改变高管和产品团队之间的互动方式。

诚然，许多产品领导层和产品团队可能认为，转型就像对高管说“请后退，给产品团队一些空间开展工作”那么简单。但现实是，高管在负责高效地运营公司方面有着非常现实的需求。

产品团队为了拥有决策权，需要了解战略全景信息，其中很大一部分来自高管。因此，在产品经营模式下，产品团队需要与高管进行频繁、高质量的互动。我们真正要讨论的是互动的方式。

你希望通过怎样的互动为高管提供经营公司所需的信息，同时赋权产品领导层和产品团队开展他们能力范围内的工作呢？我们发现一系列技巧可以帮助高管、产品领导层和产品团队之间进行建设性和高效的互动。

## 互相分享更广泛的辅助信息

产品经营模式的核心思想之一是将决策权下放给产品负责人或产品团队，因为他们最适合做出决策。通常，这些人是直接与技术团队和用户一起工作的人员。但是，只有在提供必要的战略全景信息时，产品团队才能做出正确的决策。因此，对高管而言，分享更广泛的全景信息至关重要，例如业务战略、财务参数、监管动态、行业趋势和战略合作伙伴关系。

产品团队依赖高管尽可能多地分享相关战略全景信息，以便他们获取做出正确决策的信息。而高管则依赖产品负责人和产品团队开诚布公地分享用于决策的数据和推理过程。

## 对成果而不是产出负责

产品团队明白，重要的是结果。只要有可能，产品团队希望对成果，而不是产出负责。但是，这只有在产品团队被赋予一个待解决的问题，而不是一个特定的潜在解决方案，然后被授权提供一个可行的解决方案时才有效。为了找到最佳解决方案，产品团队需要高管尽可能多地提供解决问题的自由度。然后，产品团队承诺承担提供问题解决方案的责任，并尽最大努力同时为用户和公司找到解决方案。

## 用反直觉的洞察驱动创新

产品团队认识到，高管拥有最多的数据访问权限，并且对整个全景信息有着深刻的理解。然而，产品团队可以接触新兴技术，并每天与实际的用户互动。有时产品团队与高管出现意见分歧。在传统模式下，产品团队不会探索那些反直觉或者有些叛逆的想法，创新也鲜少发生。在产品经营模式中，很多时候正是这些反直觉的洞察驱动了真正的创新。如果这件事很重要，你会指导产品团队快速、负责任地开始测试，以收集必要的证据。

产品团队需要高管允许甚至鼓励他们在必要时探索替代方案，以取得成功。如果产品团队提出一种有风险的方法，该团队会承诺负责任地进行产品探索测试，以收集必要的证据，然后分享这些发现。

## 做出高度精准承诺

有时高管需要知道特定可交付成果的具体交付日期。产品团队应当将这些承诺视为高度精准承诺。产品团队明白，承诺后却没有兑现，将有损于团队的利益。

因此，只有负责交付的团队，才能做出承诺。当团队不知道交付内容和成功所需条件时，不会做出承诺或兑现承诺。此外，产品团队能够正常运作，高度精准承诺应当是例外情况，而不是常规做法。因为做出并兑现高度精准承诺所花费的时间和精力会相当多。但是，一旦产品团队做出承诺，他们就应当非常严肃地对待这一高度精准承诺，并尽一切努力兑现承诺。

## 将意外减至最少

意外情况有时无法避免，但产品团队也知道必须尽力将意外减至最少。这意味着如果存在任何问题，即使是潜在的敏感问题，产品经理都应有所关切，在解决方案开发之前向受影响的公司利益相关方或高管说明情况并进行讨论。

最糟糕的一种浪费是产品团队开发了一个高质量、可扩展的功能之后才发现该解决方案由于某些原因不可被接受。因此，在开始开发任何有潜在风险的解决方案之前，产品团队应先将预览版提交给相关高管。

同样，如果一位高管在探索阶段审查原型时没有发现重大问题，而在产品开发完成并已经上线后，又认为存在严重问题，也会给组织带来巨大的浪费和挫败感。无论原因是什么，一个产品被开发出来后，却被发现存在严重问题，都应该进行复盘，以避免今后再次发生这种浪费。

## 尽最大努力帮助对方成功

赋权依赖于一定程度的信任，产品团队会努力赢得这种信任。同样，产品负责人和产品团队信任高管团队正领导公司朝着积极的方向发展。双方都不期望对方完美无缺，但产品负责人和产品团队都认识到，他们彼此依赖，并致力于尽最大努力帮助对方成功。

产品创新案例 TRANSFORMED

## Gympass 公司的全球健康服务平台

马蒂手记：当今世界各地涌现出许多转型和创新的出色案例，Gympass 这家巴西的成长型公司在疫情考验下所取得的成就让我印象深刻。

Gympass 是一家成立于 2012 年的巴西公司，其使命是通过帮助人们战胜运动不足来改善员工的健康和福祉。Gympass 通过其平台为员工提供覆盖 11 个国家和地区的 50 000 多家健身房和工作室的网络访问权限。

在公司成立的 5 年里，Gympass 从早期创业公司发展到拥有 800 多名员工，只是一个规模很小的 IT 公司。当时，公司主要依靠一个大型业务运营团队，主要使用电子表格。为了有效利用技术，公司在 2018 年决定转型，领导层聘请了经验丰富的产品负责人乔卡·托雷斯（Joca Torres）担任首席产品官。

托雷斯与首席技术官和首席营销官合作，三位领导者迅速建立了产品团队。团队首先着手把原来业务运营团队的大部分任务改为自动化执行，并为健身房、最终用户（企业用户的员工）和人力资源部门（以便他们可以看到健身计划对员工的影响）打造全新体验。这些努力很快取得了回报，公司在 2020 年进入强劲增长的快车道。

然而，不幸的是，疫情来了。受到疫情重创的行业之一就有健身行业，尤其是实体健身房和健身工作室。不仅健身房的员工无法重返办公室，人们也无法去健身房锻炼。无数健身房和健身相关公司被迫关门。

和许多当时的公司一样，Gympass 的领导团队正面临着生死存亡的危机。他们知道，战胜运动不足的使命在现在比以往任何时候都重要。他们也意识到，需要迅速且实质性地改变业务运营方法。

## 需要解决的问题

幸运的是，公司的产品团队一直在学习和测试许多与健身相关的产品创意。他们已经发现，很大一部分用户对在健身房做运动之外的健康活动很感兴趣，例如冥想、正念、营养搭配和居家健身。

产品团队需要解决的问题是为 Gympass 用户提供一系列居家健身解决方案，让他们即使无法到健身房或工作室，也可以锻炼身体。

从战略上来看，产品团队采用了内部开发和外部合作相结合的方式：内部开发解决方案的核心部分，同时与其他健身解决方案提供商合作，提供专门领域的健身解决方案。

## 探索解决方案

产品团队启动了密集的产品探索工作，包括通过快速迭代做出一系列的产品原型，目的是规避他们已经预想到的两大风险。

第一个风险也是最严重的风险，是确保解决方案对最终用户（企业用户的员工）有价值。如果最终用户不去使用新解决方案，Gympass 知道企业用户很快就会停止为其付费。

第二个风险是确保这个新产品与产品的商业模式是可持续的，特别是健身合作伙伴和 Gympass 都能获得足够的收益，同时还要符合企业用户的福利要求。

这项产品探索工作的核心工具之一是用户原型，展示了用户使用各种健康服务的体验。产品团队还制作了一些商业可行性原型，测试必要的合作伙伴集成。一旦团队觉得他们已经解决了这些风险项，就需要在创纪录的短时间内将原型转化为产品。

除产品开发和交付之外，公司还在不到两个月的时间内招募了近 100 位垂直领域的健身合作伙伴，以确保他们能够用多种语言满足用户广泛的健康活动需求。

## 成效

Gympass 在 4 周内扩展到 10 个国家，并在短短几个月内将用户数量从零发展到几十万。完成这项工作的产品团队由一名产品经理、一名产品设计师、4 名工程师组成，他们与一名专职的业务运营人员和一名产品营销经理合作。销售团队也通过招募当地合作伙伴为完成工作提供了帮助。

如果没有转型中的投入，Gympass 不会具备如此迅速地调整业务所必需的能力，而且很可能会遭遇像健身行业许多同行一样的命运。

事实证明，在疫情期间，Gympass 的企业用户数量和收入翻了一番以上。公司估值升至 22 亿美元，成为拉丁美洲科技行业的一大成功案例。

TRANSFORMED

# 转型的先锋案例

## Datasite 公司，从传统印刷服务到全球 SaaS 平台

马蒂手记：克里斯蒂安·伊迪奥迪（Christian Idiodi）加入 Datasite 公司担任产品总监时，我已经认识他好几年了，并且认为他是业界顶尖的产品领导人才。我告诉他，我可以推荐他到任何知名公司做产品总监，但他真正想尝试的是将一家老牌的、销售驱动型的金融服务公司转型为业内翘楚。尽管我知道他的能力，但我还是告诉他，他面对的是一个非常艰难的挑战。但是，如果你了解伊迪奥迪，你就会知道他不会被困难吓倒。他和另外两位经验丰富的领导者托马斯·弗雷德尔（Thomas Fredell）和杰里迈亚·伊万（Jeremiah Ivan）一起加入了公司。他们三人成功地重新拓展了能力边界。这个故事由依迪奥迪讲述。

美林公司（Merill Corporation）位于明尼阿波利斯的工业区，由罗杰·美林（Roger Merrill）和妻子于 1968 年创立。当我加入时，美林公司正处于自我迷失状态，迫切需要改变。

美林公司是一家传统的老牌家族公司，主要为金融机构和企业提供印刷服务，包括年度报告、招股说明书、委托书声明和其他美国证券交易委员会

（SEC）文件的打印、编排和分发。美林公司还提供文档管理服务，帮助用户组织、存储和共享信息，服务范围包括文档采集、索引、存储、检索和分发等。美林公司的服务还包括虚拟数据室，允许用户安全地与授权方共享机密文件和信息。

世界已经发生了翻天覆地的变化。美林公司知道自己需要转型，事实上，公司之前也尝试通过外包公司进行转型，但以惨败告终。为了向前发展，美林公司的首席执行官拉斯蒂·威利（Rusty Wiley）知道需要亲力亲为来转型，于是他引进了托马斯·弗雷德尔、杰里迈亚·伊万和我，我们三个人开始着手转型。

## 转型的动机

一系列外部因素阻碍了美林公司在快速变化的市场中取得成功竞争的能力。具体有以下几方面：

- 过度依赖传统业务。美林公司主要专注于为金融行业提供印刷和通信服务。然而，随着数字技术的普及和传统印刷媒体的衰落，美林公司的商业模式已经过时。
- 技术创新有限。在更新现有技术和将新产品推向市场方面，美林公司落后于竞争对手。部分原因在于美林公司未能理解用户不断变化的需求。
- 传统的运营模式。美林公司采用基于项目的任务执行模式，再加上命令控制型管理方式，限制了内部的积极性和创新性。
- 高额债务水平。美林公司背负着巨额债务，给财务带来了压力，并限制了其投资新增长机会的能力。
- 声誉受损。美林公司因数据泄露和信息安全问题面临数起诉讼和监管调查。这些事件损害了公司的声誉，并削弱了用户对公司的信任。

我加入时，美林公司正面临这些紧迫的问题。但我明白这些只是病症，我需要找出病根。

## | 停滞不前的列车 |

对于美林公司的老员工来说，他们认为公司落后的原因很简单：竞争对手出现了，他们速度更快、价格更低廉，并且懂得如何利用技术优势。他们的说法没错，但并不完全正确。为了了解潜在的问题，我花了很多时间与销售主管道格·卡伦（Doug Cullen）交谈，他后来成为我信任的盟友。他告诉我：

> 伊迪奥迪，你需要理解的是，美林公司最首要和最重要的性质是一家销售驱动型公司，这意味着我们的文化也源于此。销售人员掌握用户资源，也就掌控了一切。如果我们决定解决用户问题，那是因为销售人员希望解决；如果我们决定开发新的技术，那是因为销售人员希望开发。销售团队在所有事情上都居于主导地位，其他人只是追随者。

为了强调这一点，卡伦告诉我关于公司开发的第七版新技术平台的故事，以及为与新竞争对手竞争而购买的软件。

平台项目由一位销售总监管理，他将开发工作外包给了印度的一家公司。该平台耗时近 6 年才完成，成本超过 600 万美元。但它最终发布时，却只产生了不到 3 万美元的收入。

因此，一个根源问题凸显出来：权力中心位于销售组织，技术人员扮演着附属的角色。这会造成各种各样的竞争劣势。例如，销售人员受个人销售指标的驱动，往往会将他们的目标优先于公司的战略目标。不同的用户可能因与不同的销售人员互动而对公司的服务水平产生不同的看法，这也会对公司声誉和用户忠诚度产生负面影响。

另一个问题是，专注于具体交易和机会的销售人员，无法全面地识别潜在的新市场或产品机会。这不利于创新，使公司容易受到擅长识别和满足用户需求的竞争对手的攻击。

## | 缺乏赋权的雇佣兵文化 |

美林公司销售驱动型文化的特征使我迅速地发现了公司另一个核心问题：缺乏赋权。由于销售和服务组织充斥着个人英雄主义，公司其他部门则被视为雇佣兵。产品开发外包，决策自上而下，产品团队被告知要交付的功能和产品路线图。

美林公司的办公空间设计，尤其是高隔间和缺乏阳光，使团队成员之间产生孤立和脱节的感觉。这使员工根本无法有效地进行协作和交流，大大降低了他们被赋予权力的可能性。再加上等级森严的楼层布局和缺少共享空间，导致员工士气低落，参与度很低。

由于美林公司的员工没有权力做决定，没有工作的自主权，因此他们害怕被拒绝而不愿意冒险，不愿意提出新想法。由于组织内部扼杀了创新和创造力，公司不具备适应市场变化的能力。

## | 缺乏聚焦 |

美林公司拥有超过 4 000 名员工，他们分布在 23 个国家。多年来公司规模不断增长，但这种增长不是自然增长，而是通过收购实现的。

虽然美林公司的资产组合总体上是盈利的，但缺乏统一的协同效应和主题。销售组织不仅没有一个统一的愿景向用户推销产品，而且公司的销售严重依赖个人关系和服务。

美林公司的业务范围实在太广。由于缺乏明确的愿景和战略，公司对未来的发展方向和实现目标的计划并不清晰。员工很难理解他们应该做什么工作，也不理解他们的努力工作如何为公司的整体成功做出贡献。美林公司难以决定应该投资哪些产品或服务，应该瞄准哪些目标市场，哪些工作更应优先安排。由于核心业务不够聚焦，美林公司开始失去市场份额。一家名为 Workiva① 的新竞争对手出现，为用户提供现代化、基于云的解决方案，这给美林公司敲响了警钟。

① 一家美国 SaaS 公司，于 2014 年在纽约证券交易所上市。——译者注

随着越来越多的用户开始使用 Workiva 提交季度报告和声明，美林公司意识到，如果想在市场上保持竞争力就必须改变。但是，改变意味着什么？

## 向产品经营模式转型

我们知道，需要全方位改变公司员工的工作模式，从如何开发产品，到如何探索需求，再到如何聚焦业务。对于像美林公司这样历史悠久、工作理念根深蒂固的销售驱动型公司来说，这将是一场深刻而巨大的变革。

在“天生数字化”的公司中，技术与业务不可分割，技术就是业务本身。而对于美林公司来说，情况恰恰相反。美林公司是一家销售驱动型公司。公司的收入由销售团队创造和管理，因此技术团队的职责是服务于销售团队的需求。

为了使新模式取得成功，技术不能再附属于销售。相反，它需要走到前台，扮演服务用户的角色，既能解决问题，也能实现方案。

## 改变开发产品的方式

历史遗留问题、长期投资不足以及大量使用外包服务，导致美林公司的传统平台脆弱、陈旧，根本无法满足市场需求。美林公司认识到，必须重新投资一个更现代的平台，以实现快速响应，不仅要应对问题，还要应对市场机遇和竞争压力。

对于美林公司来说，解决方案是从现有的传统架构转换为现代的、基于微服务的架构。许多老牌公司面临着这个问题，但其中很多公司缺乏走出困境的技术手段。

幸运的是，当弗雷德尔招募我负责产品团队时，他还招募了一位非常优秀的产品开发负责人杰里迈亚·伊万，我们之前曾经在一起共事过。我们需要一个既能够满足当前用户的需求，又能够支持产品团队快速试验和部署新功能的平台，我们知道这些功能在未来是必不可少的。

### | 速度的需求 |

值得注意的是，对于美林公司来说，转向现代平台不仅仅是为了实现更快的部署，还包括培养快速发现和修复问题的能力。为了强调这一点的重要性，我分享一个差点酿成大祸，但最终成为转型转折点的故事。

一天清晨，我们接到了一位大用户的电话。这位用户在我们的系统中发现了一个安全漏洞，他非常愤怒。这个错误对用户来说非常严重，他甚至表示要取消与我们公司的合同。警报拉响，电话转到了我的办公桌上。

我立即联系了销售主管和首席执行官，告诉他们准备接用户公司首席执行官的电话。同时，我也打电话给产品开发副总裁，向他说明了这个问题。不到一小时，产品开发团队就找到了问题所在，并实现、测试和部署了修复方案。

上午 10 点，我们接到了用户的第二个电话。这个电话不是来抱怨的，而是来道歉的。"我们以为系统出问题了，"他解释说，"但显然是我们弄错了。所以，你可以不用通知你们的首席执行官了，一切正常。"

当我把用户的第二个电话转达给拉斯蒂·威利时，他松了一口气，同时也感到兴奋。他一直在进行技术和人员的投资，但从他的角度来看，一直没有看到真正的效益。现在情况发生了变化。"伊迪奥迪，"他对我说，"公司内部快速识别和诊断问题的能力非常优秀。我们解决问题的能力也非常优秀。但对我来说，真正优秀的是我们的产品开发团队能够竭尽所能地迅速响应用户需求。"

威利说得没错。这次快速修复事件的重要性不仅在于它解决了一个真正的用户问题，还因为它是公司一直在努力实现的所有技术和流程变更的一个标志性事件。这些变更包括：

- 从本地部署转向云计算平台。
- 从瀑布式开发模式转向敏捷交付模式。
- 从单体平台转向独立的微服务。
- 从不频繁的偶尔发布转向频繁的小规模发布（CI/CD）。

这种新的优化环境提高了平台的可用性，同时改善了稳定性，并提供了有保证的服务水平协议，还使公司的运营成本降低了 30%。新平台可以访问数据看板，清晰地查看运营状况，并能够对公司所有关键应用程序进行详细的基础设施和数据库监控。新平台的系统在需要时可以灵活扩容，更换新的存储设备和提升计算能力。

## 改变解决问题的方式

成功往往不是由我们的商业计划决定的，而是人员和流程，这两者结合才能使我们有效应对未知和意外情况。

我们不再只是简单批准并投资一个为期 6 个月的商业计划，然后盲目地执行该计划，而不顾在此期间学到的所有知识。相反，我们把资金投向赋权的产品团队，赋予他们必备的技能，使他们能够适应与学习用户和技术的变化。

### | 协作式解决问题 |

解决问题是一个协作的过程。它不是前端员工、销售人员或无所不知的首席执行官的责任。在这些人当中，没有人真正知道现在技术发展的可能性到了什么程度。因此，大多数创新解决方案来自那些最接近前沿技术的人。

但是要做到这一点，团队需要获得足够的信息并拥有决策权。他们需要一整套胜任力与技能去应对风险，包括什么时候可以研究和实现交付解决方案。自上而下的决策不仅缓慢、烦琐，而且往往是在远离用户和技术所需的关键信息的地方做出决策。

### | 响应用户需求 |

赋权的产品团队不仅关注技术问题，他们还会询问用户有关用户、市场、需求和动机的问题，他们还会询问有关市场推广、合规性、安全、隐私、成本和盈利模式的业务问题。

总的来说，如果产品团队正在开发新的解决方案，他们想知道在开始敲出第一行代码之前是否会有人真正购买和使用它，所有风险因素是什么，以确保他们创建的产品不会崩溃，不会损害用户、销售和服务的同事、公司信誉或收益。

我们如何赋予产品团队权力？

第一步是从资助项目转向资助人员和团队。这样做意味着给产品团队需要解决的问题，而不是直接告诉他们要开发的功能。

第二步是创造一个安全的环境，团队成员知道他们有权做出决定，而不用担心被上级指责，或者被上级进行微观管理。我们还为这些团队配备了问题解决者，即愿意承诺交付业务成果的人员。

这是美林公司转型的重要组成部分。公司必须从传统的项目资助模式转变，将预算用于解决问题的团队。这意味着需要增加新的角色，例如产品经理和产品设计师。这也意味着从外包产品开发转向在公司内部建立产品开发能力。这些协作团队让公司能够以既令用户喜爱，又为公司创造效益的方式发现解决实际用户问题的方法。

### | 利用综合知识和经验 |

决定转型到产品经营模式并不会自动使你成为更好的问题解决者。这就体现了赋权产品团队的优势：拥有不同技能的人才能够协同工作，共同解决问题，从而创造出更好的产品。

创建赋权的产品团队并不意味着从一个团队手中夺取权力再交给另一个团队。相反，它是将来自不同领域的员工聚集在一起，利用他们共同的知识和经验。

在美林公司，我们实现这种协作的方式就是让我们的产品技术人员与用户进行交流。改变我们解决问题的方式意味着：

- 去掉传统意义上业务分析师和敏捷开发产品主管的角色。
- 招聘和培训专业产品经理。
- 组建真正的产品设计团队，聘请专业产品设计师。
- 从外包产品开发转向建立内部产品开发团队。
- 创建“三驾马车”模式，即产品经理、产品设计师和技术专家与销售和营销团队协同合作，共同为分配给他们的问题制订解决方案。
- 培养产品探索能力。

引入产品探索和产品关键胜任力意味着为组织增加重要的技能和优势，这需要领导层的承诺来共同努力提高组织技能。

## 改变筛选问题的方式

当公司说所有事情都很重要，有太多优先事项时，他们通常会找借口不去做事而去相互指责。他们说“我们遇到了资源问题”或“我们遇到了技术问题”，但他们遇到的问题是专注。

能够专注地解决问题源于令人信服的产品愿景和基于洞察的产品战略。产品愿景应该足够长远，可以持续数年，但我们可以根据所学到的知识，通常按季度调整产品战略。

### | 洞察和全景信息 |

关于追求哪些机会或解决哪些问题的最佳决策来自洞察和全景信息。

洞察来自用户、竞争对手、市场和行业，但最重要的是来自数据。全景信息来自知识和经验，它将视角应用于数据。洞察告诉你正在发生什么。全景信息告诉你为什么会发生。结合洞察和全景信息，你可以全面了解正在发生的事情、事情为什么发生以及需要做什么。这才是产品经营模式的真正意义所在。我们选择抓住哪些机会的决定是由洞察和全景信息驱动的，而不是由被动的或带有机会主义的业务需求驱动的。

对于美林公司来说，这意味着从统一的产品愿景出发，制定清晰的产品战略。我们必须明确我们想要服务哪些用户，以及为这些用户解决哪些问题。这意味着我们需要明确不做哪些事情。最终，我们对部分业务做了关停并转，以便能够真正专注于最佳机会。

## 成效

2020年，美林公司更名为Datasite。这一新名称旨在表示公司完成转型，剥离了传统金融印刷业务，专注于快速增长的全球 SaaS 平台。该平台主要为并购业务服务。

转型之前，过去的美林公司可能需要几个月甚至几年的时间来决定、开发和向用户交付新的功能。现在的新公司正在不断突破极限，几乎每天都能为用户带来新的价值。

所有这些速度和创新都转化为利润。2019 年，公司收入增长超过 30%，每年促成超过 10 000 笔并购交易。如今，Datasite 不仅是行业的领导者，而且因其创新的文化而备受赞誉。

第五部分

# 向产品经营模式转型的 7 大步骤

# TRANSFORMED

MOVING TO THE
PRODUCT OPERATING
MODEL

**导 读**
TRANSFORMED

在这一部分中，我们开始探讨更广泛的变革管理。换句话说，我们该如何更好地从现状过渡到理想状态。

根据公司规模的不同，向产品经营模式转型可能需要 6 个月到 2 年的时间。转型时间的长短取决于公司是认真对待转型还是仅仅做表面功夫。

接下来的 6 章将分享有助于你完成转型的 7 大步骤。

在第 19 章中，我们将以终为始，关注转型目标是什么，什么时候完成。

在第 20 章中，告诉你转型之前，最重要的是清楚了解公司目前的状态。我们将分享一种我们开发的评估工具，用于帮助公司进行转型。评估首先从宏观的产品生产视角开始，然后深入研究具体的产品经营模式胜任力、5 大关键要素。对于每个评估项，我们将分享你需要关注的内容。

许多方法可以帮助你进行转型。在第 21 章至第 23 章中，我们将这些方法分为帮助建立产品经营模式下岗位胜任力的方法、正确理解产品经营模式关键要素的方法，以及多种帮助公司学习产品经营模式的方法。

在第 24 章中，我们将讨论如何持续、频繁、更大范围地向公司推广产品经营模式，确保所有人理解转型的重要性。

在第 25 章中，我们将讨论领导者已经熟悉产品经营模式和尚未接触过该模式这两种情况下转型的技巧。

# 第 19 章

# 设定里程碑目标

转型什么时候才能完成？从某种程度上说，优秀的产品型公司在不断改进，因此转型永远不会真正完成。然而，设立一个重要的里程碑是必要的。

产品经营模式的原则之一是产品团队对结果负责。仅仅推出新技术、培训团队或产品是不够的。产品团队必须取得成果。如果一个产品团队无法为用户和公司带来实际成果，那么你实现了什么呢？这就是始终将转型是为了获得实际成果视为头等大事的原因。

这也是为什么我们要分享公司成功转型后进行创新的案例。在这些案例中，如果没有锻炼出新能力，公司就无法产生那些成果。这正是转向产品经营模式的真正原因。当我们谈论转型成果时，喜欢围绕能够实现的成果展开讨论。

一旦转型完成，你希望能够做到哪些事情？是在现有模式下无法完成的事。因为未来无法预测，所以公司无法确切说出将来有哪些具体的机会。因此，转型的目标是让公司能够识别和利用最有前景的机会，并有效应对最严重的威胁。

许多之前已经转型为产品经营模式的公司能够适应疫情带来的挑战，并变得比以往更加强大，还能够快速学习相关的新技术，包括生成式人工智能，并以前所未有的方式为用户解决问题。它们现在比以往任何时候都更加强大。没有人能预测何时会出现一项重大的新兴技术。你所能做的就是让公司尽可能做好准备，以抓住机遇和应对威胁。

# 第20章

# 评估组织现状，设定合理的期待值

任何成功的转型计划都必须以对组织现状进行准确的评估为基础。为了设定合理的期望值，经验丰富的产品教练通常可以在一天之内评估一个团队，最多可以评估一个事业部。经验丰富的产品教练知道该问谁、问什么以及寻找什么。但是，本章旨在帮助你在从未做过类似事情的情况下自己进行评估。这种评估可能需要几天时间。

## 评估前的重要事项

在正式开始评估之前，有五个非常重要的注意事项。

**第一，要现实。**没有完美的公司。即使在最优秀的产品型公司，偶尔也会发现一些产品团队与他们的同事不同，或者一些管理人员在压力下会回到自上而下的命令控制型管理方式。在通常情况下，他们会意识到这种情况并努力加以纠正，而发生这些并不意味着整家公司都偏离了产品经营模式。

太多产品界人士对此过于天真，期望值过高，这些人很快就会失去高级领导层的信任。因此，当你评估一项胜任力或能力时，你并不是在寻找完美，而是在了解大多数情况下的表现。另外，也很少有公司在所有方面都做得非常糟糕，通常会有一些做得好的方面，重要的是看到这些方面并加以肯定。

**第二，与所有层级的人交谈。**为了获得准确的印象，你必须与组织中各个层级的人交谈，从首席执行官、总经理到个别工程师。令人惊讶的是，人们的认知和理解差异是如此之大，而且一些经理，尤其是中层经理非常擅长向高层隐瞒信息。这就是为什么你第一次听到某事时不要急于下结论。

**第三，寻找证据。**说正确的话并不难。难的是理解这些话的真正含义，并且每天践行这些话。评估大多数项目时，有一些可以观察到的客观衡量标准或行为。例如，要求查看一些原型、产品 OKR（目标和关键结果）、产品愿景、产品战略和产品路线图示例。

**第四，透过表面看本质。**做产品并没有唯一正确的方法。任何告诉你只有“一条路”的人，只是试图向你销售他们特定的框架或服务。如果你参观过足够多的优秀产品型公司，你就会意识到，做产品有很多有效的方法；如果你参观过足够多的水平差的产品公司，你就会发现，至少存在同样多的无效方法。在评估中，你主要应该关心的是组织是否实践了产品经营模式的原则。

至于他们如何定义角色和职责来分配工作量，他们用什么术语来指代产品概念，他们制定了哪些特定的交付流程，以及他们最喜欢的产品探索技术是什么，这些都属于次要因素。

**第五，要友善。**许多人在与你互动时会担心自己受到评判，尤其是他们个人与即将被取代的一些做法有关联的情况下。要强调的是，评估并不是评估个人，而是评估用于开发产品的特定模式。如果处理得当，评估可以帮助这些人开始思考他们如何在未来的变革中成为领导者。如果处理不当，这些人可能会考虑离开公司，或者更糟的是，他们选择留下来继续工作但试图破坏转型。

## 全局性评估

评估首先从对组织当前产品生产方式的全局性概述开始，然后深入研究必要的产品经营模式胜任力（不同产品人员及其技能）和产品经营模式 5 大关键要素（产品人员如何运用这些技能）。在本书的前几章中，我们描述了使用产品经营模式的公司的全面视角。但在这里，你要查看组织目前如何开展这项工作。

### 如何开发和部署产品

大多数团队发布产品的频率是什么？它们是独立发布还是作为一个整体的集成包发布？如果用户遇到关键问题，检测和纠正的机制是什么？工程师充满自信地发布需要什么条件？谁负责确保新功能正常运行？这是自动化流程还是人工流程？

团队的自主性如何？换句话说，产品团队是否经常抱怨因与其他产品团队存在依赖关系和交互关系，导致完成简单任务都很困难？是否存在每个产品团队抱怨职权过小的情况？是否有渴望更多地负责端到端产品和业务的声音出现？

部署新功能时，是否会例行检测以收集数据？谁在查看这些数据？组织内部对产品开发团队的速度、质量和可靠程度有怎样的看法？技术债务如何？请记住，每个人都会有技术债务。但技术债务情况是否严重？表现是什么？是否有解决计划？团队进展到哪一步了？

## 如何解决问题

如何向产品团队分配工作？是按照功能和项目的路线图进行分配吗？这些功能和项目来自哪里？

当团队开始处理分配的任务时，流程是什么？主要的角色和职责有哪些？谁来确定详细需求？如何确定？他们通常是依靠证据来做决定还是仅仅凭借主观判断？

工程师什么时候参与？产品设计师参与吗？工程师和设计师参与的时间和方式是什么？公司利益相关方在制订解决方案细节方面的作用是什么？团队如何确保解决方案满足公司利益相关方的需求？开发解决方案涉及哪些级别的用户互动？在做出开发决策之前，是否会测试潜在的解决方案？如果是，如何进行测试？

想法被否决或大幅改动的频率如何？发生这种情况的流程是什么？领导者或公司利益相关方是否需要批准这样的决定？

成功的衡量标准是什么？是交付功能吗？还是按时交付功能？是否每个功能都关联可衡量的结果？如果功能按时交付，但没有取得预期结果，会发生什么？

组织内部如何看待负责定义和设计这些功能的团队人员？大家认为他们对用户和业务有深刻的了解吗？他们值得信任吗？

### 如何决定解决哪些问题

谁能决定将完成哪些工作？

公司是否有年度或季度计划流程？目的是确定优先级和资金分配吗？如何制定资金分配决策？谁提出项目建议？公司投资的是项目、产品团队还是个人？

公司是否有产品愿景和产品战略？如果有，它们是在组织层面、单个产品团队层面还是介于两者之间的某个层面创建的？

如果产品团队按照产品路线图推进工作，那么路线图上的工作项由谁决定？工作来自销售团队、公司利益相关方还是首席执行官？路线图上工作项的性质是什么？是功能还是项目？是需要解决的问题还是要实现的成果？决定选择哪些工作项的人是如何做出决定的？他们如何对工作项进行优先级排序？

工作项是否与期望的业务成果相关？谁来定义这些期望的成果？他们是如何制定预期目标的？组织是否跟踪交付预期结果的项目比例？

## 详细评估

现在你已经大致了解了公司如何生产产品，是时候查看具体的产品经营模式胜任力和产品经营模式 5 大关键要素了，以了解你需要处理的内容和现有模式与产品经营模式之间的具体差距。提醒一点，胜任力和关键要素已经在本书的前几部分进行了描述，因此这里我们只讨论如何识别正被使用的这些胜任力和关键要素。

## 产品经营模式胜任力

在查看单个岗位之前，了解产品团队的总体规模会很有帮助。你至少要了解每个岗位大概有多少人。这听起来很简单，但在许多组织中，由于角色定义并不标准，你可能需要深入挖掘才能理解每个角色的含义，然后尝试弄清楚人员和角色的组合情况。

例如，许多组织有一些头衔为“产品经理”的人，但他们中也有敏捷开发产品主管、业务分析师、项目经理、解决方案架构师等传统角色。但是，如果你询问其他角色的含义，在许多情况下，这些非产品经理头衔的角色实际上承担着部分产品管理的工作。

关于产品管理，你要关注的主要问题是组织是否理解赋权的产品团队的产品经理、功能团队的产品经理和交付团队的产品负责人之间的区别。你可以通过与产品经理本人，以及工作上依赖产品经理的人，例如公司利益相关方或工程师交谈来了解这一点。

产品经理如何分配他们的时间？他们整天都在开会吗？如果是，他们参加的是哪种类型的会议？他们花多少时间进行产品探索？

产品经理对用户的了解程度如何？他们如何深入分析数据？他们对 GTM、其他业务维度、行业、竞争格局和相关技术趋势的理解如何？

产品经理接受过哪些培训？他们接受过全面的产品管理培训，还是只接受过交付流程某个角色的培训，例如敏捷开发产品主管培训？

产品经理受尊重程度如何？他们与设计师和工程师的协作关系如何？他们与公司利益相关方的协作关系如何？高管团队如何看待产品经理？

产品经理每周都要接受一次教练式辅导吗？

关于产品设计，你要关注三个主要方面。

首先，组织是否理解产品设计师是什么？他们与为市场营销工作的设计师有何不同？组织是否理解服务设计、交互设计、视觉设计和设备类产品的工业设计？

其次，组织是否拥有足够多的真正的产品设计师，或者设计师是否忙于为多个产品团队工作？

最后，设计组织的架构是类似内部设计中心的平台部门（由产品团队向设计中心提出请求），还是产品设计师作为重要的团队成员隶属于产品团队？

产品经理是否先创建线框图，然后交给设计师美化？产品设计师在什么时候参与解决方案的探索与设计过程？是在产品经理已经大致确定她想要的东西之后吗？

设计师创建原型图的频率如何？原型图的类型是什么？他们使用什么工具创建原型图？他们如何测试这些原型图？

公司是否有经验丰富的设计师主管？他们知道应该在产品设计师身上挖掘什么价值，并且每周为产品设计师提供教练式辅导吗？

产品开发与产品经理和产品设计师相比，产品开发团队通常规模庞大。关于产品开发，你无须评估整个团队和所有产品开发角色的细节。你的重点关注对象是产品团队的资深工程师。你需要查看这些人是否理解资深工程师和技术专家之间的区别。特别重要的是，你要确保这些人不仅关心如何开发产品，也同样关心开发什么产品。

许多工程师通常只专注于开发本身，但每个产品团队中至少需要一名资深工程师愿意并能够参与产品探索。一个优秀的技术专家会实地拜访真实用户。你可以通过与一线产品开发经理交谈来了解更多信息，例如哪些工程师能够胜任技术专家角色，研发主管是否理解产品开发在产品探索中的重要性，以及他们是否每周至少为技术专家提供一次辅导。

组织能否区分资深工程师和技术专家？是否有明确的角色来帮助组织回答“开发什么”，而不仅仅是“如何开发”？

技术专家是个人贡献者还是管理者？如果是管理者，他们需要管理多少名工程师？工程师直接拜访用户的频率如何？技术专家和产品经理之间的互动水平如何？技术专家和产品经理的办公地点是否靠近？

工程师第一次听到产品想法是在冲刺计划会议上吗？工程师在评估是否应该开发某个功能的过程中扮演什么角色？

工程师是否有用于完成日常任务、做出决策和处理特定类型问题的既定路线或标准？

产品经理是否会认真考虑工程师提出的想法，尤其是技术创新？

工程师是对他们编写的代码的质量负责，还是将此工作移交给质量保证团队？工程师会修复他们自己编写的代码漏洞吗？

组织有没有使用外包工程师？如果有，比例是多少？使用外包服务的产品团队中开发角色有哪些？组织是否有将这些角色内部化的计划？

工程师的职责是什么？他们仅仅是被用来开发大家要求的东西吗？

几乎每家公司都有产品领导者，但真正的问题在于他们的职责是什么。关于产品领导层，你需要弄清楚这个角色的主要职责是人员管理，还是深入参与对人员的教练式辅导，并勾勒战略全景信息。

他们如何定义自己的职责？他们是否负责确定方向和成功的衡量标准？他们是否明确地在工作中纳入了战略全景信息，包括产品愿景、产品战略、团队组织设计和团队目标？他们是否将宣传战略全景信息视为自己工作的一部分？他们是否将自己视为人员经理？

最重要的是，他们是否将教练式辅导视为最重要的职责之一？他们每周花多少时间进行教练式辅导？他们是否深刻了解产品团队的状况，但不会进行事无巨细的微观管理？

个人贡献者如何看待他们的经理？个人贡献者是否认为经理致力于教练式辅导？个人贡献者是否对战略全景信息有深刻的了解？

## 产品经营模式 5 大关键要素

公司总是会以某种形式体现这些要素。例如，尚未转型的公司很少拥有赋权的产品团队，但它们通常拥有功能团队或交付团队。你的目标是了解公司和业务部门内最常见的情况。

关于产品团队，最基本的一点是检查公司是有稳定的产品团队，还是使用临时项目团队。换句话说，他们是否根据特定项目的资金来临时组建项目团队？项目完成后，团队成员会被调去其他团队吗？

假设公司确实拥有长期稳定的团队，团队是为了完成待交付的工作项（交付团队），或是为了交付由公司利益相关方提供的产品路线图上的功能和项目（功能团队），还是被赋予解决问题的权力，探索与交付有效的解决方案（赋权产品团队）？

你还想了解产品团队是否拥有所有必要的跨职能角色。这与我们之前评估的产品胜任力相关，但现在你要盘点每个产品团队是否有足够具备胜任力的人员。

接下来，试着感受一下产品团队成员的主人翁精神。主人翁精神虽然比较主观，但你与团队成员交谈时，可以观察他们是否有一种真正的自主感？他们是否完全投入在自己正在开发的产品上？他们是否关心成果？如果出现问题，他们会如何应对？

他们接触用户、数据和公司利益相关方的程度如何？他们拜访用户的频率如何？他们拜访用户时，工程师参与的频率如何？产品经理是否能够很好地利用各种数据工具？他们是否时刻关注最新的数据和趋势？

产品战略评估起来有点棘手，因为“战略”这个词被用于许多方面。从本质上讲，你想要了解公司如何确定需要完成的产品。公司是否有长达数年的产品愿景？公司是否有季度或年度计划流程，是为每个团队制定产品路线图，还是要求每个产品团队与指定公司利益相关方合作创建产品路线图？产品领导层是否会制定产品战略，从而确定需要解决的一系列问题？

请记住，每家公司和每个产品团队都会有一系列维持正常运营的工作，这些工作只需要完成即可。当我们讨论产品战略时，并不包括这些工作。我们寻找的是产品领导层能够从全公司层面看待众多产品团队，并利用数据来决定最关键、最具影响力、最需要解决的问题。

大多数尚未转型的公司通常不会进行产品探索。如果他们进行了此项工作，那么这很可能是设计而非探索产品。产品探索的关键是要观察产品团队测试了多少想法来找到值得开发的解决方案。如果正在测试的想法数量与正在开发的项目数量相同，那么这更像是设计工作而非探索工作。

在理想情况下，我们希望看到的是产品团队测试了大量想法，但在交付环节只开发了不到一半的想法。这表明团队是在真正测试想法，并放弃了那些不值得进一步开发的想法。

你还需要确定产品团队在进行产品探索时考虑了哪些产品风险。产品团队通常只考虑技术可行性或产品易用性。我们寻找的是评估用户价值和业务持续性的团队。团队知道如何快速运行定量分析和定性分析的试验吗？团队是否了解可靠的测试产品创意的技术？

评估产品交付时，首先要关注产品团队的发布频率。最重要的是，他们发布的频率应不少于两周一次。在理想情况下，他们可以进行持续部署。其次，你还需要确保所有发布的内容都经过检测，以便你了解功能是否按预期工作。此外，你还要确定公司是否制定了监控机制来监测问题发生。最后，你需要查看团队是否部署了基础设施来运行 A/B 测试之类的功能，以确定新功能是否提供了预期价值。

评估产品文化虽然主观，但非常重要。首先，你要尝试确定公司遵循的正式流程水平。遵循流程和遵循原则，哪个是优先事项？在理想情况下，你寻找的是理解原则并运用判断力来决定如何处理特定问题的团队。

其次，信任水平如何？公司是自上而下的指挥控制型，还是领导者尝试将大多数决策权下放给产品团队？再次，公司是优化交付的可预期程度还是在努力创新？公司是否理解工程师在创新中的作用？公司是否要求工程师对开发的内容和开发方式同样重视？

最后，公司是否理解失败在创新中扮演的必要角色？人们是否害怕失败？另外，公司是否理解快速失败和低成本失败的方法，以免在实际产品开发中失败？

TRANSFORMED
**转型的关键提示**

## 产品团队要同时负责产品探索和产品交付

许多公司在很久以前就失去了创新能力。然而，在决定转型之前，许多公司尝试了以下两种方法中的一种或两种，试图重新点燃增长和创新引擎。第一种方法是通过收购公司来“购买”创新能力。第二种方法是建立某种形式的创新中心。

众所周知，收购是一个庞大而重要的主题，超出了本书的讨论范围。然而，对于技术驱动的产品而言，大多数收购最终被认为是非常昂贵的错误，这不仅仅是指收购成本，还包括遗留系统集成、技术债务和失望的用户等持续成本。

这里主要讨论关于创新中心的问题。一个关键原则是，一个产品团队要同时负责产品探索和产品交付，而将这两项工作分别交给两个不同的团队是最糟糕的做法。最常见的表现形式是，创新中心负责产品探索，而产品团队只负责产品交付。

让每个产品团队同时负责产品探索和产品交付如此重要的原因在于，发现有效解决方案的人必须是将解决方案推向市场的人。否则，当探索团队将工作转手交给负责交付的团队时，探索团队在与用户和新兴技术互动过程中产生的热情和兴奋就会消失殆尽。更不用说这样做会创造出两类产品团队：创新的团队和不创新的团队。因此，虽然很多公司尝试建立创新中心，但这样做很少能产生预期的结果。

# 第 21 章

# 重新定义岗位胜任力

建立产品经营模式胜任力通常是转型过程中最难的部分之一，也是最敏感的环节之一，因为这本质上要求人们学习新技能并承担额外的责任。但是，建立这些胜任力通常是首先要做的事情，因为没有这些能力，人们就无法成功地实现产品理念。

## 相同的岗位，不同的职位定义

公司可能有一些听起来相同的岗位，但产品经营模式下这些岗位有着截然不同的职位定义和职责。需要提醒的是，公司转型失败的主要原因之一就是忽视了这一点，即认为你可以不用做比如重新定义岗位的胜任标准这些麻烦事，就可以转型成功。

**转型成功的开始是明确界定所需的工作岗位。然后，开始评估哪些人能够胜任这些岗位。**在经理或其他产品教练的辅导下，许多人可以胜任。但是，如果你不重新设定工作期望，那么员工的行为和绩效也不会有相应的改变。还需要注意的是，转型会影响产品和产品开发之外的其他关键角色，具体影响取决于组织结构。如果你发现转向产品经营模式对公司其他部门的关键角色有重要影响，请考虑将转型范围扩展到这些角色。

偶尔，一种或多种产品经营模式胜任力需要公司进行职位重置。这种情况通常发生在公司一直使用相同的名称时，例如“产品经理”或“产品设计师”，但这些名称只是简单地重新命名了以前的产品负责人或平面设计师。在这种情况下，公司不仅要设定高标准，还要向公司其他人员清晰地传达公司已经特意对该岗位角色的定义做了变化。

当你重新定义角色时，重要的是保持一致性。例如，你可以在过渡期暂时使用“产品分析师”或“产品专员”的头衔代替“产品经理”。然后，当人们通过面试或者培训证明自己能够胜任新角色时，才可以被审慎地授予“产品经理”这个新头衔。

## 平衡不同角色在团队中的比例

为了从员工这里获取最大价值，你需要平衡产品经理、产品设计师和工程师在团队中的比例。公司刚开始转向产品经营模式时，出现比例失衡的情况并不少见。角色平衡与团队组织设计相关。

在转向产品经营模式时，公司通常需要少而精的产品经理、较多具备广泛技能的产品设计师和一个强大的产品开发技术专家团队。产品领导层通常需要经历非常陡峭的学习曲线，因为他们在产品经营模式中扮演着截然不同的角色。

经验丰富的产品团队通常由一名产品经理、一名产品设计师和 2 ～ 10 名工程师组成，而平台团队通常拥有一名技术水平高的产品经理和 4 ～ 20 名工程师。工程师的范围很广，因为需要考虑不同的因素。请记住，通常拥有少量规模较大的团队比拥有大量的小规模团队更好。

### 解决设计师人员短缺问题

一个常见问题是评估结果显示你缺少产品设计师。在你努力招聘更多设计师的同时，你可以选择以下几种方法来应对人员短缺问题。虽然以下方法未必理想，也不可持续，但它们能在几个月内帮你救急。

- 对产品团队进行分类，只将产品设计师分配给那些最需要设计师帮助的产品团队。
- 聘请合同制产品设计师与团队合作，直到找到全职替代者。注意，这应该是按月聘用的自由职业者，而不是按项目聘用。
- 要求产品设计师同时负责多个产品团队。需要注意，当一名产品设计师同时服务超过两个团队时，他的贡献会急剧下降。

### 减少外包工程师数量

转向产品经营模式绝对需要倚重公司内部的工程师，即建立自研体系。正如你不会外包首席执行官一样，你也不应该外包关键工程师。话虽如此，但建立自研体系可能需要一些时间。**每个产品团队中最重要的人才是技术专家，所**

**以应该立即建立自研体系。**事实上，如果没有技术专家，你就不会拥有一个产品团队。一旦拥有了技术专家，即使团队中的一些工程师是外包的，技术专家也可以进行协调和沟通。

但是你会发现，对团队而言，即使内部工程师数量较少也强过数量较多的外包工程师。这就是为什么除大幅提高创新水平之外，建立自研体系能够节约成本。总而言之，虽然建立自研体系需要时间，但如果公司不认真对待产品开发团队的自建，那么转型会非常困难。

### 提高内部工程师的参与度

在转向产品经营模式的过程中，工程师有时会因之前长期被当成雇佣兵而习惯于传统模式，他们可能会表示没有兴趣参与产品探索等工作。但是，你至少需要确保技术专家关心所开发的产品。**产品探索的职责应该被明确列入技术专家的职位描述中。**一般而言，提高工程师参与度最好的方法之一是带他们一起接触用户。这种做法会产生显著的影响。

### 加强产品经理和业务线经理的合作

在某些情况下，产品经理需要与公司另一位职位相似的同事紧密合作。假设你是线上银行的数字体验产品经理，但实际的银行账户（储蓄和支票）则由另一位产品经理负责。又或者，假设你是电子商务体验的产品经理，而另一位同事则是某类商品，例如电子产品的品类经理。或者，你是媒体和新闻的数字体验产品经理，而另一位同事则是内容编辑。

在以上每个例子中，产品经理需要与这些业务线对应的负责人建立特别密切的关系。好消息是，虽然产品经理有很多工作要做，但以一种合理的方式来划分工作职责并不难。通常，产品团队的产品经理负责整体的数字化体验或全渠道体验，而另一位同事则负责底层的内容或服务。

然而，有一件事你始终需要注意。有时，业务线对应的负责人可能希望像过去一样继续做出所有的产品决策。他们希望产品经理退一步，更多地扮演一个“接受订单”的产品主管角色，类似业务分析师。这实际上相当于放弃了向产品经营模式的转型，因为又回到了由公司利益相关方驱动的产品路线图制定方式。

话虽如此，有时业务线对应的负责人之所以会有这种想法，是因为特定的产品经理根本没有能力胜任必要的工作。对于不认真对待新模式下产品管理能力的公司来说，这种情况很普遍。在这种情况下，让业务线对应的负责人担任产品经理角色可能是最合理的做法，前提是他们愿意并能够接受针对此类要求苛刻的角色所需的技能培训。

## 用人经理要承担招聘责任

转型的一个好处是，公司对需要招聘的人才类型更具吸引力。但是除新的职位描述之外，你还需要组建合适的面试团队，既要知道在候选人身上寻找的是什么，也要理解候选人评估的是什么。此外，要重点强调一下，**如果你想成功招募合适的人才，用人经理就需要主动承担招聘责任。**人力资源部门可以提供一些帮助，但如果用人经理认为人力资源部门可以代替他们完成招聘，那么他们将不幸地发现事实并非如此。

## 评估个人能力，制订辅导计划

一旦将合适的人安排到合适的位置，你就需要立即评估每个人的能力，看看他们能否胜任这份工作。这样可以识别差距并为每个人制订辅导计划。

## 创建产品经营模式入职培训计划

转型的一个重要部分是教育。阅读书籍或参加研讨会是一回事，亲身实践这些技巧是另一回事。有许多方法可以培训产品团队和产品领导层，其中一种最受欢迎且可扩展的方法是创建产品经营模式入职培训计划。在理想情况下，产品团队应该参与此计划，并在计划的某些环节加入其主要公司利益相关方。

# 第 22 章

# 将关键要素应用到实际工作中

一旦建立了产品经营模式岗位胜任力，人们就可以将产品经营模式中的关键要素应用在实际工作中了。像关键要素中的产品战略和产品探索等技能是可以不断提升的。随着新技术和新工具的不断涌现，优秀的产品型公司始终在努力改进。

**因此，在转型时，你不能追求事事完美、样样卓越。你应该追求的是能够胜任工作，然后通过持续辅导，帮助员工不断学习和进步。**

## 产品团队

### 评估团队默契度

即使产品团队的每个成员都拥有出色的技能，也并不意味着整个团队能够默契地合作。有时，团队成员之间会出现性格不合或其他问题。因此，产品领导者需要评估每个团队的整体默契程度，并通过辅导或调整人员来让团队高效协作。

### 保持团队的稳定性

许多习惯于以往模式的公司会根据需要在产品团队之间调动人员，尤其是工程师。然而，在产品经营模式中，虽然也存在一些在所难免的或临时或长期的人员调动，但此类调动会在经过仔细斟酌并考虑潜在的负面影响后才谨慎实施，尤其要考虑到产品领导层在培养人员必要的心理安全感和团队默契方面所付出的努力。

### 审视团队组织设计

你可以将团队组织设计理解为如何切分产品这块“蛋糕”。有时，公司可能没有团队组织设计，即尚未创建任何形式的长期产品团队。这种情况通常发生在高度依赖项目的公司中。在这种情况下，转型将从建立长期的跨职能产品团队这一基本举措开始。然而，大多数公司在开始转型时就有团队组织设计。

有时既有团队组织设计已经相当合理，问题在于团队之间如何协作和互动。通常既有团队组织设计更依赖历史惯例，因此会出现一些严重问题，例如严重的部门依赖关系，由此导致团队缺乏自主权和归属感，在许多情况下还会出现严重的士气问题，因为团队成员觉得自己只是庞大机器中一个微不足道的齿轮。即使公司没有这些问题，团队组织设计也需要根据长期产品愿景和正在进行的产品战略进行调整。因此，如果公司本来没有产品愿景，那么团队组织设计注定也无法帮助公司实现愿景。

改变团队组织设计会产生非常大的破坏性，因此不要随意或频繁地改变。不过转型的开始阶段，往往是进行组织变革的好时机。你首先要确保拥有产品愿景，关键是需要产品和研发的主管共同制定新的团队组织设计。我们强调这一点是因为好的团队组织设计本质上是在“开发和架构设计的需求”与“用户和业务目标的需求”之间取得某种平衡。我们需要同时实现这两组目标。最常见的问题就是产品和研发中只有一支力量在主导团队组织设计。

建立有效的团队组织设计需要考虑许多因素，但你要记住，没有完美的团队组织设计，因为不论什么样的团队组织设计必然基于一系列相互竞争的目标和相互妥协之上。许多准备转型的公司里面有太多小的产品团队。我们经常建议公司调整为数量较少但职权更大的团队。这样团队能够更轻、更好地对端到端负责，团队成员有更强的自主感和赋权感，大大提升组织的绩效和士气。

## 配置分布式团队和远程员工

在产品团队成员的地理位置方面有很多需要考虑的因素。对于转型而言，虽然分散的团队成员也可以很好地完成产品交付，但在产品探索方面情况则完全不同。这是因为产品探索依赖产品经理、产品设计师和技术专家之间非常密切的协作，当他们位于同一地点时协作会变得容易很多。换句话说，当你决定把关键角色里具体哪个人配置到哪个团队时，要考虑地理因素。让这些关键角色能够在同一处办公将使团队受益，哪怕每周只有两三天也会受益。

## 产品交付

产品交付的工作范围非常广泛，并且根据当前状态，需要投资的领域清单可能很长，包括技术债务、实施 CI/CD、开发与运维（DevOps）、测试和发布自动化、仪器化、监控、A/B 测试基础设施等。通常，只需要一名有过相关经验的资深工程师加入团队，就可以向其他团队成员说明哪些工作项是必要的。

即使团队中没有已经按产品经营模式工作的工程师，其他团队通常也会有这样的工程师。在这种情况下，你可以要求这位工程师首先帮助他的团队成为其他团队的榜样。然后，这位工程师将在接下来的几个月里帮助其他团队完成变革。正如你想象的那样，这样的工程师很快就会成为组织的宝贵财富。架构、工具、基础设施、测试和发布自动化等方面可能需要大量的工作，因此很重要的一点是认识到这样的变化不可能毕其功于一役。但是，这些基础设施的变化是产品经营模式的先决条件，既是为了以正确的方式去服务用户，也是为了使自己对结果负责。如果技术债务水平阻碍了产品交付工作，请参阅第 11 章中“管理技术债务”的内容。

## 产品探索

许多功能团队认为将产品的待办工作清单整理出来就是产品探索，这在某种程度上说得通。但是由于功能团队不会特别关注用户价值和业务持续性风险，并且除偶尔进行产品易用性测试之外，他们很少真正测试产品想法，因此更准确地说，他们的工作是产品定义，而不是产品探索。但重要的是要确保产品团队明白，他们需要在产品全生命周期化解所有的产品风险。

对于产品团队，尤其是产品经理来说，这通常是一种重大的思维转变。事实上，一些刚上任的产品经理不愿承担对用户价值和业务持续性的责任也并不罕见。教练式辅导对于帮助人们完成这种转变至关重要。

## 启动产品探索研讨会

许多尚未转型的公司几乎没有与用户进行实质性的互动，纠正这一点是你首先需要解决的事情之一。告诉每个面向用户、面向企业用户和面向企业用户的员工的产品团队，每周启动 3 次、每次 1 小时的产品探索研讨会。

请注意，这不仅仅是在探索阶段或有时间再进行。这应该是产品经理和产品设计师日常工作的核心。团队可能需要一名用户研究人员的协调与帮助，但他们需要养成每周与真实用户一起面谈或和用户一起测试产品想法的习惯。对有些公司来说，仅仅清除持续与用户进行产品想法测试的障碍就是进步的标志，也是其转型的一个真正转折点。在第六部分中，我们将讨论人们常用哪些借口来辩解自己无法频繁地与用户互动。但事实并非如此。与用户互动是公司持续创新必不可少的一部分。

## 举行产品探索冲刺周

另一种快速学习产品探索的有效方法是举行为期一周的密集探索冲刺，又被称为设计冲刺。这是在产品团队内建立信任、学习产品探索的思维方式、原则和技巧，是团队在短时间内完成有意义的工作的好方法。你可以自己领导这些探索冲刺，也可以找一位探索教练来协助。

## 参与工程师黑客日

让工程师参与产品探索并全面提升原型制作速度的一种好方法是黑客日。黑客日活动可以是有指向性的，每个人都努力解决同一个问题，也可以是无指向性的，任何与产品愿景相关的工作都可以。

## 产品战略

产品战略的输入是产品愿景和公司目标，输出是一系列需要解决的问题，这些问题被分配给产品团队作为团队目标，通常采用目标和 OKR 的形式。由于产品愿景和产品战略要与产品团队和公司利益相关方共享，因此产品愿景和产品战略必须以透明且易于共享的形式呈现。

许多转向产品经营模式的公司可能还没有产品愿景与产品战略，但这些公司会有某种形式的公司经营计划例会，该例会最终会做出为哪些项目配备人员并提供资金的决定。如果公司管理层不清楚什么是产品愿景和产品战略，可以重点突出两者之间的区别。产品愿景和产品战略都以公司目标为起点，都以按优先级排序后的工作项为终点，但是两者背后的机制不同。

### 创建产品愿景

在绝大多数公司转型的过程中，产品团队并没有产品愿景。他们可能拥有一个名为“产品愿景”的产出物，但这通常只是一个简单的使命和宣言，无法发挥产品愿景的作用。如果公司是由功能团队组成的，那么不太可能存在统一的愿景，因为功能团队完全专注于满足特定公司利益相关方的需求。当然，一些公司利益相关方可能拥有自己的产品愿景。但他们只是在尽力经营自己的那部分业务。这就是为什么在通常情况下，转型会启发公司创建第一个产品愿景。

创建一个令人向往且鼓舞人心的产品愿景有很多好处。好消息是，你只

**需投入一次精力来创建强大的产品愿景，然后该愿景就可以为整家公司带来3～10年的收益。**产品愿景也是经验丰富的产品领导力教练可以提供真正帮助的领域，还有一些专门的公司可以帮助你制定产品愿景。

**收集洞察**

大多数刚开始转型的公司也没有产品战略。更重要的是，它们通常缺乏制定持续、基于洞察的产品战略所需的能力。因此，产品负责人通常需要建立机制来做出艰难的聚焦决策，并从数据、用户互动、行业以及支持性技术中收集洞察。这往往是产品负责人第一次被要求完成这类工作，各方会根据他们制定的产品战略的品质对他们做出评判。从未做过此类工作的产品负责人往往会寻求产品领导力教练的帮助。

**进行产品组合管理**

转型过程中一个非常普遍的问题是存在大量遗留系统，但没有足够的人手来对此进行妥善维护。在这种情况下，我们建议进行产品组合管理。这意味着创建所有系统和组件的清单，然后将它们分别归入以下三类系统：

- 停用的系统。你绝对应该立刻停用。你可能需要生成一些分析数据，以显示该系统的实际使用水平，也可能需要计算持续维护成本，但你停用掉的每个系统都会降低持续负载并减少需要重新平台化的系统数量。
- 维持的系统。可能许多系统需要继续运行，但除维持正常运行之外，不值得继续投入。我们称这种状态为“维持”。尽可能维持更多系统的优势在于，可以解放大部分维护这些系统的人员，使他们能够投入关键的领域。

- 投资的系统。这是你未来下注的地方。这是你希望充分配备人员的系统。

进行产品组合管理的工作通常比较痛苦，但如果你想要适当地为“投资”类的产品配备人员，这是必不可少的工作。

## 为产品团队提供资金

如果你是从基于项目的模式转向产品经营模式，那么你的组织很可能习惯于为项目提供资金，现在你需要转向为产品团队提供资金。关于更大的转变，我们在第 16 章中有介绍，但是有一种相对简单的方法可以在不必大幅改变财务部门工作方式的情况下进行必要的转变。

在项目模式中，你会为项目提出商业计划，然后财务部门或高管团队会决定是否为该项目提供资金。你可以继续采用大体相同的整体拨款模式，但与为项目制订商业计划并在几个月内交付一些产出不同，你将为产品团队制订商业计划，使其在几个季度内实现某种结果。财务部门通常更喜欢这种方式，因为产品团队的重点是业务成果，对于财务部门来说这比仅仅交付一个功能更有意义。

## 赋予团队目标

优秀产品战略的成果是一组按照优先次序排列好的待解决的关键问题，这有时被称为“下注”。现在你需要将这些问题分配给合适的产品团队。

大多数公司使用 OKR 方法将这些问题分配给团队，因为这正是此方法的创建目的。如果你从未使用过 OKR，或者因为尝试在功能团队的环境下应用它而失败，那么你可能需要获得一些帮助。产品领导力教练可以帮助制定团队目标，或者你可以聘请专门的 OKR 教练。使用 OKR 教练的关键是要确保他拥有在产品经营模式下制定目标的实战经验。许多 OKR 实施案例专注于销售和营销组织，而这些组织的考虑因素与产品经营模式下的组织大不相同。

### 召开产品愿景与产品战略研讨会

产品愿景与产品战略研讨会是产品领导者专门用一周的时间来深入研究产品愿景与产品战略的一种方式。其核心思想是召集合适的人员，并在事先完成适当的准备工作之后，在公司以外找个地方进行一场密集的研讨会议，以便在一周内完成本来需要更长时间才能完成的事情。研讨会可以由经验丰富的产品教练或专业公司主持。

## 产品文化

根据组织评估的结果，涉及文化的问题通常是最主观也最难改变的。说正确的话并不难，但人们会观察领导者的所作所为，尤其是在压力之下的所作所为。我们关键是要认识到转型过程中会出现错误和挫折是正常的。但是，如果你能够始终如一地展示文化变革的可见例证，随着时间的推移，人们最终会相信文化变革是真实、有效的。这一点直接关系到第 24 章讨论的内容。许多方法可以帮助公司建立产品经营模式所依赖的文化实践和规范。在这里介绍一些我们最喜欢的方法。

### 工程师黑客日

让你的工程师，更广泛地说，让产品团队不仅参与开发解决方案，而且参与构思创新解决方案，这是你最重要的产品文化目标之一。黑客日有多种形式，有指向性的或无指向性的，有按月或按季度举办的，有以数据为中心的，有自我组织或基于产品团队的。但黑客日更高层次的目标是先开始再根据反馈不断迭代。

### 用户参与

过去一个季度发生了多少次用户互动？这个数字比上个季度增加了吗？如果没有，为什么？从这些互动中获得的主要洞察是什么？组织在多大程度上能够提高对用户的认知程度并分享其所学知识？这些知识在产品团队中传播了多少？传到工程师那里了吗？

### 创新度量

上个季度测试了多少想法？这个数字比上个季度增加了吗？如果没有，为什么？新的技术在创新中扮演了什么角色？对数据的洞察在创新中扮演了什么角色？请注意，这些关于想法和测试想法的度量指标可以提供一些信息，也有助于指出哪里可能需要额外的辅导，但不要把这些与真正的业务成果混为一谈。

### 文化回顾

回顾有很多形式，但至少每个季度让一些最具前瞻性的产品、设计和研发主管聚在一起，让他们讨论组织在前一个季度是如何开展工作的，以及他们认为下个季度应该重点关注什么。他们通常会考虑以下主题：

- 依赖流程的程度与对原则的理解程度。
- 命令控制型管理方式程度和有多少自主权下放至产品团队。

- 产品探索中测试的程度与产品交付后失败的程度。
- 探索想法的创新水平与工程师对该创新的贡献程度。
- 产品团队成员了解战略全景信息的程度与产品经营模式的程度。
- 产品团队与公司利益相关方及高管之间的信任程度。
- 组织兑现高度精准承诺的能力。

# 第 23 章

# 综合运用多种转型方法

转型过程中可以综合使用多种转型方法，不同的转型方法并不是相互排斥的。无论采用哪种方法，你可能有意地将该方法引入组织。事实上，根据具体情况，综合使用这些方法很常见。以下任何因素都可能影响你选择引入的转型方法：

- 具体某种新能力的相对重要性。
- 可参与其中的特定人员。
- 产品教练或经验丰富的产品领导者是否有时间参与。
- 转型可用的时间窗口。
- 当前的业务需求。
- 现有承诺的业绩产出量。

- 对其他团队或系统的依赖程度。
- 正在进行的架构更改。
- 其他未列出的可能因素。

## 试点团队

最基本的方法是先从一个或多个特定的产品团队，或者事业部的某一部分开始，目标是随着时间的推移扩展到整个组织。这种方法被称为试点团队或试点组织。

一些公司，尤其是那些迫切需要转型的公司，会试图一次性完成所有事情。这也许行得通，但会造成连带的破坏。产品领域的一个重要概念同样适用于转型。这实际上是一个人们能以多快速度接受改变的问题。

有些人喜欢改变，他们被称为早期采用者。但大多数人不喜欢改变，不过一旦解决了初期的问题，他们可以接受改变，这是转型早期和晚期的多数人。有一部分人自始至终都讨厌改变，他们也被称为落后者。这个概念对你的产品工作很重要，因为当你开始执行变革举措时，并不是每个人都能以相同的节奏跟进这些变革。这个概念在转型中很重要，因为毕竟组织是由人组成的，而你即将对这些人进行重大而具有颠覆性的改变。

如果你一次性将这些改变强加给组织，那么有些人会比较坦然，但大多数人不会满意。重要的是你要认识到这在很大程度上与改变的内容无关。即使人们一直渴望改变，不满意的现象也会发生。他们确实可能想要改变，但他们想要的是以一种他们能够消化的方式接受改变。

一种有效的转型方法是通过试点团队帮助组织吸收这些变化。试点团队由产品团队及其相关的产品领导者和公司利益相关方组成，他们自愿站在变革的最前沿。他们想要率先尝试这种新的工作模式。他们清楚地知道他们是遇到问题的人，也是需要找到克服障碍的方法的人。

我们必须尽一切努力让试点团队取得成功。例如，我们不希望试点团队缺乏具备产品经营模式所需的胜任力的各种人才。同样，我们也不想选择一个关键的公司利益相关方不急于让变革成功的团队来进行试点。试点团队的主要好处是组织的其他部分不必面对这些变化，尤其是在问题尚未解决的情况下。他们可以旁观，并有时间适应这些改变。

大型组织，往往由多个事业部组成的公司通常会对事业部进行试点。某一个事业部自愿尝试这些变化，如果进展顺利，这些变化就会推广到其他事业部。如果进展不顺利，则测试和迭代将限制在一个事业部内，直到其成功为止。总而言之，使用试点团队时，最好少而精，深入地与少数试点团队合作，而不要浅尝辄止地与很多团队合作。

## 按照产品经营模式的三个维度定义子集

在大型公司，产品组织不同部分的迫切需求通常会有不同的优先级。在这种情况下，考虑产品经营模式的三个不同维度会有帮助，即改变开发方式、改变解决问题的方式、改变筛选问题的方式。

当你在平衡不同的优先级时，第二个常见的转型方法是：从让不同的小组部署产品经营模式的一个个子集开始。定义各种子集的方法有很多，但按以下三个维度定义子集的方法特别有效：

- 第一个小组只专注于改变开发方式（产品交付）。

- 第二个小组专注于改变解决问题的方式（产品探索）。
- 第三个小组专注于改变筛选问题的方式（产品战略）。

这种方法允许每个小组专注于与自己相关的产品经营模式关键要素。改变开发方式的工作通常独立于改变解决问题的方式和改变筛选问题的方式，但是后两个维度是相互关联的。产品战略会产生需要解决的问题，然后你可以通过产品探索来解决这些问题。

但是，如果你想在着手改变筛选问题的方式之前，先改变解决问题的方式，该怎么办？在这种情况下，任何组织都可以使用一种将传统的产品路线图转换为具有预期成果的问题的方法。这被称为成果路线图，并且经常被用作公司通过由改变解决问题的方式转向产品经营模式的过渡工具。

## 分而治之

你可能已经注意到，有的变化事关产品团队，有的变化则事关产品领导层。这里介绍一种自然的分而治之的好方法。一位产品教练或领导者专注于发展产品团队的技能（自下而上），另一位则专注于发展产品主管的技能，并在战略全景信息上予以辅导（自上而下）。

## 辅导公司利益相关方

在一些公司，产品团队和公司利益相关方的互动是一个主要的驱动因素，双方都需要接受辅导才能有效地协作。在这种情况下，你可以让一位产品教练或产品领导者专注于产品团队，另一位产品教练或产品领导者专注于公司利益相关方。你需要寻找热切期待尝试产品经营模式的公司利益相关方，同时他们在组织内又有很好的声誉。这些公司利益相关方将成为转型的赞助者。产品团队与公司利益相关方将作为一个合作密切的整体共同测试这些变化。

这里的重点是有效的协作，产品团队和公司利益相关方可以更多地了解彼此以及他们各自可以贡献什么，这样的合作可以成为整个组织的榜样。因此，公司在进行转型的时候，应该选择一些能够让各方都受益的项目。但是，这样的项目往往不容易找到，需要各方进行真诚的协商和妥协。

这里介绍一种专门辅导公司利益相关方的方法，可以专门针对关注产品经营模式的公司利益相关方举办单独的研讨会。在研讨会上，你可以更深入地探讨常见的反对意见和困惑，并为公司利益相关方提供一个畅所欲言的环境，以便大家提出顾虑，共同解决棘手的问题。

## 管理已承诺的工作项

在大多数组织里，转型不会从一张白纸开始。极有可能大家都有许多对用户的承诺工作项尚需完成。当然，你希望产品领导层能够仔细梳理现在的承诺工作项，尽量减少清单上的工作项。如果存在其他方式可以满足用户需求，那么这样做可能有道理。但总有一些承诺的工作项是需要继续下去的。在这种情况下，有以下几种选择。

最常见的选择是，在整个团队准备转型之前，拨出一部分团队成员来交付现有的承诺工作项。这种选择的缺点在于，在几个月的时间里，组织中可能有一大部分人以注重项目交付的方式工作，而另一部分人以产品为导向的方式工作。如果现有承诺无法快速交付，那么整个团队的士气可能受到影响。

另一种选择是整个产品团队既承担一些现有的承诺工作项，也同时承担新产品工作。这种选择的优点是对团队各个部分来说更公平。缺点是团队很难同时做好两件事，而且这种选择可能会延迟交付目前承诺的工作项，同时也延迟了整体转为新模式的日期。请注意，不要把现有承诺的工作项与日常产品运营工作混淆。每一个团队无论转型前后，都会有日常产品运营工作。

# 第 24 章

# 制订转型计划，明确责任人

在评估了产品经营模式的各种转型方法并对其有了充分理解之后，我们建议公司制订一个转型计划并写下来，明确指定一名负责人来执行该计划。

## 明确权责

转型计划意味着大量的工作。与类似工作清单一样，**转型最重要的是将每个工作项的权责分配到人。**任何一项任务乃至整个工作都可以由几个人共同完成。在大多数公司文化中，如果没有权责到人，就很难取得成果。

既然你已经有了一个转型计划，那么就需要按计划执行。这项工作需要持续一段时间，通常在 6 个月到 2 年，而且组织很容易失去专注和兴趣，你需要努力避免这种情况。完成绝大多数大型项目或有挑战的工作的关键是明确任务权责，即指派一位负责人承担具体的工作并对此负责。

同样，转型的关键是要指派一位高级产品领导者，让他承担起整个转型计划的责任，包括跟踪和报告转型进度。不要以为委员会才是推进大型项目的主要力量。你要甄选负责人，赋予他们权力，同时执行问责制度。

## 同步取得的进展

向产品经营模式转型确实需要持续宣传。产品领导者需要经常且持续地花时间与产品团队、其他产品领导者、公司利益相关方、高管，尤其是那些持反对意见或抵制转型的人员进行沟通，告知所有人关于产品经营模式、战略全景信息（尤其是产品愿景和产品战略）以及转型取得的进展。

毫无疑问，转型是一个持久的过程。因此，取得一些快速的小胜利对大家来说是非常有帮助的。以下是一些值得庆祝的里程碑示例：

- 原本按月发布产品的团队实现了稳定的双周发布。
- 团队创纪录地识别、修复、测试并部署了一个关键用户的关键修复程序。
- 团队在流程早期根据小成本测试的经验，决定放弃一个热门产品想法。
- 从未接触过用户的团队开始接触用户并分享他们的经验和见解。
- 团队通过产品探索发现了一项主要洞察，无论这项洞察是正面的还是负面的。
- 一直被数十个待解决问题所困扰的团队，现在只有一个明确的问题需要解决，并且拥有衡量成功的标准。

- 团队为一个棘手的问题想出了真正创新的解决方案。
- 团队取得了重要的业务成果。
- 创建了一个引人注目的新产品愿景并与组织共享。
- 分享了第一个基于洞察的产品战略。
- 备受尊敬的公司利益相关方分享了与产品团队合作的积极体验。

每当出现此类里程碑时，组织内的人员应立即通知转型计划的负责人，并将它们添加到当月的月报中。

确保至少每个月向组织及领导者和公司利益相关方展示取得的进展。当然，为了顺利进行，你需要确保转型确实有进展可以报告。强调持续宣传的重要性本身就至关重要。只要有一个产品团队展示了真实的结果，请确保其他产品团队能看到这些结果。在转型过程中庆祝所取得的成就，向其他团队展示转型的可能性。

TRANSFORMED
**转型的关键提示**

## 需要警惕的转型挫折

成功转型并非易事，尽管一些公司转型成功并享受丰厚的财务回报，也并非总能保持前进势头。以下是一些需要警惕的例子。

### CEO 或关键产品领导者离职

CEO 总会有离任的一天，这不可避免。当然，董事会需要选拔新的 CEO。但问题在于，许多董事会似乎忘记了转型之前公司的状况，他们招聘的新任 CEO 根本不知道如何经营一家产品公司。这可能会在短短几个月内毁掉公司多年来的努力。

或者，一位关键的产品领导者离职，而新模式赢得的信誉与这个人紧密相连，而不是与模式本身相关。当新上任的领导者无法继承之前的信誉，可能导致公司走上回头路。

通常，公司意识到问题时，往往为时已晚。这就是为什么让董事会充分了解产品经营模式，并确保他们认识到公司取得的财务回报是转型带来的直接成果如此重要的原因。

### 公司扩大转型的规模

一旦第一批事业部转型成功，公司可能会决定将转型扩大到其他事业部。每一次转型都是艰难的，有时随着时间的推移，整个模式可能会被弱化，因为领导转型的人只是在“走过场”。

这里需要注意的是，针对每个新的事业部都要进行全新的评估。虽然事业部会有相似之处，但重要的是理解其中的差异。每个事业部的转型动力强弱程度可能有所不同。通常，第一批转型的事业部的动力最强，因为他们希望成为第一批转型成功的部门。但无论如何，请记住事业部负责人的关键作用。

### 项目管理办公室的回归

即使是在产品经营模式蓬勃发展的组织中，高管们仍然会怀念过去那种命令控制的管理方式。如果其中一位高管获得晋升，他常常做的第一件事就是恢复旧式的项目管理办公室，旧文化也会慢慢地渗透回来。

亚马逊一直在努力确保其公司文化保持“第一天”的状态，并采取一切预防措施避免公司进入“第二天”，这也是亚马逊所担心的问题。

### 商业环境变化

在充满挑战的商业环境中，一些领导者可能想要重新掌控局面。或者相反，如果一个生死攸关的事件促进了转型成功，那么一旦威胁消除且业务稳定下来，一些人可能想要重新控制一切。

在疫情期间，一些公司展示了自己的实力并取得了显著的成果。但是疫情之后，如果没有危机带来的压力，公司很难阻止人们回到旧有的行为模式。这时可能需要 CEO 或事业部负责人来使人们继续专注于产品经营模式的原则，而不是退回到过去的舒适区。

# 第 25 章

# 精准寻求专家协助

以下内容听起来像是自我推销，因为在硅谷产品集团，我们本质上也是产品教练。但是，我们团队只有几个人，没有能力为更多人提供服务。因此，我们主要做的是为公司推荐一些我们认识并信任的产品教练。我们不会向公司收取任何推荐费用，也不会从任何我们推荐的产品教练那里获得回扣。我们只是希望你在收到我们的推荐时能够相信他们具备相关的专业知识。

如何让一家从未采用过新工作模式的公司学会产品经营模式？

最重要的一点是认识到，公司的成功依赖于能够创造出用户愿意购买的产品。而产品领导者和产品团队是创建这些产品的关键。要转型，产品领导者和产品团队成员就需要学习新的工作模式。

参加培训和看书可以提供帮助，前提是培训师和书籍作者应具备真才实学，但靠这些远远不够。在转型过程中，公司可以采取不同方法来获得外部帮助。这一章最后我们还会分享一些非常资深的产品教练的档案，以便你了解应该寻找哪种类型的人才。在最优秀的产品型公司里，产品经理、产品设计师和工程师学习专业技能的主要途径是向他们的管理者学习。

## 管理者作为教练

著名教练比尔·坎贝尔有一句名言："教练不再是一个专业；不成为优秀的教练，你就不能成为一名优秀的经理。"这就是为什么在优秀的产品型公司里，优秀经理的首要特征之一就是他被认为是一位优秀的教练。但是，当你的经理从未采用过这种新的工作模式时该怎么办呢？

一种解决方法是聘请已经在产品经营模式下工作过的资深产品领导者，尤其是产品管理、产品设计和产品开发方面的领导者，他们可以以身作则，起到带头作用。这种方法非常有效，也是转型成功最常见的方法之一。这正是你之前阅读的两个转型故事中发生的事情。然而，这往往还不够，原因有以下两个：

- 首先，在许多情况下，公司中存在一定数量的资深领导者以前从未采用过这种工作模式。
- 其次，即使领导者拥有这种工作经验，他们也可能根本没有时间既领导团队，又亲自辅导所有需要辅导的人。

在这些情况下，聘请产品教练就成为公司转型成败的关键因素。

## 内部产品教练

对于大型公司而言，聘请一位或多位内部产品教练可能是明智之举。在通常情况下，产品教练是临时的，他们可以帮助你辅导一个特定的产品团队或者一组产品团队，或者帮助你完成整个转型过程。但是，一些公司喜欢无限期地保留一位或多位产品教练。**请记住，持续辅导的最佳解决方案是招到有教练式辅导能力的管理者，他们能够有效地辅导作为个人贡献者的产品经理、产品设计师和工程师。**

即便如此，拥有几位专家可以专注于分享最佳实践，并帮助培训和辅导新团队成员入职上岗，这是很有意义的。只是请务必确保只能由熟练的专业人士扮演此角色。令人惊讶的是，很多公司将缺乏必要技能的人员安排在内部教练职位上，最终反而使糟糕的工作模式制度化。

## 外部产品教练

教练有多种类型，但说到转型时，你应该了解以下四种常见类型。

### 交付教练

如果你的公司无法做到至少每两周进行一次小型、高频且解耦的发布，那么你就需要在产品开发上做一些重要的改进了。交付教练是经验丰富的产品开发专业人员，他们可以帮助产品团队完成测试和发布自动化、检测、监控和报告以及部署基础设施方面的工作，使这些方面达到交付所需的水平。在某些情况下，拥有实际工作经验的敏捷教练可以完成交付教练的工作。但是，只关注交付流程（如 Scrum、看板）的敏捷教练在这里不会特别有帮助。

## 产品探索教练

产品探索教练的核心是辅导产品团队掌握产品探索的技术。我们发现，产品探索教练的需求比其他类型的教练多，这是因为非常多的产品团队需要此类帮助。从功能团队转变为赋权的产品团队，意味着产品团队要学习如何发现值得开发的解决方案，这正是产品探索的全部意义。我们所知道的成功的产品探索教练都是以前的产品经理、产品设计师或技术主管，他们掌握了有效的产品探索技能和技巧，并且乐于与他人分享他们的经验。

## 产品领导力教练

拥有产品领导力是一项艰巨的任务，尤其是在尝试转向产品经营模式时。对产品领导力教练而言，现在有一些重要且关键的主题，例如产品愿景、团队组织设计、产品战略、团队目标，还包括发展他们自己的人员配置能力和教练技能。许多人，尤其是在快速发展的公司里的人，可能经历了“火线提拔”，他们现在领导着产品、设计或产品开发团队，但他们知道自己需要帮助。我们所知道的成功的产品领导力教练都是以前的产品主管、设计主管或技术主管，他们已经弄清楚了如何解决这些重要问题，并且希望与他人分享他们的经验。

## 转型教练

我们看到的最后一种教练类型是帮助高管团队树立转型所需的思维方式和文化变革意识的教练。转型教练通常会直接与公司的一位高管合作。高管明白他们需要改变产品和产品开发，但他们也知道要改变他们的融资方式（财务）、人员配备（人力资源）、销售和营销（市场营销）的方式，这些甚至是更加困难的改变。这一类型的指导工作尤其具有挑战性。因为绝大多数 CEO 不会轻易把公司的未来托付给一位产品教练，除非该教练曾担任过其他大型综合公司的资深领导，并且有丰富的经验。

CEO 需要的是一位能与公司首席财务官平起平坐，向销售主管解释变革必要性，同时也能直接与工程师、设计师和产品经理交流互动的人。在我们知道的每一个成功转型中，都有这么一位明白转型的必要性，并且与 CEO 建立了信任关系的关键人物。

## 寻找正确的产品教练

在转型过程中，你的团队中必须有人去指导那些正在尝试新工作方法的人，这至关重要。这也引出了公司转型失败最常见的原因之一：聘用了错误的人来提供帮助。

大部分公司明白它们需要帮助，但是它们对于新的工作方法了解不够，无法准确地判断所雇用的那些人的能力。这听起来很显而易见，你需要确保你所聘用的产品教练能帮助你的员工学习所需的技能。然而，现实中很多兜售此类服务的人其实根本没有这样的经验。

明确地说，如果你要聘请一位交付教练，他必须有帮助产品团队提升测试和发布自动化水平的过往成绩，使团队能够最终达到 CI/CD 的程度。如果你要聘请一位产品探索教练，他需要向你证明，他在一家真正的产品公司里曾以产品经理或产品设计师的身份积累过真实的产品探索经验。如果你要聘请一位产品领导教练，他必须向你证明，他在一家真正的产品公司里具备产品愿景、产品战略、团队组织设计和团队目标方面的领导经验。如果你要聘请一位转型教练，他必须向你证明，他具有丰富的领导经验，曾带领公司成功转型到产品经营模式。

为什么要强调这些？因为在整个咨询顾问行业有一个很普遍的现象，那就是这些顾问、教练并不是来自产品公司，而是来自某种软件流程顾问公司，或者管理咨询公司。但转型这项工作太重要了，不能停留在理论层面上。所以，我们在附录中与你分享了 7 位我们熟识的产品教练的档案。需要强调的是，我们与这些产品教练没有任何利益关系。我们经常推荐他们以及类似的产品教练，因为我们相信他们拥有帮助公司转型成功的专业知识和技能。

产品创新案例
TRANSFORMED

# Datasite 公司的密文处理工具

马蒂手记：产品领域另一个容易产生误解的是，创新只发生在消费品领域，而为大型公司开发产品则是另一回事。不幸的是，许多软件公司转向产品经营模式的速度的确很慢，而且销售导向型公司也确实很难改变。但正如这个案例所展示的，对于那些愿意改变的公司来说，回报是巨大的。

在前文中我们了解了 Datasite 的转型故事。但是公司转向产品经营模式的原因是让组织能够持续创新。这里就来分享一个产品创新案例。

并购业务成功的关键之一是保密性。在并购的过程中，相关各方会交换大量机密文件。如果这些文件没有得到安全处理，就可能会丢失、放错地方或被盗窃。

密文处理是选择性地删除或隐藏文档中的机密数据的一种流程，旨在保护敏感信息不被未经授权访问或泄露，同时仍允许共享或发布其余内容。

密文处理通常应用于文档中的文本、图像或其他媒体内容。该过程可以确保这些内容不会被公众看到，或者在某些情况下，不会在暗网上被出售。

文档密文处理可以手动完成，律师或助理律师仔细审查文档并使用密文处理标记，或使用物理或数字方法处理敏感信息。手动密文处理需要注重细节，以确保所选信息被有效隐藏。

2019 年，经过密文处理的文档在某个重大法律和政治新闻故事中发挥了突出作用。一位律师无意中向法庭提交了一份密文处理不当的文件，使公众得以查看之前被隐藏的信息。随之而来的头条新闻对商界敲响了警钟。他们意识到自己用于密文处理的数据工具并不像他们曾经认为的那样有效。

## 需要解决的问题

Datasite 知道，为了维护用户的信任，它必须开发一个密文处理工具，以确保并购过程中共享文档的完整性。根本问题在于，虽然大多数密文处理工具能够删除或掩盖文本项目或图像，但它们并不会销毁其背后的元数据，一个较真儿的人可以通过取证的方式重建被密文处理的数据。

Datasite 认为市场上没有合适的解决方案，因此它需要自己开发一个新的、真正有效的密文处理产品。在公司转型之前，这并不是组织能够着手做的事情。但是自从转向产品经营模式后，Datasite 就一直在培养这项技能。产品团队花时间与用户沟通，了解他们的密文处理需求后，开始评估可以用来进行深度密文处理的各种技术和方法。

他们很快意识到，该工具必须能够从成百上千份文档中精准地找到选定的数据，然后不仅删除数据本身，还要删除元数据，并且不能损坏文档的其余部分。

## 探索解决方案

工程师们需要一种方法来清理文档，同时以正确的权限对 Datasite 系统进行访问，重新创建被密文处理的数据。

其中一位工程师受到谷歌地图使用方法的启发后，想出了一种解决问题的新方法。为了证明技术的可行性，工程师们开发了一个原型，并向产品团队和产品领导层进行了演示。

接下来，工程师们需要在 Datasite 平台上对用户体验进行原型设计和测试。产品团队与欧洲和北美的 12 个用户探索伙伴合作，共同探索和测试这个提议的解决方案。这种广泛的验证测试使销售、营销和服务团队能够尽早参与伦敦、巴黎和纽约的用户探索项目。

## 成效

最终的结果是 Datasite 发明了一种现在已获得专利的技术，该技术可以自动密文处理文档或整个虚拟数据室的文档，既能删除数据本身，又能删除元数据，并且完全无法识别被删除的内容。同时，这项技术必要时也可以自动取消对文档的密文处理。

Datasite 的密文处理工具成为一个重要的市场差异化因素，为企业用户提供了真正的价值和安全感。

TRANSFORMED

转型的先锋案例

## Adobe，从销售模式到服务模式

马蒂手记：这是我见过的最令人印象深刻的转型之一。Adobe 一直是一家实力雄厚的公司，它创造了许多成功的产品，但它之前并没有按照产品经营模式运营，后来公司意识到需要转型才能应对即将到来的挑战。在这个案例中，Adobe 创新的历程正是其转型故事的驱动因素。促使 Adobe 转型的原因是需要创建全新的创意云（Creative Cloud）产品。这个故事将由莉亚·希克曼（Lea Hickman）讲述，她被任命为 Adobe 创意云的产品管理负责人。希克曼与首席技术官凯文·林奇（Kevin Lynch）等人合作，在一些资深高管的帮助和支持下，成功实现了业界迄今为止在财务方面最成功的转型。

许多人认为 Adobe 是后互联网时代的公司，但事实上，该公司成立于 1982 年，在从打印机和个人电脑开始的多代技术中发挥了关键作用。如今，Adobe 涵盖了许多不同的事业部，主要专注于为设计师提供开发数字世界所需的工具和技术。

### 转型的动机

在一些公司中，有一些早期迹象表明需要改变公司生产产品的既有模式。

有时，这些迹象可能是一项颠覆性的新技术，或是市场动向发生重大转变。很多时候，组织机构能够及时调整并做出反应。

我在 2007—2014 年供职于 Adobe 期间，公司正面临着技术、市场和竞争格局的重大转变。

那段时间，我负责数字媒体组织的设计、网页和交互式工具的产品管理。该产品组合涵盖了 Adobe InDesign、Adobe Illustrator、Adobe Dreamweaver 和 Adobe Flash Authoring 等一系列工具。我们既单独售卖这些工具，也将其捆绑成名为 Creative Suite 的套装软件出售。

每个 Creative Suite 针对不同的用户角色提供多种捆绑包。例如，包含设计类工具的 Design Suite、包含网页制作工具的 Web Suite 等。此外，还有一个名为 Master Collection 的套装，包含了我们所有在售的工具。

我们当时的主要商业模式是向现有用户销售这些工具和套装的升级版本，并向新用户销售完整的版本。每次我们计划发布新版本时，都会预测需要售出多少升级版和完整版产品才能实现收入目标。预测依据是我们对即将发布的产品能否实现产品与市场相匹配的信心。

然而，在即将发布的产品分析过程中，数据显示用户现有的版本已经足够满足他们的需求，这意味着他们升级的可能性并不大。当时，所有产品都已相当成熟，并在市场上存在了 10 多年。随着价格的不断上涨，问题在于我们能否在新版本中加入足够多的价值来促使用户升级或购买。

另一个挑战是我们的产品周期很长。当我刚加入 Adobe 时，主要版本发布的周期大约为 18 ～ 24 个月。随着我们开始在主要版本之间发布小版本，情况有所改变。这帮助我们在中间周期内引入了利用新技术的全新功能。虽然此举在收入确认方面有所帮助，但由于竞争对手已经采用了持续发布的做法，因此无法帮助我们应对新竞争。

在此期间，随着越来越多的软件以 SaaS 的形式交付，新的竞争对手也进入了市场。用户越来越多地提到 Sketch 和 Aviary 等竞争对手。虽然这些竞争对手刚进入市场，但他们提供简单、现代的设计工具的价值主张引起了只使用我们旧式复杂工具一小部分功能的用户的共鸣。同样在这个时期，新技术也正显著影响着用户的工作方式。特别是 iPhone 已经上市几年了，越来越多的人开始讨论云计算服务。

用户（设计师）将云端作为存储数据的场所，而不是台式机或笔记本电脑，这个想法非常有影响力，因为它可以使用户摆脱特定设备的束缚，并允许他们从任何设备、任何地方访问他们的数据和文件。这当然会改变设计师构思和设计的方式，并因此大幅改变他们的工作流程。例如，这意味着将会有更多想法被智能手机的镜头捕捉到，这将创造更多可能。

我们当时用于移动应用程序的解决方案非常封闭。我们大力推广使用 Flash 和 Flex 来开发可以在安卓和 iOS 上运行的应用程序，前提是我们的另一款产品 Adobe Air 可以作为这些应用程序的容器。当时，编写一次应用程序就可以跨多个移动操作系统运行的想法非常具有吸引力。

虽然我们的一部分用户支持这种方式，但很大一部分用户认为原生应用性能更好，有的用户则认为基于标准的框架会是一种更好的方法。这些不断变化的工作流程意味着我们不仅需要重新思考用户使用应用程序的方式，还需要思考我们自己开发移动应用程序的方式。

这种理念上的脱节在公司内部引起了很多争议。我们如何开发原生应用程序，同时又推荐用户使用我们专有的框架进行开发呢？

这段时间另一个巨大变化是用户群体的变化。印刷媒介正在向数字媒介转移，专业人士正在向更多兼职爱好者或发烧友转变。虽然我们的一部分销售额来自这个群体，但趋势正变得越来越清晰：对于非专业用户而言，提供更简单的工具的新竞争对手更具吸引力。

购买行为也正在发生变化。以前，Creative Suite 的购买者会去当地的科技商店直接购买现成的 Creative Suite 软件包。然后他们会将软件的 DVD 安装到笔记本电脑或台式机上。

许多年前，我们引入了用户下载软件的功能，现在下载已经成为用户的首选方法。随着下载速度的提高，人们直接在家或办公室购买并下载软件变得更加容易，消除了零售商或转售商的中介作用，或者至少减少了通过该渠道销售的单位数量。

促使转型的最后一点因素是乔布斯于 2010 年 4 月 29 日发表的一封公开信，内容涉及 Flash 技术以及苹果为何决定不允许该技术在苹果的 iOS 设备上使用的相关原因。这对我们来说是一个沉重的打击。一直以来，我们的 Creative Professional 产品支持苹果的硬件，因为 Creative Professional 的用户喜爱苹果的产品。

我们知道必须采取不同的方法。但是，意识到需要改变、愿意改变和能够改变并不是一回事。那时，我们手上唯一的工具就是“大棒”打压。我们知道，如果不彻底改变我们的工作模式和产品，我们将失去市场地位。我们也知道还需要用“胡萝卜”来激励。

如果我们进行必要的改变，我们将能够为用户和业务做哪些我们今天无法做到的事情呢?

当时的工作模式具有悠久的历史，Adobe 长期以来以此为中心建立了一套文化并持续获得成功。虽然未来的形势令人担忧，但重要的是要认识到，当时 Adobe 是业界公认的领导者，这是一家上市公司，Creative Suite 每年为公司带来超过 20 亿美元的收入。

为了回答这个问题，Adobe 的三位高级领导：当时的首席技术官凯文·林奇、平台业务高级副总裁戴维·瓦德瓦尼（David Wadhwani）和创意业务高级副总裁约翰尼·洛伊科诺（Johnny Loiacono）召开了一个远离公司的闭门会议。他们要求每个产品类别都准备好在会议上呈现并演示超越其桌面工具产品的新创意。具体来说，他们正在寻找移动应用程序和托管服务。

虽然我们知道移动应用程序和托管服务对于为用户创造未来价值至关重要，但我们不知道团队的思考进展到什么程度。在闭门会议上，很明显，组织里的每个领域对用户想要什么都有不同的愿景，而且这些愿景不一致。

在这次闭门会议上，高级领导层意识到，我们不仅需要一个超越云、移动和桌面端可以带给用户的能力的统一愿景，而且还需要一位产品领导者来推动实现这个愿景。高级领导层要求我担任这个角色，并为我配备了强有力的产品开发部门领导者，尤其是凯文·斯图尔特。

这一愿景不仅需要让我们的产品团队清楚理解，还需要让我们的高管层、利益相关方、投资者、分析师和用户都明白。我们首先从首席执行官山塔努·纳拉延（Shantanu Narayen）和首席财务官马克·加勒特（Mark Garrett）入手。我们要求这两位关键领导者做出非常大的赌注，这可能是一场公司兴亡在此一举的赌注。我们知道，如果他们无法相信这个愿景，那么其他员工也绝对不会同意进行如此颠覆性的变革。

那么，回到“胡萝卜”激励措施的问题，为什么要经历这一切？

回答这个问题的主要工具是产品愿景，事实证明，正是这个愿景使高级领导层和许多利益相关方达成了一致。我们将在下面更详细地讨论产品愿景的关键作用。但结果是，首席执行官和首席财务官都能够理解这样做的动机和好处，并且他们开始考虑如何提供帮助。

## 向产品经营模式转型

虽然公司面临着许多挑战，但重要的是要认识到它也拥有一些重要资产。Adobe 已经拥有强大的以产品开发和产品设计为核心的文化。公司在技术领域享有盛誉，并且在提供一系列科技行业核心组件方面有着出色的纪录。最重要的是，公司拥有庞大且热情的用户群。话虽如此，产品领导团队和我认识到，我们必须推动整家公司进行重大变革。

## 改变开发产品的方式

随着用户在构思、设计和协作方面需求的变化，我们使用的技术和支持的领域也必须发生改变，其中就包括我们开发和部署产品的方式。

我们瀑布式开发的产品周期实在太长了。用户等待 12 ～ 18 个月才能使用新功能的做法已经不可持续了。市场和竞争对手会将我们甩在后面。网络标准和移动设备的创新速度促使我们转向持续开发和交付的模式。虽然 Adobe 过去与现在都拥有非常优秀的工程师，但早期对于转向持续部署的模式，他们存在着强烈的抵触情绪。

在改善用户的生活与改善开发并支持这些产品的工程师的生活之间存在着非常明显的取舍。以往，如果用户发现关键问题，他们可以安装以前的版本。但是在基于云的解决方案中，如果存在问题，它可能会影响所有用户。除Adobe提供支持的在线版本以外，用户无法轻易使用其他版本。因此，工程师必须始终保持服务运行并正常工作。除承诺提供这种级别的服务外，能够持续独立地部署还涉及产品的设计、开发、测试和部署方式的重大架构变更。

值得称赞的是，Adobe的工程师们勇敢地迎接了这一挑战，并为公司和用户做出了贡献。读者们只需要理解，这并非易事，工程师早期也存在抵触情绪。

## 改变解决问题的方式

除改变我们开发和部署产品的方式之外，我们还需要改变解决问题的方式。当时，Adobe拥有极强的由产品开发和产品设计主导的文化。工程师或设计师通常会提出产品想法并向产品经理推销该想法。产品经理会围绕这些想法创建需求，确定它们解决的问题以及对设计师用户的价值主张。

随着时间的推移，许多优秀的工程师和设计师得到了晋升，研发主管备受重视，在许多情况下，研发主管的地位甚至比产品管理或产品营销更重要。

好消息是，公司因此拥有了工程师被赋予自主权的强大文化，但坏消息是工程师和购买我们产品的实际设计师用户之间存在着相当多的组织层级。这种情况经常导致功能达不到我们期望的使用水平。

我们知道，如果想要实现未来所依赖的持续创新水平，我们不仅需要被充分赋权的工程师，还需要真正的跨职能产品团队，然后让他们能够直接与用户互动。因此，我们投资了由产品经理、产品设计师和工程师组成的跨职能产品团队。他们与产品营销密切合作，直接与用户互动，以了解用户面临的新挑战，并探索能够有效解决用户需求的方案。

虽然公司拥有优秀的工程师和产品设计师，但这种转变有赖于强大的产品管理角色。

这里需要澄清下，组织中已经存在许多优秀的产品经理，但过去他们的角色更多地集中在开发商业计划、收集需求以及与产品营销合作准备即将发布的产品。他们还肩负着重要的项目管理职责，负责报告里程碑的进度。但是，我们需要将产品经理的角色转变为主要进行产品探索工作以及对用户价值和业务持续性的必要聚焦。

正如产品开发需要从基于项目的瀑布式工作模式转变为持续开发和交付一样，产品探索也必须发生改变。由于竞争格局和用户期望变化如此之快，我们不能假设 6 个月前的情况现在仍然适用。

## 改变筛选问题的方式

### | 鼓舞人心的产品愿景 |

我们与产品开发、设计、产品营销、产品管理和其他部门的人员一起讨论用户及其面临的挑战。我们知道许多用户面临着是否负担得起产品价格的问题，尤其是那些负担不起升级到最新版本工具的小型设计工作室。我们还知道，大多数用户非常热衷于使用手机和平板电脑来进行构思和创作。此外，我们还知道设计师可以通过不同的平台和网站发布他们的设计作品，以吸引潜在的新用户。

鉴于我们的市场地位，Adobe 难道没有能力解决这些问题吗？我们的产品愿景开始成形，因为此刻我们开始意识到，与其内部讨论我们想要为自己的业务实现什么目标，不如从我们的设计师用户开始讨论，我们应该如何改善他们的生活。

我们决定编写一个从事平面设计的自由职业者理想中“一天生活”的故事，主人公我们起名为玛丽莎。玛丽莎拥有自己的设计工作室，并雇用了几位设计师。一天，耐克的创意总监浏览了 creative.adobe.com，一件有趣的艺术作品引起了他的注意。耐克的创意总监探索了网站的一些元素后，通过网站联系到玛丽莎，请她为其想要启动的新广告活动提供一份提案。玛丽莎使用 Adobe 的平板电脑应用、云同步和桌面工具创建了一个很赞的提案，并且她在赢得竞标后还能找到其他摄影师和设计师来帮助她完成项目。

该故事及其展示的产品愿景类型成为我们想要为设计师用户所做的工作的指导力量。我们此刻的信念是，如果我们为设计师用户做了正确的事，那么他们就会继续使用我们的产品，并且会有新的用户加入我们。我们知道我们拥有有效的机制来获取价值。

这一假设必须得到公司内外的双向验证，外与用户，内与公司利益相关方。我们开始与关键设计师用户分享产品愿景，解释我们对未来的看法以及我们认为这样做会对他们有利的原因。同样重要的是，我们开始与公司的关键利益相关方分享产品愿景。我们有一个设想，就是公司的市场营销模式、产品的最终商品化形态都将发生改变。我们知道这些变化会对销售、营销和财务部门产生重大影响。

产品愿景不仅帮助我们了解了设计师用户的未来，还帮助我们了解了我们产品组合中当前的差距，以便决定哪些问题最需要被解决，以及解决这些问题的优先级。

## | 基于洞察的产品战略 |

我们的产品战略工作确定了用户面临的两个主要问题领域。第一个问题领域是身份管理，第二个问题领域是基于云端的数据同步。

我们知道身份管理问题需要立即解决。桌面解决方案中可以接受的东西，在多种终端可访问的云解决方案中可能就无法接受。多个身份系统不仅对用户来说很麻烦，而且还会妨碍我们收集使用数据的能力，而这些数据对个性化和许可证管理都非常重要。我们知道需要一个通用的身份系统，尤其是在用户需要从任何地方访问他们所有内容、服务和工具的情况下。

第二个问题领域是无损地同步来自移动设备、平板电脑、云应用程序和桌面的文件和其他数据。

## | 产品规划 |

记住，Creative Suite 不仅仅是一个单独的解决方案，而是一个包含 20 多种不同产品的集成套件。将其全面升级为新一代产品不仅涉及迁移产品组件，还需要修补漏洞。

我们采取了迁移一些应用程序、重新设计和重建其他应用程序以及战略性收购某些组件的策略，这些组件的技术或团队可以帮助我们更快地实现产品愿景。

产品愿景有助于传递工作的共同目标，并确定哪些问题是需要被解决的最重要的问题。许多产品团队对如何改进他们的产品表达了强烈的意见，这种热情是好的。但我们需要团队消化玛丽莎们的需求并确定优先级，最终心无旁骛地解决这些需求。

该愿景还要求团队真正地协作。无论是集成一个通用身份系统，让用户只需要一个 Adobe ID，还是需要文件跨越多个平台，都需要大量的协调和协作。幸运的是，我们已经具备这种默契，因为在每个产品周期我们不仅发布单个产品，还会发布针对关键用户群的套装版本。产品团队称之为“套装税”。

此外，我们还需要从技术和设计角度做出一些广泛的决策。设计方面稍微容易一些，因为我们拥有优秀的设计领导层，并且我们始终秉承用户在使用任何设备或工具时都应该拥有相同体验的理念。

在云服务和移动应用程序方面也遵循相同的理念。在某些功能和图标的设计上，我们将保持一致性和独特性。我们将创建一个设计系统，里面装着封装好的组件。对于需要所有产品都统一外观的部分，我们就使用这些组件。对于可以自由发挥的部分，各个产品团队可以自己设计和尝试新的东西。

## | 改变市场营销方式 |

能够推出创意云的最后一个方面是与公司关键利益相关方的真正合作。具体来说，我们不仅在改变产品，而且在改变我们的商业模式和 GTM。

回想过去，我们通常每 12 ～ 18 个月发布和推出新版本的产品。我们将经历非常长的开发周期和非常复杂、需要大量协调的 GTM。我们将花费数月时间来规划哪些功能将被突出显示，我们将制作信息和定位文件，创建演示文稿供媒体参观，并在宣传材料和包装上投入大量的时间和资金。

使用基于 SaaS 的订阅模式，我们将不断改进产品并持续发布，因此我们将没有时间去做过去常做的这些事。

我们将不得不改变我们通知用户新发布功能的方式，并改变我们的传播渠道。我们开始需要操心新发布的功能是否容易被发现，因为我们不会再有营销机器在发布新品时专门提升人们对新功能的关注度了。

另一个挑战是我们主要通过媒体和分析师渠道与用户沟通。我们会做媒体巡回，产品经理和产品营销经理会向行业关键人物展示和演示最新版本的产品，以获得好评。这种方法可以帮助用户确定他们是否应该购买最新版本的产品。

由于我们将产品直接提供给设计师用户，因此我们必须确保用户能够快速发现和学习新功能，而无须像过去那样每年都安装新版本。正如你所看到的，这会影响销售组织如何向企业用户销售产品、渠道组织如何与零售合作伙伴合作、产品营销部门如何调整等。为了应对这些变化，产品团队必须与市场营销团队密切合作，共同管理过渡期。几乎每个部门都受到转型的影响，尤其是产品方案的变化。

我希望我已经传达了必要的变革范围。要知道进行如此大规模的变革绝非易事。

## 成效

我们通过用户数量、收入和股东价值来衡量转型是否成功。使用 Creative Suite 的用户有 600 万。到 2021 年底，使用创意云的订阅用户达到 2 600 万。Creative Suite 的年收入为 20 亿美元。而创意云在 2021 年的收入为 115 亿美元。在此期间，Adobe 公司的市值从 130 亿美元增长到 2 690 亿美元。

业务成果显而易见，此次转型在财务角度被认为是业界历史上最成功的转型之一。

第六部分

# 应对转型路上的 11 类反对者

TRANSFORMED

MOVING TO THE
PRODUCT OPERATING
MODEL

对于任何一个重大的变革，无论组织规模大小如何，总会存在反对的声音。诚然，有些人天生抗拒改变，我们也有一些应对这类人的方法。但更棘手的情况在于，人们常常有很正当的顾虑，他们不觉得这些顾虑在新模式下能够得到解决。

这一部分将列举来自整个组织也包括产品团队内部的主要顾虑，并逐一讨论我们如何打消这些顾虑。

# 第 26 章

# 用户的 6 种反对声音①

## No.1

**“我们的用户认为你提供这项特定功能绝对必不可少。除非你能承诺提供此功能，否则我们无法承诺购买你的产品。”**

用户提出这种反对意见非常普遍，而且通常是合理的。许多用户多年来听过来自公司及其销售和营销人员的承诺，但很少看到兑现承诺的例子。经历过这些之后，用户持怀疑态度是可以理解的。

首先，重要的是让用户理解产品公司和定制解决方案提供商之间的区别。

① 这一章的内容主要参考了第 13 章。

其次，要认识到用户通常会用直接给出解决方案的方式表达他们的需求，产品团队的任务就是去挖掘他们所要求的解决方案背后的真正问题是什么。

如果用户的情况确实非常特殊，代表的是一个细分市场，那么通常最合适的做法是将他们引导到定制解决方案供应商那里，因为这类供应商的商业模式就是针对这种情况而设计的。

然而，如果你认为这个用户是你当前或即将开拓的目标市场，并且他们的需求符合你的产品战略，那么这是一个与用户直接沟通的好机会，通过沟通，你可以更深入地了解取得成功所需要的一切条件。你需要向用户明确表示，你致力于解决他们的这个问题，但解决方案需要同时适用于该市场其他用户。

有的时候会存在一个明确的解决方案，既能满足特定用户，也能满足其他用户。但往往需要进行大量的产品探索，才能找到一个用户喜欢、技术上可行并且对业务来说也实用的解决方案。向用户解释一下，他们大部分喜爱的产品在被创造出来前，他们甚至意识不到这些产品的可能性。

## No.2

**“我需要知道什么时候可以提供这个功能。”**

根据之前的讨论，你需要确定这个功能是否属于你的产品战略的一部分。假设它是，那么当用户明确要求一个具体日期时，你需要非常谨慎，在做出任何可能无法兑现的承诺之前，你需要评估能否按期交付，这就是所谓的高度精准承诺。

## No.3

**“如果我们购买这种产品，就相当于对你们公司下一次重大的赌注，我们需要确保你们前进的方向也正是我们想要的。我们需要看到你们的产品路线图，才能判断是否应该购买。”**

尤其是在企业软件领域，企业用户通常是对你的公司做真金白银的大笔投入和押注的那个人。他们不仅需要知道你今天做了什么，还需要知道你明天将要做什么。大多数人会要求你提供产品路线图，因此你可能需要解释产品路线图存在的风险。同时维护内部产品路线图和可与用户共享的外部产品路线图也会有所帮助。

**不过，真正直接解决用户实际需求的是产品愿景。**而且，通过用户的反馈来验证产品愿景对产品团队来说也是很有帮助的。因此，当我们可以选择时，我们更愿意分享产品愿景，而不是产品路线图。

## No.4

**“更新你们的新版本实在太费劲了，我只能每 3/6/12 个月更新一次。我们需要针对每个新版本进行全面的详尽文档编制和培训。”**

这些都是非常正当的反对意见，但这些反对意见的根本原因实际上是由于产品发布频率太低。你一次性向用户交付了太多的变更，并且给你的用户带来了太多的干扰。当更新到新版本变成一件大事时，人们更希望减少更新频率，而不是增加更新频率也就不足为奇了。有时，用户认为发布频率越低，他们获得的版本质量就越高。但大量证据表明事实恰恰相反，你可能需要向用户解释其中的原因。

在第 1 章中，我们讨论了持续交付的技巧来防止这个问题。在产品经营模式中，用户会收到持续不断的小型、可靠的增量更新。这些更新经过精心设计，旨在尽量不影响用户，或者即使会产生影响，也不需要用户重新学习新功能。

理解发布新功能和新功能对用户可见之间的区别也很重要。一种持续交付的技术是“红黑发布”，即在新功能发布到上线环境的同时，由你来控制用户是否以及何时能看到该功能，这被称为“功能标记”。功能开关可以让我们控制哪些用户可以体验到新功能。

有时，向用户指出他们喜爱的许多关键任务型产品都采用这种方式工作会很有帮助，例如他们的浏览器、手机、新车，甚至他们的新洗衣机。如果他们仍然坚持需要每周重新认证，他们也可以这样做，但最终他们会信任你一直在为他们提供最稳定和有效的解决方案。当今的用户要求获得比以往那种每季度或每年一次的大规模发布更好的体验。

## No.5

**“我们不满意你们收集我们使用的产品数据。我们为什么要允许你们这样做呢？”**

这里有两个重要事项需要强调。首先，当你的产品向产品团队报告使用数据时，这些数据都是经过脱敏和汇总的，因此不会包含任何个人可识别信息。其次，这些数据可以确保产品正常运行并能真正帮助用户解决问题。这对你和你的用户非常重要。

正如驾驶员驾驶飞机依赖仪表盘来显示其是否处于正确航线上且安全飞行一样，产品团队也出于同样的原因依赖这些数据。

## No.6

“我们参与了一个用户探索计划，并且对取得的进展感到非常兴奋，但后来你们告诉我们决定不继续开发这个新产品。这正常吗？我们做错了吗？”

这种情况并不常见，但偶尔会发生，我们希望一开始就向你解释这种可能性。发生这种情况的主要原因是产品团队无法找到一个适用于所有合作用户的单一解决方案。有时，用户的需求确实独一无二，这样的用户更适合定制解决方案供应商，而不是商业产品公司。

TRANSFORMED

MOVING TO THE PRODUCT OPERATING MODEL

# 第 27 章

# 销售的 7 种反对声音①

No.1

“我们每天与用户打交道。为什么不是由我们来告诉产品团队需要交付什么？”

毫无疑问，销售人员是与用户打交道的一线人员，因此他们是产品的重要信息来源。在产品经营模式中，产品经理与公司各地的销售人员建立了牢固的关系，因为他们彼此依赖。产品经理还被鼓励积极参与向关键的潜在用户进行销售的过程。

① 这一章内容主要参考了第 13 章。

一般来说，产品经理和产品团队与用户直接、持续地进行互动，并不是在销售场景中，而是在产品探索的场景中。尽管如此，有一个基本原则可以解释为什么优秀的产品解决方案很少来自用户或销售人员：用户和销售人员并不了解技术上可以实现什么。

他们通常是他们自己领域的专家，但他们很少是用于开发他们购买的解决方案的技术专家。当他们购买你的产品时，他们实际上是在雇用你成为他们的专家。优秀的产品需要将真正的用户需求与最新的解决方案相结合。

## No.2

**“这是一个很棒的产品愿景，但需要数年时间才能实现。我现在需要完成我的业绩指标。正在开发的产品将如何帮助我的销售团队在这两个季度完成他们的业绩指标？”**

虽然分享产品愿景很重要，但同样重要的是，你还需要为销售人员提供他们现在可以销售的产品。做到这一点的最佳方式是为他们提供使用最新产品并喜爱它的标杆用户。一般来说，你可能需要向销售主管解释每一项产品工作的目的就是如何直接形成对销售业务的支持。

## No.3

**“我有一个非常有前景的潜在用户，但我们需要承诺一些新功能才能达成交易。”**

在产品经营模式中，产品团队最担心的是“特别用户定制功能”。这些功能是针对特定用户的特定需求而开发的一次性功能。许多此类“特别用户定制功能”会使产品变得复杂和不够灵活，并且对每个人来说这些功能很难被学习和使用。

当我们向产品经营模式转变时，建议处理这些特殊定制的第一步是，任何特殊请求，除当前正在发货的产品之外的任何请求，都必须首先提交给销售主管。希望销售主管能够阻止大多数请求。

对于销售主管审批通过的请求，产品经理首先有责任了解潜在用户是否属于目标市场，然后了解潜在用户希望通过此功能解决什么问题。在很多情况下，潜在用户是属于目标市场的。

一旦产品经理了解了请求背后的问题，她就可以找到一个解决方案，不仅可以满足这个潜在用户的需求，还可以满足现有和未来的用户的需求。

还有一种情况是用户不属于目标市场，或者他们所需的解决方案不在产品战略范围内，因此正确的答案是以能够追求更大机会的名义拒绝这次机会。一般来说，这种特殊请求常常是因为没有标杆用户的结果，这就迫使销售人员与潜在用户不得不进行上述对话。

## No.4

**"我们丢了一个大订单，具体原因是与竞争对手相比，我们缺少一些关键功能。为什么增加这些功能不是我们的首要任务？"**

每个经验丰富的产品团队都知道，用户经常心口不一，有时是故意为之，但很多时候并非如此。如果潜在用户选择竞争对手，他们经常会找一些容易搪塞的理由，这可能导致产品团队陷入无休止地追求功能的局面。当然，有时你确实缺少一个关键的功能。这时，专注于开发标杆用户通常是了解与竞争对手的差异的最佳方式。

## No.5

**“我们一直输给这个主要竞争对手。我们可以做些什么来更好地竞争？”**

在这种情况下，销售组织明确要求产品团队以及产品营销团队帮助他们制定有效的应对策略。此刻很有可能正在进行重大的产品开发工作来解决这个问题，但也有可能启动这项工作需要一段时间，因为这面临着一些重大变革。这就是产品经理和产品营销人员可以齐心协力尝试为销售团队提供有价值的信息或销售话术的地方。在当前产品优于新竞争对手的领域，是否存在一些细分市场？我们能快速为该细分市场开发一些新的标杆用户吗？

## No.6

**“我非常小心谨慎地维护和管理我的用户和潜在用户，我不希望产品团队的人冒这个险。”**

承认直接、无障碍地接触用户对创造成功产品绝对必不可少。这就是产品经营模式中少数真正不可协商的要素之一。如果有必要，首席执行官可能需要直接向销售领导层强调这一点。话虽如此，产品团队成员在与用户或潜在用户互动时确实说过或做过一些不恰当或不明智的事情。产品领导层有责任确保对他们的员工进行行为得体方面的培训。

对于拥有强大用户管控理念的公司（这并非坏事），你可以要求销售组织为拜访用户的人员安排短暂的“用户互动培训”。这有时被称为“魅力学校”培训。除要求产品团队学习销售团队与客服团队里面各个岗位职责以及行为规范之外，还需要向所有即将拜访用户并可能遇到一些用户非常不满意的人员强调，他们所做的任何承诺都绝对需要信守。

虽然这不能代替直接拜访用户，但需要指出的是，如今产品团队可以使用多种先进工具来更好地了解销售人员与用户沟通期间的对话，并且可以从产品和产品上市策略方面学到很多东西。

## No.7

**“我想确保产品团队不会每周在没有进行沟通，尤其是不和我沟通的情况下联系我的用户。”**

这是完全合理的，你的产品运营与用户研究团队会协助并协调用户拜访。他们会确保产品团队不会给用户带来负担，例如每个团队都想要拜访相同的用户，他们会确保用户经理和客户成功团队人员及时了解情况。

# 第 28 章

# CEO 与董事会的 7 种反对声音[①]

## No.1

“作为 CEO，我每天都会与用户、投资者、董事会成员、分析师和其他公司高管会面。我为什么不是决定产品团队应该交付什么内容的合适人选呢？”

“我负责公司的收入，为什么我不是定义产品路线图以实现该收入的人选呢？”

毫无疑问，作为 CEO，你的工作使你处于非常有利的地位来推动产品发展。事实上，在大多数创业公司中，CEO 或其他联合创始人通常也是产品负

① 这一章内容主要参考了第 18 章。

责人，这就是原因。不过，规模性产生的创新依赖于赋权的团队，因为用户、投资者、董事会成员、分析师和其他公司高管通常不知道现在的前沿科技能实现什么。因此，可规模化推广的解决方案是将决策权下放给相关产品团队。

然而，也的确有一些公司因为CEO不愿放权而永远无法转型到产品经营模式。只要一切顺利，这或许是最好的选择。但是，在大多数情况下，由于CEO每天的时间也有限，他们被迫在管理产品还是管理公司之间做出抉择。

## No.2

**“我正在努力经营公司。我想知道要发布什么产品，以及产品发布时间。”**

毫无疑问，作为CEO，你需要有关主要产品开发进度的详细且及时的数据。你的产品领导应该详细地告诉你哪些产品工作预计在哪个时间框架内为哪些业务成果做出贡献。这就是他们在产品战略工作中所做的。此外，在某些情况下，你需要高度精准承诺。但你要认识到，这些承诺会带来机会成本，因此将它们限制在具有真正固定截止日期的主要工作上，才能符合所有人的利益。同样，产品团队也依赖你分享战略全景信息的细节，以便你出差时，他们能够在团队内部做出正确的决策。

## No.3

**“董事会想要看到我们的产品路线图。我需要提供给他们。”**

如果董事会不理解你的产品工作将如何对业务产生必要的影响，他们经常会要求你提供产品路线图。但在通常情况下，他们真正关心的是你投入产品开发的资金如何产生预期结果的潜力，而产品路线图本身并不是那么重要。在这种情况下，产品负责人需要将正在进行的产品工作与预期结果联系起来。

在董事会会议之前，产品负责人应该确保花足够的时间与 CEO、CFO 和首席收入官或销售主管进行沟通，确保他们理解产品工作如何直接关系到业务成果，并且他们确信这项工作是产生必要结果的正确举措。你还要认识到，如果产品团队没有交付这些成果的业绩记录，那么你需要一段时间来赢得董事会的信任。

## No.4

**"如果我有一个产品想法呢？我不应该有一种方式与相关的产品团队分享这个想法吗？"**

在健康的、运作良好且遵循产品经营模式的组织中，来自任何人的想法都是正常且受欢迎的。问题在于这个想法是作为解决问题的建议之一被分享，还是作为下一个要设计和开发产品的命令被传达。CEO 们往往会惊讶地发现，他们的本意是建议，但经常被理解为命令。因此，明确表达这一点很重要。一般而言，正如乔布斯经常指出的那样，点子是最简单的部分。真正的工作在于评估这个点子是否好，然后将这个点子转换成一个真正的产品。他认为这是"实际工作中的 90%"。

## No.5

**"我们期望产品工作在多长时间内取得成果？我如何能够知道产品团队是遇到了困难，还是一切进展顺利？"**

对于第一个问题，产品战略应该详细说明这些信息，最好以书面形式，以便所有公司利益相关方都能理解主要产品工作的理由，这项工作将在本季度和全年如何开展以及这项工作如何与长期产品愿景相衔接。

对于第二个问题，评估产品团队的工作有多种方法。许多公司会每季度对产品团队进行一次业务评估。有的公司则要求产品负责人每季度深入研究每个产品团队，然后汇报团队的状况以及为帮助遇到困难的团队所采取的行动。

## No.6

**“我想确保我们的组织步调一致。我们需要确保产品、营销、销售、服务和运营部门都朝着同一个方向前进并保持一致。”**

这就是许多采用产品经营模式的公司使用 OKR 工具在年度和季度层面确保目标一致性的原因。例如，如果我们有新产品发布，我们希望营销、销售、服务和运营部门都尽其所能来确保这些新产品发布成功。

## No.7

**“董事会说目前公司的预算投入比例不合适。他们希望更多地投资于销售（与收入直接相关），而不是产品（因为产品的收入很难确定）。我该如何为增加产品投入，而不是销售投入进行辩护？”**

如果已经实现了产品与市场的匹配，那么增加对销售和营销的投资通常是正确的举措。然而，许多公司犯了一个错误，那就是仅仅因为一家公司拥有一定规模的员工就认为它已经实现了产品与市场的匹配。如果没有实现，那么销售和营销方面的支出通常效率低下。一些关键绩效指标（KPI）体现了这一点，例如销售所需时间和销售成本、试用到购买的转化率以及用户流失率。除非实现了产品与市场的匹配，否则你需要尽可能地将大部分资源集中在实现产品与市场的匹配上。

# 第 29 章

# 业务线的 7 种反对声音

业务线经理是公司利益相关方，但他们不同于仅仅代表财务、人力资源、营销或合规等单个职能的利益相关方，业务线经理负责一个业务部门。该部门可能很小，比如电子商务公司中的品类经理，也可能很大，比如总经理。

## No.1

**“我对这条产品线负有盈亏责任。为什么我不能控制产品开发资源呢？”**

毫无疑问，业务线经理在产品经营模式中扮演着关键合作伙伴的角色，这与初创公司或成长型公司的 CEO 所扮演的关键角色非常相似。但是，正如初创公司 CEO 依赖其产品和技术负责人一样，业务线经理也是如此。在实践中，就像在一家初创公司一样，许多最具战略意义的决策将以协作的方式进行，例如产品愿景、产品战略以及识别出什么才是产品团队正确的成果。

## No.2

**“领导层期望我了解可能影响业务的事情。我需要知道即将发生什么，这样当我遇到问题时才不会束手无策。我不想看起来一无所知。”**

这是正确的，而且产品经营模式中的领导力来自见多识广、以用户为中心、精通数据且积极参与的管理者。第 18 章不仅阐述了为什么这一点很重要，还讲述了彼此之间如何保持信息畅通。

业务线经理必须尽可能多地与产品和技术负责人分享战略全景信息。同样，产品团队和产品负责人也必须尽可能多地与业务线经理分享信息，尤其是来自产品团队一线的新洞察和新认知。最重要的是，产品经理和产品负责人必须为公司利益相关方梳理清楚产品工作的目标旨在如何产生预期对业务的影响。

## No.3

**“让我感到非常沮丧的是，产品团队觉得他们需要重复我之前完成的发现所有问题的过程，然后才能开始制订解决方案。更糟糕的是，由于这个，他们通常没有足够的时间探索解决方案。”**

这种情况很常见。事后看来，问题的原因应该很清楚。如果你能让产品经理和产品设计师至少部分参与到用户互动中，那么你们所有人都会一起来研究用户的问题，团队可以直接探索解决方案。展望未来，你可以坐下来和产品团队一起讨论，并提供可以分享的信息，帮助他们快速了解问题领域。你可以向他们强调，他们确实需要全面理解问题才能发现好的解决方案，但也提醒他们用户购买的是解决方案，因此他们需要足够的时间来提出一个比市场上同类方案更好的解决方案。

## No.4

**“我们需要更快一点。速度至关重要。我如何让产品团队和我一样感受到紧迫感？”**

速度确实很重要，但是在产品经营模式中，我们更关注产品创收时间，而不是产品上市时间，这也被称为“成果重于产出”。如果团队开发了一些用户不买的产品，那么你将花费很多，却收获甚微。产品探索的核心思想是快速且低成本地测试产品想法，探索可能的解决方案，这样的解决方案同时具备用户价值、产品易用、技术可行、业务可持续的特点。如果你的团队没有用开发产品所需时间的十分之一来测试产品想法，那么他们一定做错了。

## No.5

**“产品团队在我们这些公司利益相关方面前对展示早期原型持抵触态度，他们认为这些原型质量不够好，他们还没有准备好进行最终评审。”**

随着产品团队和相关利益方之间建立起信任，这种情况会得到改善。但是鼓励早期互动总归是有益的。如果产品团队认为你只对最终细节（例如最终颜色或字体）感兴趣，那么他们会把你拒之门外，直到这些细节都准备好了为止。但是，如果你能够忽略早期原型的粗糙视觉呈现，理解产品的发展方向，并且能够提供深思熟虑的反馈，帮助团队意识到他们之前可能没有意识到的因素和制约条件，那么他们很快就会重视这些早期反馈环节。

## No.6

**“我更喜欢我的业务团队中有一组直接向我汇报的人，他们可以推动产品计划的实施。”**

在传统模式中，当公司利益相关方驱动产品开发，IT 部门负责实施功能时，业务部门往往会聘请自己的产品经理。这是可以理解的，因为 IT 部门以前没有产品经理或类似的角色。但是现在，在产品经营模式中，你最不需要的就是重复的组织，即产品组织内的产品经理和业务组织内的产品经理。

在通常情况下，转向产品经营模式时，你会从所有资源池里挑选最优秀的产品管理人才，但关键是要为每个产品团队配备一名能力强、负责任的产品经理，而不是分割这个角色。

在某些情况下，产品经理的确会向业务线经理汇报，然后虚线汇报给首席产品官。如果拥有合适的领导者，这种方法是奏效的。但是，反对这种做法的主要观点是，你希望你的产品经理向擅长培养优秀产品经理的产品领导层汇报。很少有业务线经理有时间或有经验来辅导和培养他们的产品经理达到通常要求的水平。

## No.7

**“我经营着这家公司，所以我应该制定产品战略。”**

至少，业务线领导将与产品领导层通过密切合作来制定产品战略。不过，产品战略的意图通常是整体审视所有业务部门，并努力使整家公司的价值最大化。因此，**产品领导层将与每个业务部门领导合作，以确保他们追求的是整家公司而非各自业务部门的最佳机会。正如之前讨论过的，这需要信任和透明度。**

# 第 30 章

# 客户成功团队的 4 种反对声音

## No.1

**“我们每天都要处理用户的难题，可以说是一线作战人员。然而，产品团队似乎并不关心我们认为需要的东西。”**

如果产品团队真的不在乎你的需求，那么这是一个严重的问题，你应该立即向产品领导层反映。不过，请注意，产品团队通常会有来自各个方面要求改善产品的压力，例如直接来自用户、销售、营销、运营和高级领导层等。因此，产品团队可能确实关心你的需求，但他们很难在嘈杂的声音中听清你在说什么。

在这种情况下，我们鼓励你使用的一种方法是，客户成功团队保留一份实时更新的用户 10 大痛点清单。对于许多组织而言，这份清单可以从问题跟踪的软件工具中导出，即使是基于你们的主观判断也可以。

这份用户 10 大痛点清单为产品团队提供了很大帮助，因为他们知道清单上的问题都是严重问题，他们不必再去权衡其他问题。你需要认识到，这份列有用户 10 大痛点的清单始终存在，但是产品团队应该持续致力于减少这些痛点。

同样重要的是，你要认识到，有时产品团队解决问题的方案可能与用户或客户成功团队设想的不同。这是因为在许多情况下，“明显的解决方案”会带来负面影响，团队必须寻求不同的方法。这是正常的，只要问题得到解决，就会你好我好大家好。

## No.2

**“我们用于服务用户的工具非常糟糕。这不仅使我们的工作更加困难，而且还会影响我们的用户。我们总是说我们应该关心用户，但我们该如何解决这个问题呢？”**

如今，可供客户成功团队使用的商用工具比以往任何时候更加出色，因此没有理由不使用它们。不过，也存在一些商用工具无法支持的领域，这可能就是我们现在讨论的问题。

如果实际的用户体验受到影响，那么你使用的工具将被视为产品，即使最终用户看不到该工具。许多公司确实难以为这些不直接面向用户的产品配备理想的产品团队人员，因此你可能需要大声疾呼改进这些工具的重要性。

## No.3

**“我们整天都在与用户交谈，如果我们不知道产品未来变化的内容和日程，我们怎么能知道如何帮助用户呢？”**

在产品经营模式下，高频、小型、可靠的发布所带来的一个后果是变化成为常态，准确追踪某项功能上线或者对用户可见的时间可能会很困难。这个问题对公司来说一直都是挑战，但是在持续交付模式下，问题会更加明显。为了解决这个问题，对于任何用户可见的功能发布，或者用户需要相应地做出行为改变的事情，产品团队需要依赖产品营销团队与用户、销售和客户成功团队沟通。*Loved* 一书中推荐了几种有助于解决这个问题的方法。

偶尔会有一些事情被忽视。重要的是要了解忽视的原因，以便将来可以防止问题再次发生。这种方法的主要好处是显著减少对用户的破坏性变化。

## No.4

**“坦白地说，我们的产品团队推出产品的时间太长了，因此我们的客户成功团队只能自己配备人员为用户创建解决方案。”**

虽然我们赞赏客户成功团队代表用户自主采取行动的主动性，但这种解决方案从来不会有好结果。很快，用户就会使用一些标准产品和定制解决方案的混合体，还是用大量胶带粘在一起的。一旦发布新版本，非标准产品就会出现问题。

如果你的用户被迫使用在支持范围和不在支持范围内的产品混合而成或者说拼凑而成的半成品解决方案，那么你的用户和公司会双输。正确的解决方案是改进产品组织和产品，这也是公司转向产品经营模式的原因之一。

# 第 31 章

# 营销部门的 3 种反对声音

我们将所有不同的营销类型，包括产品营销、区域营销、公司营销和品牌营销，都放入这一章内进行讨论。还要注意，这里讨论的内容大部分参考了第 15 章。

## No.1

**“我们每天与销售团队互动，不断监控竞争态势，与用户和潜在用户进行焦点小组访谈，并且与主要行业分析师保持联系。谁能比我们更适合定义我们需要的成功产品呢？”**

的确，这正是 20 年前商业软件公司创建产品的方式。公司之所以转向产品经营模式，是因为在传统模式下极少有真正的创新。这是因为市场营销、销售、用户甚至行业分析师都不知道未知的可能性。

乔布斯曾经巧妙地捕捉到这一现实，他举起他的 iPhone 并说道：“你可以进行 100 次焦点小组访谈，但你永远也做不出一部 iPhone。”如今，大多数营销组织都理解了这一点。不过，营销确实拥有非常宝贵的数据和洞察，产品营销经理会努力将他们认为可能具有价值的任何信息传递给相关产品经理和产品领导者。

## No.2

**“我们如何才能更好地帮助产品团队创造成功的产品？”**

产品团队依赖组织内的许多团队，包括销售、营销、运营和客户成功来取得成功。产品营销团队会与产品团队密切合作，尤其是在实现产品与市场匹配的市场适应性方面。但更普遍的是，他们会致力于销售支持、信息传播、定位、推广、增长等方面的工作。在某些情况下，产品营销经理甚至会嵌入产品团队中。

但要记住的一件重要事情是，**如果你认为公司需要修复产品才能解决问题，那么你需要确保将所有可用的信息传递给相关产品经理，因为他们才是负责改变产品的人。**

## No.3

**“营销希望在产品做出来之前就宣传产品未来的形态。这在什么时候可以实现？”**

在某些情况下，向市场以及董事会成员、投资者和潜在用户解释你们未来的发展方向（即使你们还没有发布那些产品）是有意义的。但你需要小心，因为这很容易冲击到自己在售产品的销售额，或者在新产品准备就绪甚至策划出来前给你的产品团队造成巨大压力。

你还需要小心，不要把自己框在发布出来的声明和产品方向上，后来才意识到这些不是你必须做的。关键是不要在你确信自己是对的之前这样做。无论做什么，都需要产品负责人、产品营销负责人和首席营销官之间密切合作。

# 第 32 章

# 财务部门的 6 种反对声音①

## No.1

“我们需要在费用支出水平上拥有更大的灵活性。我们希望能够根据业务成果增加或减少技术投资。与外包供应商合作管理项目可以帮助我们做到这一点。”

“我们需要控制成本，外包工程师的总成本明显低于我们自己员工的总成本。”

如果你查看每个工程师的总成本，通常会发现外包工程师看起来更便宜。但是，如果你查看每个产品团队的总成本，结果就会颠倒过来。正式员工组成

① 这一章的内容主要参考了第 16 章。

的人数较少的团队通常优于规模大得多的外包员工团队。这不是说外包团队相关人员素质的高低，而是角色和工作关系的结果。

如果你是从业务成果视角而非项目视角做评估，那么外包的成本其实要贵得多。事实上，大多数外包公司甚至拒绝签署与成果挂钩的协议。

之前我们讨论过，在所有开发产品的工作中，我们都在创造两种价值。一种是开发的产品，另一种是开发该产品所积累的经验和教训。当人员不断变化，价值贡献仅在接了单个订单的水平内时，你就无法获得未来业务可依赖的学习价值。

在某些情况下，临时工作人员可能会更有意义，例如用于特定集成或测试自动化等突发工作，但是，如果技术需要成为核心竞争力，那么就需要自研。

更普遍地说，重要的是要理解团队的稳定性在生产力和士气方面起着重要作用。一个团队的成员转岗到另一个团队，需要学习新团队的技术、解决方案空间、用户遇到的问题等方面的内容，可能非常具有破坏性且代价昂贵。**通常，更好的方式是：将每一个产品团队的职权范围相应扩大，然后将工作分配给对应的团队，而不是将员工调到其他团队去做新工作。**

## No.2

**“我们需要在年度计划中确定当年的潜在项目，并了解每个潜在项目的成本。这样我们才能决定资助哪些项目并继续推进。”**

**“我们需要对公司资金负责。我们需要知道投资的每个项目将获得什么回报。否则，我们怎么可能知道什么是好的投资，什么是坏的投资呢？”**

这个论点是合乎逻辑的，但你可能已经发现，过往为你提供的商业计划远不能可靠地预测回报。事实上，很少有财务组织会尝试追究员工无法兑现承诺的责任。这就是为什么产品团队最重要的学习内容之一是学习你所不知道的东西。

对于技术工作，很难知道某个特定工作将花费多少成本，更难知道实际会产生多少收入，因为这完全取决于解决方案的优劣以及用户是否选择使用或购买它。你可能已经注意到，对于专业技术投资者，即风险投资公司来说，情况也是如此。他们通过为公司进行产品探索工作提供少量资金（种子资金）来应对未知因素。对于那些显示出吸引力（展现进展）的公司，风险投资公司会投入更多资金。

一般来说，**在产品经营模式中，你不是资助项目，而是资助产品团队，并让他们对产品成果，也就是业务成果负责。**

## No.3

**“我们如何让产品团队对其承诺的结果负责？”**

你会为每个产品团队分配一个或多个需要解决的关键问题，然后明确衡量成功与否的关键指标。你还会告诉团队你希望他们追求解决方案时采取保守还是进取的方式。这属于产品领导层制定产品战略的一部分。

一些团队可能会被要求提供非常保守的数字，并且他们确定能够达成，而另一些团队可能会被要求承担更大的风险，明知道他们本季度不太可能成功。团队要如何担责，取决于你对团队交付结果的确定性预期。

你要认识到每个产品团队都在为更大的产品战略做出贡献，你要让产品领导层对产品战略的结果负责。产品领导者本质上是在进行组合型投资，其成败根据季度末或者年末的总体目标业务成果而定。无论如何，如果某个团队明显未能实现承诺，那么你至少要进行复盘，检讨原因，找出补救措施，以防止此问题将来再次发生。

## No.4

**“我们需要根据业务需求在工作之间调配资源，以便充分利用资金。”**

这听起来也合乎逻辑，但在实践中，掌握新的技术、新类型的用户和新的工作关系需要花费大量时间，因此调配资源被证明是一种非常低效的资金使用方式，并且会大大降低团队取得成果的能力和创新机会。相反，我们更喜欢为产品团队，而不是项目团队配备职权范围更广的员工。然后，产品团队将完成与其领域相关的所有项目工作。这种方法能使产品团队保持稳定，并利用他们不断增长的专业知识提高效率。

## No.5

**“我们需要看到每个季度都取得持续的积极进展，以了解我们应该继续投资哪些项目。我们的工作就是监控这些进展并严格按纪律行事。”**

这句话听起来虽然合乎逻辑，但技术驱动型产品的曲线却是不同的。经验丰富的产品领导者将产品团队视为组合型投资，这些投资依据具体的技术、具体的人员、具体的技能和具体的数据，并根据上一季度的进展进行季度调整。

## No.6

**“我们正在尝试从会计角度理解如何对待产品探索。它是研究吗？还是只是产品开发的定义和设计阶段？”**

产品探索并不是真正的研究（这里的“研”指的是“研发”里的“研”）。产品探索是产品开发不可分割的一部分，类似于传统模式里的“定义和设计”。产品探索是细化将在未来几周内开发和交付的工作。当真正需要研究时，它是在产品探索之外进行的。

TRANSFORMED

MOVING TO THE PRODUCT OPERATING MODEL

# 第 33 章

# 人事与行政部门的 5 种反对声音

## No.1

“这些新定的岗位胜任力会严重影响我们公司。很多人已经不再适合现在的岗位，其他一些人的职责范围也发生了重大变化。更改职位分类并不是一件小事，而且会产生相当大的成本。我们宁愿利用现有的人才，并坚持现有的职位分类。”

“我们有很多从事与技术相关工作的员工，所以与其招聘产品经理，不如直接把他们的头衔改成产品经理，然后让他们去参加一些培训。”

我们理解这种改变可能会带来破坏性，并且代价高昂。我们也理解，鉴于旧的职位名称，这些职位之间的差异看起来可能微不足道。但我们之所以说这通常是转型失败的主要原因之一是有依据的。我们从未见过一家坚持只依靠现有员工和职位分类而不做改变的公司取得成功。

同样重要的是，你要认识到，并非所有员工都愿意担任新的产品经理。产品经理是一个非常具有挑战性的角色，尤其与产品负责人或业务分析师角色相比更是如此。

话虽如此，如果你有愿意且能够进行必要辅导的经理，并且如果你有渴望学习的员工，那么我们首先会尝试对这些人进行辅导和培养。根据经验，一位能干的经理应该能够在 3 个月内辅导一名合格的候选人成为胜任产品经理的角色。如果经过 3 个月的努力，该人仍然无法胜任工作，那么你需要为其找到另一个合适的职位，并找到能够替代他的人。

## No.2

**“我们已经有了年度绩效评估，现在又要引入持续的评估和辅导计划。这不是多余且成本高昂的举措？”**

持续的评估和辅导计划旨在帮助你的员工学习在产品经营模式下工作所需的技能。这是你的基层经理的主要职责，通常辅导也是经理的主要职责所在。是的，这确实很昂贵，但与所有员工都不知道如何胜任自己的工作相比，这要便宜得多。值得一提的是，对辅导投入大量资金的公司员工的留存率更高，而且公司还可以直接从大学以更低的成本聘请更多员工。

## No.3

**“我们已经有针对新员工的入职培训计划了。为什么还需要另一个针对产品人员的入职培训计划？”**

通常，这两种类型的入职培训计划的内容非常不同。每个人都可以从公司的新员工入职培训计划中受益，但产品人员还需要岗位特定的培训和教育。

## No.4

**“我们有用于加薪和晋升的年度预算。然而现在我们却在讨论激励经理让他们的员工获得晋升。这笔增加的钱如何支付？”**

在产品经营模式下，员工，尤其是产品经理、产品设计师和工程师能够承担额外的责任，例如特别棘手的问题，这会为公司带来巨大价值。让更多的人真正具备晋升职位的资格将是一个非常好的问题。经理告诉他们的员工，让员工为晋升做好准备是他们的职责，但在晋升员工之前，公司仍然需要为他们提供职位和更高的薪酬。

## No.5

**“我们希望每个员工都有单独的 OKR。”**

对于公司的大多数职位来说，有单独的 OKR 没什么问题。但是产品团队的成员，尤其是产品经理、产品设计师和工程师需要被激励作为一个产品团队共同努力，协作解决同样的问题，并以相同的标准衡量成功。实现该目标的主要方法之一是将 OKR 分配给产品团队，而不是分配给每个成员。如果你仍然希望每个人都有个人目标，那么这将更好地纳入辅导计划中。

# 第 34 章

# 首席信息官的两种反对声音

## No.1

**“我过去一直认为技术是服务业务的。事实上，我以自己满足业务需求的能力为荣。我不确定这种转变对我意味着什么。”**

转向产品经营模式本质上改变了我们看待技术的方式，从将其视为成本中心转变为利润中心。我们与许多首席信息官合作过，他们扩展了技能以服务于更广泛的职位（有时被称为首席转型官或首席信息官的混合职位）。但这些人渴望做出改变，事实上，在一些情况下，他们正是推动公司转向产品经营模式的人。

重要的是，产品经营模式并不仅仅关注用户直接交互的技术，通常幕后还有大量产品开发工作，涉及平台服务、用户支持工具或内部工具等方面。我们认识到有些首席信息官不愿意改变。在这种情况下，他们将继续负责“纯粹的IT”供应商管理和运行业务的系统，我们会另选他人去领导更广泛的产品开发部门。

谈到技术时，旧模式和新模式之间存在一些相似之处，但也存在一些重要差异。产品开发组织的主要职责是开发，而真正的 IT 组织通常更侧重于集成供应商提供的系统（购买）。这两种类型的系统在可扩展性和性能需求方面也存在一些显著差异。IT 支持数百甚至数千个用户，而产品开发通常支持比 IT 大一到三个数量级的系统。这些差异通常会导致产品开发职位描述和薪酬标准的差异。

另一个非常重要的区别是，在真正的 IT 领域，外包是被鼓励的，因为真正的 IT 不是公司的核心竞争力。但在产品开发领域，外包产品开发通常会扼杀创新的机会。

## No.2

**“我目前是首席信息官，但我希望领导公司转向产品经营模式，并希望将我的角色扩展到首席技术官。我可以在哪里了解更多？”**

一些优秀的产品与研发的领导力教练可以帮助你完成这个转型。还有一些优秀的首席技术官培训营，旨在分享最佳实践和最新技术。

# 第 35 章

# 项目管理办公室的 3 种反对声音

项目管理办公室本质上是一个具有面向高级管理层的项目管理职能。

## No.1

**“据我了解，许多知名产品经营模式的公司都拥有项目或项目管理职能。这在产品经营模式中扮演什么角色？”**

许多知名公司不仅拥有项目或项目管理职能，而且该职能在公司中扮演着至关重要的角色。在开发大型复杂的产品，尤其是生态系统级产品时，会有许多变动部分，并且存在大量的依赖关系和障碍。项目管理角色对于管理这些依赖关系至关重要。问题不在于角色本身，而在于公司设置该角色背后的文化。

当项目管理办公室以汇报项目状态为幌子，实际上是为了灌输和主导命令控制型管理方式时，问题就出现了。**当项目管理办公室转变为提供服务型的交付管理时，它可以为团队提供主要的依赖项跟踪和排除障碍服务，这种方式能够赋予团队力量，而非削弱团队力量。**

## No.2

**“我过去一直认为凡事都应该可被预测。我们需要专注于按时交付承诺的功能。让业务领导者去思考要开发什么，而我们将自己定位为一个可靠且值得信赖的交付机器，交付所有被要求的功能。”**

这很好地总结了传统模式。但是在产品经营模式中，重点不再是符合预期，而是创新。符合预期仅在它能提供公司正在依赖的价值时才重要。因此，产品经营模式基于一套截然不同的目标和优先级，通常用产品创收时间而非产品上市时间来衡量。

这就是为什么项目管理办公室在向产品经营模式转变的过程中常常遇到困难的原因。在许多公司，项目管理办公室的工作人员可以进行这种文化转变，并担任有效的交付经理，但在其他公司则无法做到，有些人会选择离开。这是转型过程中更棘手的情况之一，因为在大多数情况下，人们都在做自己的本职工作，只是完成工作的方式有所不同。但是对于项目管理办公室的情况，这更像是一种文化和流程观念上的差异，并且在很大程度上与产品经营模式不相容。

## No.3

**“如果我们不再扮演项目管理的角色，我们应该做什么？”**

在通常情况下，你会将项目管理办公室转变为交付管理组织。这样，项目管理办公室的工作重点就是服务项目管理和排除障碍。拥有正确的思维方式和技能的交付经理对组织是非常宝贵的。

传统意义上的项目管理办公室被认为是业务本身的直接执行者，而交付经理则以服务产品团队，由产品团队服务用户来促成业务的模式发挥作用。只要确保你拥有真正理解并接受这种差异的人员，而不是那些仅仅在等待旧模式复辟的人员就可以了。

# 第 36 章

# 产品线内部的 23 种反对声音

来自产品线内部的反对意见代表了更广泛的产品和技术组织，包括产品管理、产品设计、产品开发、产品运营和产品领导层。

## No.1

**“如果我们无法控制交付成果所需的所有人员（销售、营销、服务等），我们该如何对成果负责？”**

这是一个非常普遍的反对意见，也非常容易理解。解决这个问题的一种方法是将 OKR 里的 KR 集中在产品成果上，因为这在很大程度上受你控制。但是这么做时你需要谨慎一些，因为产品团队必须对产品的成功承担责任。OKR

最初的动机是鼓励产品团队走出办公室，弄清楚需要改变什么，到底是营销出了问题，销售出了问题，销售工具出了问题，还是产品在用户的环境中没有发挥出应有的作用？

你可以这样想：公司中谁比产品团队更有能力影响产品？想想那些靠销售产品为生，但对产品本身几乎没有控制权的销售人员。

## No.2

**“对我们来说，进行一次具备一定品质的发布成本非常高。我们怎么可能频繁地进行发布呢？增加更多的人手并不一定会加快这个过程，实际上可能减慢这个过程。”**

没错，对于更小、更高频的发布来说，增加更多的人手通常不是正解。这绝对是一个需要更聪明地工作，而非更努力地工作的例子。工程界有句话：“如果它令你痛苦，你就应该更频繁地去做。”如果你正在进行每月发布，那将会很痛苦。但是，如果你硬着头皮加速到每周发布，甚至每天发布，你将被迫投资测试和发布自动化的工具系统，然后很快你就不会再有这种痛苦了。

## No.3

**“我们处于一个受监管的行业。我们不允许在用户身上测试想法，也不允许如此频繁地发布。我们需要遵循正式的流程才能合规。”**

令许多人惊讶的是，很多受监管的公司认为自己需要在某种限制下运营，其实实际法规并没有这些限制。你需要自己阅读相关法规，然后与你的法务和合规人员交谈，以准确理解限制是什么，而不仅仅是沿用一直以来的做法。但是，我们需要常规性地让用户签署文件，表明他们理解并同意运行试验版本。

而且，事实上，如果你真正关心你的用户并确保你提供给他们的技术很可靠，那么你需要小量而高频的发布。总的来说，产品团队通常可以做得比他们想象的要多。

## No.4

**“我们没有时间测试产品想法。我们只需要编码，然后就发布。让公司利益相关方决定他们想安排我们开发什么就可以了。”**

如果这种方法奏效，你就不需要产品经营模式了。具有讽刺意味的是，这种反对意见通常来自工程师。然而，在优秀的产品型公司里，工程师们知道他们是创新的主要来源，他们不仅关心如何开发产品，也同样关心开发什么产品。你的研发主管需要积极地指导技术专家，以确保团队中有工程师理解这一点。

## No.5

**“我们的一些工程师说他们只想被告知要开发什么。这样的人在产品团队中还有发展空间吗？”**

简单回答：有空间。你需要确保技术专家对他们开发什么和如何开发同样重视。但是，如果团队中的一些工程师只希望被告知开发什么，那也没问题。更详细的回答是，采用产品经营模式的公司理解工程师是创新的关键，因此他们会将招聘重点放在那些不仅仅想要被告知要开发什么的工程师身上。

## No.6

**“如果我们用真实用户测试我们的产品想法，那么我们的竞争对手就会发现我们在做什么。”**

首先，进行产品探索的公司最终只会开发所有探索的想法中能产生效果的一小部分想法。因此，任何观察者都不会知道结果以及你决定做什么。其次，如果你仍然担心，你可以让用户签署保密协议（NDA）。

## No.7

**“如果我们在产品探索中向用户展示了一个想法，他们非常兴奋，但后来我们如果决定不开发它，怎么办呢？”**

这种情况确实有可能发生，你应该向参加测试的用户解释，你只是在探索最佳解决方案是什么。但总的来说，你进行测试的目的是为用户提供有价值的解决方案。

## No.8

**“当我们进行产品探索时，有时会发现一些新的机会，我们认为这些机会比我们被要求解决的问题更值得我们花时间。为什么我们不能转向追求更大的机会？这不是赋权团队应该做的事吗？”**

如果你发现了一个重要的新机会，你应该向你的领导层汇报。这个机会实际上可能是产品战略接下来应该关注的重点。但是，当前的产品战略很可能取决于你现在正在解决的问题。所以，你不能随便改变你正在做的事情。赋权并不是指你想做什么就做什么。它指的是你要找到待解决的问题的最佳解决方案。

## No.9

**“我们正在尽力取悦不同的公司利益相关方，但似乎真的无法满足所有人的需求，同时还要实现我们期望达到的成果。我们感觉注定要失败。”**

确实，有时要让所有人都满意特别困难。本书中的产品创新案例就展示了一些这样的例子，你可以看到那些团队是如何化解这些冲突的。

在通常情况下，产品团队只会去解决一个问题，最多两个问题，加上一些日常产品运营工作。如果你仍然觉得你注定要失败，你需要和你的经理讨论，这很重要。记住，在团队目标中，产品团队会说出他们认为自己可以完成的事情。因此，这方面的控制权很大程度上掌握在你手中。

## No.10

**“我们想要做的很多事情都依赖于其他产品团队，而我们无法控制他们的优先级。即使是小事情也需要太多的协调工作。在这种情况下，我们肯定感觉不到被赋权。”**

这是团队组织设计不佳以及大量技术债务未处理的常见后果。由于这种情况非常普遍，因此重要的是讨论你现在可以采取哪些措施来改善现状，同时解决技术债务并考虑对团队组织设计进行实质性的改变。

首先，考虑扩大团队规模的可能性，因为团队数量少些、规模大些可能会让每个人都感觉更加有掌控力与自主性。其次，交付经理可以提供帮助。他们可以帮助产品团队跟踪各种依赖关系和遇到的障碍，并在可能的情况下解决这些障碍。最后，你可能要考虑扩大对平台团队的使用范围。平台团队确实会带来对他们明显的依赖关系，但这些依赖关系很容易管理，并且通常会大大减少总体依赖关系的数量。这通常也是公司朝着必要的技术债务重构迈出的一步。

## No.11

**“我们很难理解哪些决定我们可以自己做，哪些应该作为建议提交给领导批准，哪些是领导下达的决定。”**

这是一个非常适合在每周一对一会议中询问经理的问题。当然如果没有每周一对一会议，这是一个更严重的问题。

通常，在考虑决策时，你会讨论风险和后果。错误决策的风险是什么，后果是什么？在许多情况下，后果影响小且可逆的决策通常由团队处理。亚马逊的单向门（不可逆）和双向门（易于逆转）的决策隐喻提供了一种简单且实用的框架来开发产品决策。

## No.12

**“有时我们产品团队对最佳决策意见并不一致。我们应该如何解决这些分歧？”**

产品团队拥有不同的意见并敢于分享这些意见，是一种组织正常甚至是良好运转的迹象。如果决策涉及特定专业领域，你通常会服从该领域专家的意见。如果还解决不了争论，那么通常的方法是进行快速测试，大家共同找出最佳答案。如果还是难以解决分歧，那么这是一个你在每周一对一会议中与经理讨论具体情况的完美问题。

## No.13

**“我们需要一个中心角色来把控我们所有的业务承诺是什么，所有的依赖关系是什么，以及预计交付的日期是什么。如果没有项目管理办公室，我们将如何做到这一点？”**

产品开发负责人审查并亲自批准所有高度精准承诺是很常见的，因为最终他们的信誉会和这些承诺绑定。关于跟踪依赖关系和相关日期，你应该由交付经理来帮助你处理这些事，并且帮助你排除交付过程中的障碍。

## No.14

**“一个特定的产品团队一直抱怨他们将大部分或所有时间花在维持产品日常运营工作上。”**

很遗憾，这个问题很常见，也很真实。这里有一些需要考虑的因素：实际的产品日常运营工作量是多少？这是一个持续问题还是暂时问题？这是一个平台团队（为其他产品团队提供支持与赋能）还是一个体验团队（面向用户或为用户支持与赋能）？以团队花在产品日常运营工作的时间占总时间的比例来说，对于体验团队来说，30% 是正常水平，对于平台团队来说，50% 是正常水平。

如果这种情况持续存在，并且平均值高于标准，那么通常的解决方法是向团队添加一名或多名工程师，这样总体上产品日常运营工作所占比例就能恢复到正常水平。如果增加工程师不在考虑范围内，那么由于产品日常运营工作被定义为必不可少的工作，你就需要减少团队的非产品日常运营工作。这会对团队的士气和业务产生负面影响，但如果没有其他方法，这可能是无法避免的。

## No.15

**“一些工程师认为，为了测试某个产品想法，直接开发出来会更快。”**

有时这种观点是正确的，并且这样做能够得到好的结果。但在更多的情况下，持这种观点的工程师并没有接触过或接受过使用现代技术快速创建可测试原型的培训。但是，假设团队技术熟练，工程师开发一些产品功能能够比在产品探索阶段创建产品原型还快，并且只要工程师可以接受在产品想法失败时弃用代码，那么这样做是可以的。

## No.16

**“工程师抱怨产品经理和设计师在产品探索阶段没有把他们纳入进来，只是在最后告诉他们要做什么。”**

这个问题是最常见的问题之一，不仅会导致工程师士气低落，而且会导致团队缺乏创新。我们鼓励工程师直接与产品经理和产品设计师沟通这个问题。如果沟通无效，那么这就是向上级产品领导汇报的重要情况之一。

## No.17

**“团队成员抱怨他们被要求为所有事情提供交付日期。”**

这种情况通常可以通过一些纪律性措施来纠正。首先，确保每个人都知道需要确定交付日期时有一套始终遵循的程序。这个程序被叫作“高度精准承诺”，它需要产品开发技术专家和其他工程师投入时间。其次，确保每个人都理解制定这些高度精准承诺需要一些时间，提供交付日期会存在机会成本。最后，要告知组织在哪些情况下真正需要确定交付日期，在哪些情况下不需要。解释高度精准承诺应该是例外，而不是常态。

## No.18

**“团队正因如此多的技术债务而苦苦挣扎，以至于即使是小问题也变得很严重，严重影响了士气和结果。”**

这种非常严重的情况需要资深的产品和技术领导与高管团队合作制订恢复计划。专业公司可以帮助你制订摆脱技术债务困境的计划，但这仍然是一个痛苦的过程，许多公司并没有在这样的境遇中存活下来。这里面涉及的细节太多，无法在此一一讨论。但在通常情况下，如果技术债务管理得当，公司需要一到两年的时间才能步入正轨。

## No.19

**“团队成员认为在开发之前没有实际测试风险的时间。”**

在产品经营模式中，我们经常讨论的不是产品上市时间，而是产品创收时间。换句话说，最重要的是实现所需的结果。如果你不事先测试风险就进行开发，那么你很可能会花几个月时间开发一个无法实现所需结果的产品。最后你将不得不再次经历相同的循环，通常会重复多次。

相比之下，用原型而不是产品来测试这些问题，只需几小时或几天，而不是几周或几个月。这通常可以让你比以往更快地获利。即使在产品探索的最初几小时内，产品团队就会意识到某个解决方案并不好，不值得开发，这可以节省大量精力。值得注意的是，如果没有产品探索，团队将不得不花时间和金钱来开发解决方案，最后才发现它并不是一个好的解决方案。因此，大多数经验丰富的产品团队认为，如果你没在产品探索阶段花时间去考虑风险，这才是在浪费时间。

## No.20

**“产品探索工作和交付工作失衡。要么产品探索工作跟不上交付，要么交付工作跟不上日程。”**

产品团队暂时进度失衡并不罕见，这种情况可能一次持续一两周。但如果问题持续存在，则通常表明工程师人数过少或过多。如果工程师无法跟上产品探索工作（产品待办事项中的工作太多），则通常表明工程师太少。如果产品探索工作跟不上工程师的进度，则通常表明工程师太多。

## No.21

**“团队因为远程办公的员工而苦恼。远程办公不仅工作耗时长，而且团队成员感觉难以融入团队，心理安全感下降。”**

许多团队在管理远程员工方面存在困难，以下两种方法可以改善这种情况。第一，至少每季度安排一次面对面的工作时间。选择的地点不重要，重要的是面对面工作的持续时间和频率。第二，增加对遇到困难的员工的一对一辅导。可以考虑每周两次、每次 30 分钟的一对一辅导。

## No.22

**“研发主管根据每周或每月的需求不断将人员从一个团队调到另一个团队，并且不重视团队的稳定性。”**

虽然产品或研发主管这样做可能只是不理解团队稳定或持久的重要性，但这更多地表明团队组织设计存在问题。如果产品团队的职权范围划得太窄，那么团队在人员规模方面就很难扩大。更好的做法是建立拥有更广泛职权的更大团队，让产品团队自己决定如何分配工作，而不是在团队之间调人。

## No.23

**“我们还有一些不在你的产品经营模式胜任力范围之内的人员。他们包括敏捷开发产品主管和业务分析师。他们如何融入团队呢？”**

简单地回答，他们不在产品经营模式内。产品经营模式下的产品团队中没有这些人。敏捷开发产品主管是一个角色，而不是一份工作，这个角色应该由产品经理来担任。在产品经营模式中，业务分析师的职责将部分转移给产品经理，部分转移给产品设计师。

产品创新案例

TRANSFORMED

## 凯撒医疗的全天候虚拟护理服务

马蒂手记：许多人认为，在受到监管的行业、大型复杂组织或拥有众多利益相关方的公司中，几乎不可能进行创新。下面的案例证明了上述观点是错的。尽管创新并非易事，但只要拥有正确的领导和动力，创新绝对是可能的。

凯撒医疗（Kaiser Permanente）是美国最大的非营利医疗保健和健康保险机构之一，为超过 1 200 万患者提供服务。

2019 年，凯撒医疗的数字组织启动了大规模的产品经营模式转型。为了重塑患者健康旅程并简化患者的数字医疗体验，该组织建立了一个数字产品和技术团队。该团队围绕患者旅程开始梳理，将手动流程改造为自动化流程，简化了数字体验，从而提高了患者满意度，改善了患者对药物和护理计划的依从性，提高了运营效率。

然而，就在转型工作启动一年后，疫情暴发了。由于这次公共卫生紧急事件和影响面对面就医的重大限制，凯撒医疗提供的护理方式几乎在一夜之间发生了改变。

## 需要解决的问题

多年来，公司已经提供了一些远程医疗方案。然而，现有的解决方案存在一些限制。现有远程医疗服务仅在正常营业时间提供，患者在非营业时间需要亲自去急诊中心和急诊室就医。患者只能在家附近的医疗机构预约远程医疗，无法在离开家时获得虚拟护理服务。技术、监管、临床和运营方面的限制使公司无法在所有市场用一致的方式提供远程医疗服务。

在疫情期间，护理缺口增加的可能性成为现实。凯撒医疗急需一种方法来扩展其护理提供方式，使患者能够获得所需的护理。公司需要一个技术驱动的解决方案，使患者能够在任何居住地、任何时间以及无论是否能去医疗机构的情况下，都获得正确的护理。这项工作被称为“立即获得护理”（Get Care Now），它为患者提供了一个全美国范围内 7×24 小时的按需虚拟护理解决方案。

## 探索解决方案

产品团队认识到该产品存在非常大的风险。当务之急是在疫情带来不断增加的健康风险之际满足患者的需求。

从患者的角度来看，这会出现严重的产品易用性风险，因为患者对技术工具的熟悉程度差异很大，而且他们在需要护理时可能处在极有压力的状态下。患者既需要了解如何使用该服务，还需要决定是选择使用这种远程医疗服务，而不是他们已经熟悉和习惯的方式：去诊所或急诊室就医。

从护理人员（医生和医务人员）的角度来看，临床医生需要学习和了解这种新的护理方式，并确保他们可以在远程医疗会诊之前、期间和之后提供必要的患者体验。除临床医生为患者提供实际体验之外，还存在非常具体的医疗、监管、合规和运营需求。

由于在线体验对患者和临床医生来说都是新事物，因此产品团队需要了解这两组人在线上互动时的期望和行为。患者愿意等待预约多长时间？患者出现的哪些状况适合线上就诊，哪些状况需要面对面检查？

产品团队与临床医生和运营团队密切合作，探索潜在的解决方案，以满足患者和护理人员的需求，同时满足运营和合规需求。为了使患者和护理人员的操作过程简单直观，并防止双方长时间等待，产品团队需要应对一些非常复杂的运营方面挑战。例如，公司需要确保有在特定区域市场具备远程医疗执照许可的医生可用。在基础设施方面，公司需要确保临床医生配备了必要的技术设备，以便可以安全地与在医院、诊所或家中的患者进行在线互动。

产品团队与临床医生和运营团队并肩工作，明确关键运营限制，包括为哪些临床医生配备人员，他们如何记录互动，临床医生之间如何交接等。此外，有关疾病严重程度、分流、评估和记录的临床协议被识别并纳入患者和临床医生的产品体验中。

关键解决方案探索的重点在于产品团队与公司每个区域市场的临床和运营团队密切合作。团队采用持续构思和快速测试的方法来收敛解决方案，以满足每个关键方的需求。随着许多运营问题逐一解决，团队开始关注技术可行性风险。技术方面的主要挑战在于集成底层的调度和医疗健康记录系统以及临床医生工具。此外，对于拥有超过 1 200 万患者的公司来说，该解决方案需要真正具有可扩展性。因此，公司需要提取和汇总有关临床医生专长、预约挂号和患者健康信息的关键数据来支持“立即获得护理”。

一旦产品团队相信他们已经探索并验证了一个解决许多产品风险的端到端解决方案，他们就会开发方案并进行质量测试，然后在现有市场逐步推出该解决方案，并扩展到全国。令人惊叹的是，“立即获得护理”从构思到在公司所有市场推出全新体验的服务，仅用了 4 个月的时间。推出新体验后，公司从患者和临床医生那里收集了实际使用数据，3 个月后实施并部署了下一个迭代版本。

## 成效

自“立即获得护理”全面启动以来，凯撒医疗的患者可以全天候 7x24 小时在全国每个州通过在线方式从护理人员那里获得远程护理。更重要的是，会员满意度为 10 分中的 9.6 分，净推荐值高达 88%。在使用该服务的会员中，超过 36% 的人在下班后（晚上 5 点到早上 8 点）接受过护理，这让许多患者避免了去急诊室就诊，减轻了急诊室的压力。

太多人认为在像医疗保健这样的受监管行业，不可能在任何时间内（更不用说短短几个月内）完成这种水平的技术创新。凯撒医疗向自己、高级领导层和整个行业证明了自己拥有这种能力，为患者和许多敬业的护理人员提供了真正的价值。

TRANSFORMED

MOVING TO THE
PRODUCT OPERATING MODEL

# 结 语

# 提高转型成功率的 10 大关键

书中的案例有一些共同主题。在这里，我们将分享其中的关键因素，旨在提高你的转型成功率，但并非所有因素都同样重要。这里将重点关注我们认为能够提高公司转型成功率的 10 大关键因素。

## 关键 1：CEO 要成为产品经营模式的首席传播者

如果没有 CEO 的积极支持，公司成功转型将极其困难。其他 9 个关键因素将阐明原因。需要明确一点，当 CEO 只是指定某个管理者负责数字化转型时，这不是我们所指的转型。这种常见错误容易让公司其他人继续维持现状。

虽然产品管理、产品设计和产品开发可能处于这次转型的核心，但影响必然远远超出产品组织的范畴。在通常情况下，你会发现需要对财务、人力资源、销售、营销、客户成功、业务运营等方面进行根本性变革，有时 CEO 需要介入。总而言之，CEO 实际上需要成为产品经营模式的首席传播者。

## 关键 2：技术要成为业务的核心推动力

从根本上说，成功的转型会将技术的角色从必需的成本转变为业务的核心推动力。这种思维方式会影响几乎所有方面，从技术部门如何获得研发费用到团队如何进行人员配备，再到技术究竟被看作是公司核心能力还是可以外包的部分。

## 关键 3：确保拥有优秀的产品领导层

假设转型获得了高管的支持，这是一个非常重要的前提，那么一切就都取决于优秀的产品领导层。具体来说，产品领导者指的是领导产品管理、产品设计和产品开发的人员。这一点的重要性怎么强调都不过分。这些人将对所有后续工作负责。你需要确保拥有经验丰富的领导者，他们知道如何在产品经营模式中有效工作，或者至少拥有产品教练来帮助他们完成即将到来的转型工作。

## 关键 4：真正的产品经理要掌握新的胜任力

赋权的产品团队需要能够胜任的产品经理。对于大多数尝试转型的公司而言，即使公司目前已经有人担任“产品经理”，但真正的产品经理需要新的胜任力。

虽然公司经常拥有头衔为“产品经理”的人员，但这个头衔可能具有误导性，因为产品经营模式下真正的产品团队，对产品经理的要求与功能团队截然不同。这就是为什么经验丰富的产品领导者如此重要。这些领导者需要确定哪些人更适合其他角色，哪些人则可以通过辅导和培训成为公司利益相关方真正需要的合作伙伴，即真正的产品经理。

高级领导团队应该相信每位产品经理都是公司未来潜在的领导者。需要明确的是，产品领导者个人的绩效将基于他们团队中最弱的产品经理来评估。产品领导者并非无关紧要的角色，它需要具备深刻理解用户、数据、业务、市场和技术的人才。

## 关键 5：提升专业的产品设计师的重要性

由于产品经营模式将用户与产品团队和公司更紧密地联系起来，因此产品设计师拥有帮助你打造用户喜爱的体验的技能。这就是我们将产品设计师从支持性角色提升到与产品经理和工程师一样重要的核心角色的原因。

## 关键 6：让赋权的工程师参与解决最棘手问题

赋权的工程师是推动公司持续创新的引擎。有效的转型很大程度上在于使真正拥有自主权的工程师能够发挥才能并对他们加以鼓励。也就是说，如果你将工程师外包出去，你就不会拥有赋权的工程师。我们并不是建议你将工程师高高供起，而是要让他们走出象牙塔，成为产品团队的核心成员，并参与解决你所面临的最棘手问题。

## 关键 7：基于洞察的产品战略

产品战略的目的是确定公司为实现目标需要解决的最重要问题。大多数尚未转型的公司以前从未制定过产品战略。这是因为它们的战略仅仅是尽可能服务所有业务利益相关方。当然，这根本算不上战略。然而，有效的产品战略需要基于定性分析加上定量分析的洞察，这也是充分利用人才和最大化技术投资的关键。产品领导者负责制定产品战略，这也是为什么拥有经验丰富的优秀产品领导者如此重要。

### 关键 8：与公司利益相关方协作

成功转型最困难的是重新定义产品组织与公司不同部门之间的关系。之所以困难，是因为这对公司内许多关键利益相关方而言代表着真正的改变。

从根本上说，转型涉及从“技术团队服务于业务的模式”转变为“以对业务有利的方式服务用户的模式”。需要明确的是，这意味着由从属模式转向协作模式。

许多公司利益相关方对以往的工作模式感到失望，因此他们至少愿意尝试转型，但其中一些人可能将丧失控制权视为个人利益受损。产品领导者和产品团队需要对这个问题保持敏感。

当产品团队还没有胜任的产品经理挺身而出，去完成他们要做的事情之前，产品领导者绝对不要勉强推行这种变革。但是，一旦这些拥有胜任力的产品经理到位后，他们可能需要高级领导层的积极支持，帮助公司利益相关方适应向协作模式的转变。重要的是不要粉饰太平，因为转型带来的改变将是深刻的。

### 关键 9：持续宣导成果

产品领导者的另一个关键职责是持续宣导。他们需要宣导产品愿景、产品战略、将重点转向成果的重要性，以及向产品经营模式更广泛的转型。产品愿景是整个组织工作的灵感和动力。产品战略的宣导至关重要，因为它能让大家清楚地理解做什么和不做什么背后的原因和依据。

总的来说，产品团队在进行产品探索以解决他们被要求解决的问题时，每周都需要学习。诚实地公开分享这些学习成果至关重要，这样整家公司才能理解学习如何发生、创新来自何处，以及真正交付业务成果与仅仅发布功能和项目相比，到底意味着什么。

### 关键 10：认可领导者信念跃迁的勇气

毫无疑问，成功的转型是困难的。我们希望这份清单能帮助你具体了解造成困难的原因以及成功转型需要解决哪些问题。我们更希望你认识到每次成功转型都需要高管和其他资深主管的勇气。

即使传统模式已经失效，转向一个截然不同的模式也需要真正的信念跃迁，而做出这样的跃迁需要勇气。在通常情况下，成功转型的公司里最资深的领导者并没有得到人们对他们勇气的认可，尽管股票市场给了他们丰厚的回报。尽管如此，我们还认识很多没有勇气、不愿意采取必要措施帮助公司生存且发展壮大的高管。

我们希望这 10 个关键因素能帮助你更深入地理解如何成功、有效地将你的公司转型为产品经营模式。

TRANSFORMED
**转型的关键提示**

## 个人能为转型做什么

在许多情况下，公司里第一个读到这本书的人可能是一位个人贡献者或产品领导者。你可能意识到公司迫切需要变革，但你又觉得无从下手。

的确，要想成功转型到产品经营模式，需要公司领导层的积极支持，或者至少是你所在的事业部领导的支持。虽然我们希望这本书能被更多的CEO看到，但即使作为个人贡献者，你仍然可以有所作为。以下是一些建议：

- 和产品团队的其他成员谈谈，看看他们是否愿意和你一起做这件事。如果只有你一个人愿意，那么你的首要任务就是让你的团队相信这种模式有好处。
- 一旦他们和你站在一起，就要专注于提升自己，掌握产品经营模式的胜任力。就算达不到最低要求，学习这些新技能也会对你的职业生涯有帮助。
- 当你觉得已经掌握了一些新技能并想要尝试一下时，去找你的领导，询问公司是否愿意让你的产品团队作为试点，以这种新的工作模式在接下来的一两个季度进行运作。
- 建议你们专注于改变开发产品的方式和解决问题的方式。
- 如果试验成功，希望这种方式能够推广开来。如果试验失败，风险也只局限于你们团队。

TRANSFORMED

## Trainline 公司的票价预测功能

马蒂手记：Trainline 的产品领导层建立了一个非常强大的产品组织，能够实现他们所需要的持续产品创新。在所有展示他们技能的案例中，我最喜欢这个故事。你可以看到产品经营模式的每种胜任力和关键要素在他们解决一个非常棘手问题时的应用，而解决这类问题能为他们的用户、铁路合作伙伴和公司带来真正的价值。这里描述的产品创新水平可以媲美我所见过的世界上最著名的科技产品公司。

经历了转型之后，Trainline 现在拥有优秀的产品开发、产品管理和设计能力以及清晰的产品愿景和产品战略。该公司也开始看到其在数据科学方面的投资带来的真正回报。

Trainline 已经成功开发了实时列车位置、预估站台离站时间、个性化出行中断警报以及查找乘客较少的车厢等功能，所有这些都帮助他们将愿景变为现实。然而，有一个主要问题仍然让他们的用户不满意：票价。

### 需要解决的问题

从早期阶段就显而易见的是，票价太高阻碍了 Trainline 吸引更多的用户。用户会一遍遍地告诉他们："火车票太贵了！"然而，铁路行业却指出每条路线的车票都在以非常低的价格出售。了解这种明显的差异可能带来进一步的重大创新，但对于高达上百万个可能的行程来说，这也是一项庞大的工作。

从表面上看，公司似乎对这个问题没有控制权：Trainline 在用户执行搜索时会实时接收票价。这时，运营商的应用程序编程接口才会显示该特定行程的票价。然而，Trainline 的数据科学主管确信，这样一个重要的问题值得深入调查。

## 探索解决方案

团队发现的信息提供了另一个真正独特的见解：车票确实便宜，但并没有便宜到让很大一部分用户愿意或需要购买它们。

团队最初使用较小的数据集，然后大规模验证结论，他们证明票价与收益率没有关联。相反，票价直接与距离出发日期的天数相关。提前购票可以买到更便宜的车票，但是在计划出发前两周内购票，票价则会大幅上涨，而且价格上涨幅度令人吃惊。

尽管铁路行业大力推广最低价位的车票，但绝大多数乘客不得不支付高得多的费用。团队找不到任何智能票价管理或车票自动最后一分钟抛售的证据。这是一个重要洞察，也可能是一个重大的成功机会。现在，团队能够了解任何路线提前购买车票可以节省的确切票价金额。

那么，问题来了：他们能想出一种方式向用户实时展示这些信息，帮助他们做出更明智的选择并省钱吗？

虽然机会很明显，但业务持续性的风险也很大。Trainline 业务体量巨大并且在不断成长，但它本身是在一个大产业里的一部分。铁路合作伙伴对 Trainline 的使命至关重要。大肆宣传 Trainline 新发现的功能可能会远离公司赖以交易的这些合作伙伴。

该解决方案是否有价值，是否易用，是否足以导致现实世界中的行为改变？ Trainline 能否将其精准扩张？在移动端有限的屏幕空间中塞进如此多的信息，公司能设计出用户体验良好的功能吗？最重要的是，Trainline 是否能够在不引起其合作伙伴，即铁路公司强烈反对的情况下推出该功能？

这有一个很大的风险。假使显示了错误的票价，可能导致公司立即失去交易许可证。正是因为这个，包括 CEO 在内的高管团队，在产品探索阶段就被纳入业务持续性的研讨中。

现在负责数据探索的数据科学家与应用程序团队合作，进入了一个全面的产品探索阶段。为了解决用户价值风险，团队快速开发了一个精简的解决方案，并在选定的几条路线上实时进行测试。实时数据原型获得了所有人一致的正面反馈。这为用户实现了真金白银的省钱，用户喜欢这个功能。团队的信心因此得到了增强。

为了提供优质的移动体验，团队决定将此解决方案仅应用在 Trainline 的手机应用程序上。这直接反映了公司的愿景，并很好地支持了产品战略。得益于能力出众的设计团队、密集的迭代和用户原型设计，产品易用性不太可能构成重大问题了。但更大的风险仍然存在：技术可行性风险和业务持续性风险。

准确性至关重要。即使对于一个由许多最强大脑组成的团队来说，这也是一个复杂的大数据问题。团队将最低标准设定为 9 位数以上，因为丢掉交易许可证是绝不允许发生的。团队勤奋工作，执行能力大大提高，还能获得在 AWS 上快速扩展能力的支持。

业务持续性的风险仍然存在。虽然 Trainline 不需要正式获得合作伙伴的批准，但团队、高管和董事会不会不考虑来自行业的强烈反对，尤其是在即将发行 IPO 的情况下。至少，暴露英国铁路票价背后的定价策略会引发争议。Trainline 可以证明这将为用户节省成本，但考虑到公司现在巨大的市场份额，领导层开始担心他们的解决方案可能会导致全行业净收入下降。他们需要大量的真实数据。他们需要极度依赖规模虽小但经验老到的专家运营团队，该团队由与行业合作伙伴多年来建立密切关系的人员组成。没有他们，这个计划很可能会失败。

运营团队成员既兴奋又紧张，建议 Trainline 立即将工作重点集中在少数更具前瞻性数字化视野的合作伙伴身上。这项工作细致而复杂。许多合作伙伴拒绝了，对这个行业的新兴公司又一次干预感到不悦。但有一家公司同意进行实地测试。最终，团队有机会做静默发布，并观察真实数据如何发挥作用。

## 成效

结论非常积极。正如预期的那样，一部分活跃的用户开始提前购买车票，实现了真正的省钱并增加了使用率。团队仔细研究了数据，确认通过提高满座率获得的额外收入足以抵消低票价带来的损失。

节省钱的用户非常兴奋。这次测试取得了巨大成功，使团队成员能够更有说服力地申请做更大范围的发布（但仍然需要经过仔细管理），这次发布再次引发了一波正面免费宣传。此次发布直接呼应了 Trainline 的使命：通过提供尽可能便宜的价格来推广低碳交通解决方案。它还为营销团队提供了一个重要的机会，将 Trainline 列为该行业唯一的创新者。由于 Trainline 即将成为上市公司，各种营销活动既及时又有效。英国媒体立即报道了此事，越来越多的科技网站开始定期报道 Trainline。

这次成功也给公司内部带来了更多的信心。票价预测功能只是 Trainline 强大且成熟的技术文化的一系列解决方案中的最新示例。一次又一次的发布，公司实现了巨大的增量价值，不仅对用户和业务有利，而且对股东也有利。这一切正好赶上即将到来的 IPO。

# 优秀的产品教练档案

## 加布里埃尔·布夫雷姆

### 通往产品之路

加布里埃尔·布夫雷姆（Gabrielle Bufrem）可谓一位真正的世界公民。她出生并成长于巴西，之后前往美国深造。她能流利地说 4 种语言，曾在欧洲、北美、南美和亚洲的 10 个国家生活和工作过，业务经验涵盖 9 个主要行业。

布夫雷姆在谷歌实习期间爱上了产品工作。虽然实习工作属于市场营销领域，但她提出了大量产品相关的问题，她的领导称她为天生的产品经理，建议她去进一步探索这一角色。布夫雷姆立刻被这个角色所吸引，并调整了她在布朗大学最后阶段的课程安排，将计算机科学和设计纳入其中。

学业结束后，她加入了位于波士顿的英孚教育（Education First），然后又到了瑞士的英孚教育，担任这家公司的首位产品经理，随后又在毕威拓

（Pivotal Labs）[1] 度过了 5 年时光。在毕威拓的这段时期，她先是担任产品经理，后被晋升为产品领导者，工作地点主要在硅谷，也曾在巴黎和新加坡的办公室工作过。

随着布夫雷姆在毕威拓的产品领导岗位上获得快速提升，她将越来越多的精力集中在对团队的指导上。她建立起了良好的声誉，被认为是一位懂得如何培养优秀产品人才并且愿意投入时间和精力去执行的产品领导者。离开毕威拓后，布夫雷姆以首位产品与设计主管的身份加入了心理健康领域中以使命驱动的初创公司 Little Otter Health。她着手建立了一支现代化的产品团队，并显著改进了公司的产品服务。

## 成为产品教练

在毕威拓和 Little Otter Health 工作期间，布夫雷姆意识到自己很喜欢帮助他人。于是，她开始教授产品管理课程，在行业会议中演讲，以及为她的团队之外的人提供非正式辅导。她遇到了出色的导师和经理，这些人对她的产品以及职业生涯可能性的看法产生了重要影响。

布夫雷姆很快就意识到，她在过去的职位中最喜欢也最擅长的事情是辅导和培养领导产品团队的人才。这一领悟促使她专职从事产品教练工作。

虽然布夫雷姆的专长是对产品领导者进行辅导和培养，但她的超级能力是与别人迅速建立牢固的关系并赢得信任。正是这种信任让布夫雷姆能够提供坦诚、真实和具有建设性的反馈，帮助人们真正突破原来的局限，发挥他们的全部潜能。

布夫雷姆因兼具亲切和严厉而闻名。她能够做到直言不讳，是因为接受她辅导的人知道她发自内心地关心他们，并明确地希望他们取得成功。这些很大程度上源于她的个性和人生经历。人们能够轻易地与她产生共鸣，他们看到她既懂产品又懂人心，并真心希望能够帮助他们实现目标。

[1] 毕威拓是一家位于美国加州的计算机软件公司，于 2018 年上市，2019 年被威睿收购。——译者注

## 霍普·古里恩

### 通往产品之路

霍普·古里恩在互联网早期阶段便开始了产品工作。当时，她身处行业前沿，参与并帮助打造了许多广受欢迎的早期用户服务，涵盖在线购物、房地产、招聘和职业服务等领域。

古里恩对商业领域的广泛知识（尤其是业务拓展、销售、市场营销、广告和金融方面）与她为用户打造受欢迎的产品和服务的热情相结合，将她引领到了一条通向产品工作的轨道。

最终，她为知名品牌开发并领导产品团队，这些品牌包括 Career-Builder 和 Beachbody。通过开发擅长解决用户问题、同时满足业务需求的强大产品团队，她在行业中建立了良好的声誉。

她在为这些公司效力的过程中，开发产品团队也意味着要将公司从以利益相关方驱动的功能团队模式转向产品经营模式。在经历了多次这样的转型后，古里恩意识到自己拥有难得而宝贵的经验。这对于那些肩负责任，但尚未体验过这种工作模式的产品领导者而言尤其重要。

与此同时，古里恩发现许多公司并不知道如何招聘或吸引一位精通产品经营模式且经验丰富的产品领导者。这些公司经常会将来自相关领域（例如产品开发、设计、营销或业务战略）的高潜力人才任命至产品领导岗位，却没有提供任何机制来帮助新任领导获得成功。

### 成为产品教练

2018 年，古里恩决定成为一名全职产品领导力教练。她还开设了“无畏的产品领导力”（Fearless Product Leadership）播客，旨在帮助全世界有抱负的产品领导者了解成为一名优秀产品领导者所需具备的素质。

除了对产品领导者的辅导工作，古里恩还通过与《持续探索习惯》

（*Continuous Discovery Habits*）的作者特雷莎·托里斯（Teresa Torres）合作，辅导产品团队进行持续的产品探索。

古里恩职业生涯的主题之一就是处于商业和产品交叉的领域。她对帮助领导者和团队理解业务动态，以及产品工作如何驱动业务成果尤其感兴趣。古里恩说：

> 我在领导产品团队期间，没有什么比见证我的团队实现目标更让我激动。现在，作为一名产品领导力教练，当我看到产品领导者在思维方式上发生转变时，我会感到无比兴奋。当他们抓住持续挑战的核心时，会点燃新的信心和清晰的思路，让他们能够无畏地直面挑战。

## 玛格丽特·霍伦唐纳

### 通往产品之路

玛格丽特·霍伦唐纳（Margaret Hollendoner）在多年的探索中，偶然发现了产品管理。此前，她曾努力尝试将对解决问题和学习的热爱，与她在团队协作、人员管理和沟通方面的优势相结合。

从斯坦福大学机械工程专业毕业后，她为了能与用户直接接触而在一家控制系统公司担任应用工程师。霍伦唐纳享受与用户在现场共事的时光，尤其是在教操作员如何使用机器和诊断问题的时候。

最初霍伦唐纳认为自己想攻读热力学博士学位，但当她意识到这项工作需要投入大量时间进行独立研究时，便离开了斯坦福大学，寻求一个能与人打交道的工作机会。她决定申请谷歌的工作，而面试官（她将永远感激这位面试官）观察到了霍伦唐纳的综合技能和强烈的动机，把她引向了产品管理的道路。

在之后 18 年间，霍伦唐纳在谷歌内部学习产品管理知识。她很快就意识到自己作为“跨区作业者”的价值——在产品开发部门和面向用户的部门之间自如穿梭，能够确保产品战略和产品探索紧贴用户的需求。不久后，霍伦唐纳就开始管理由产品经理组成的团队，负责交付完整的产品线。

在谷歌工作的近 20 年间，她获得了从事各类产品以及与各种团队合作的经验，交付了从面向消费者的产品到面向公司的产品，覆盖了健康、视频、商务和广告等领域。她领导的团队中有超过 100 名设计师、工程师、营销人员等，她还管理着产品经理团队去探索、开发、迭代、发布和推广成功的产品，如 AdSense、YouTube 视频评估和谷歌健身。

霍伦唐纳也参与过不少从未进入市场的探索项目，例如实体店优惠、传统电视评估、药物管理等。为了建立和领导积极进取、快节奏和高效的团队，她学会了在团队文化中去赞扬成功，也包容失败。

## 成为产品教练

霍伦唐纳在谷歌的职业生涯始于山景城总部的那几年。之后她回到了家乡英格兰，在谷歌位于伦敦的办公室中担任了 15 年的产品和技术领导者。这份工作涉及从零开始建立及辅导创新多样的团队，以便成功地执行由技术驱动的产品项目。

正是在这段时间里，霍伦唐纳逐渐将注意力集中到辅导和培养人才上。她在整个技术领域，包括产品、产品开发、设计和研究部门，进行人员招聘、人才培养、提供辅导和建议等工作。

霍伦唐纳组建起女性产品经理、伦敦产品经理和产品经理社群。她是谷歌技术学徒计划的创始成员之一，致力于吸引新人才并把他们培养成软件工程师。她开发和组织培训和午餐交流会，并协助将其他岗位的人员转换成产品经理。

霍伦唐纳发现自己对于激励和培养他人做出杰出成就的热情，与她自身建设产品愿景和制定产品战略的热情是相辅相成的。培养产品人才将二者完美地结合在了一起。

霍伦唐纳热衷组织发展，以至于她曾在技术人力资源团队接受了一份为期

6 个月的临时任务，来帮助谷歌改善跨职能技术团队的合作和成长。在谷歌之外，她开始为技术领域的初创公司与个人提供辅导和建议，最终使她有动力成为一名全职的产品教练。

这份转型工作使她能够专注于产品领导角色中最喜欢的一部分：与个人和组织合作，支持他们制定产品愿景和策略，协调不同利益相关方之间的关系，并孵化出最具效能的跨职能产品团队。

作为一名产品教练，霍伦唐纳从各类公司和行业中的个人身上所展现出的激情和奉献中汲取能量，而他们致力于自身使命（无论这使命是解决女性健康危机还是向工厂销售零件）的决心令她深受鼓舞。是这些人激励霍伦唐纳继续从事产品教练工作，她由此获得了与不同行业的领导者合作，去建立蓬勃发展、成功的跨职能产品团队的机会。而这些人将通过技术带来最深远的影响。

## 斯泰茜·兰格

### 通往产品之路

斯泰茜·兰格（Stacey Langer）的职业生涯始于知名电子零售商百思买（Best Buy）。她入职时，公司正从实体零售向线上拓展。兰格跟随公司发展不断成长，承担了很多职责，并有机会亲身体验多个产品角色被引入百思买的过程。

在百思买的 20 多年中，兰格从事过内容创作、产品设计、产品管理以及测试优化相关工作，从独立贡献者逐步升任至产品经理和总监，最终成为公司的产品高级副总裁。一路走来，她近距离见证了许多挑战，并亲身了解外包瀑布式的技术模式为何无法满足用户或业务需求。

随着时间的推移，百思买意识到仅拥有一个电商网站是不够的。公司需要转型到产品经营模式，以更好地满足跨渠道的用户需求。兰格是受邀领导转型工作的高管之一。她必须解决一系列挑战，从外包 IT 过渡到内部产品团队，并且必须招募和培养包括产品管理、产品设计和产品开发在内的所有关键产品职能的人员。

百思买至今仍生机蓬勃，而其他电子零售商却早已退出市场竞争，这有力地证明了公司适应变化的能力，以及不断为用户提供真正价值的能力。凭借领导大型零售商通过转型取得成功的经验，兰格决定将同样的做法应用于美国数字服务署。她最终任职数字服务总监和美国退伍军人事务部副首席技术官，将她习得的知识用于帮助退伍军人更好地发现、申请、追踪和管理他们所获得的福利。

### 成为产品教练

兰格职业生涯中最有成就感的部分之一就是为优秀团队创造空间，让他们可以为用户开发卓越体验。她相信这在产品经营模式下最有可能实现，因为拥有不同能力、方法和视角的人可以组成团队，共同创造出任何个体无法独立创造出的解决方案。

在产品领域工作多年，并领导过超大型公司转型之后，兰格发现自己越来越多地受邀为正在应对团队转型挑战的领导者提供帮助。

兰格逐渐意识到，辅导领导者和团队的工作既有影响力，也是她热爱的事情。作为产品教练，她应用自己实实在在的产品领导经验，帮助领导者和团队转向以用户为中心的产品经营模式，并拿出最佳表现来创造有意义的产品。

## 玛丽莉·尼卡

### 通往产品之路

玛丽莉·尼卡（Marily Nika）在希腊长大，她有着一段独特而鼓舞人心的故事，展现了对技术的热爱和坚持不懈如何引领她走向在硅谷的成功职业生涯。

7 岁那年，尼卡发现了哥哥的一本老旧的 BASIC

编程书，并在自家的 Amstrad 早期个人电脑上花费了无数时间进行学习。编程成为尼卡的热爱，她很小就知道自己想学计算机科学。

不幸的是，希腊独特的高校招生制度不允许学生直接选择专业。结果，尼卡被分配去学习经济学。

当时身边几乎每个人都劝说她放弃编程，但她的父母和她人生中的第一位导师告诉她，在学校里学什么学科并没有那么重要，更重要的是你的热情所在。

果不其然，尼卡获得了来自谷歌的奖学金，并最终在知名的伦敦帝国理工学院取得了机器学习博士学位。

2013 年加入谷歌时，尼卡并不知道什么是产品管理。但没过多久，她就能够与产品经理一起工作，并被这份工作深深吸引。幸运的是，谷歌提供了内部产品管理轮岗项目，这使她能够亲身体验产品角色是否适合自己。从之前技术岗位过渡到产品管理并不容易，但尼卡从未后悔。

尼卡分别在伦敦和硅谷的谷歌工作了 8 年，为谷歌智能助手和 AR/VR 产品线开发人工智能产品。随后，她又在 Meta 的现实试验室（Reality Labs）工作了 2 年。

## 成为产品教练

凭借人工智能产品的成功经验，尼卡自然而然地吸引了人们向她寻求辅导和职业规划建议。向她寻求帮助的人最初来自公司内部的同事，之后迅速扩展到公司外部的人。

尼卡不仅发现自己擅长辅导和教练工作，更意识到自己真心热爱着这份工作的每一分钟。因此，她的教练工作也自然延伸到了写作和教学领域。如今，尼卡是一位广受欢迎的产品教练和各大重要会议的演讲者。

同时，她还在自己的在线课程和哈佛商学院教授人工智能产品管理。更广泛地说，尼卡不知疲倦地帮助尽可能多的人去追求他们对人工智能技术和产品工作的热爱。

## 菲尔·特里

### 通往产品之路

菲尔·特里（Phyl Terry）追求了一条非传统但极其有效的产品之路。在亚马逊收购的第一家初创公司任职，并在麦肯锡工作过一段时间后，特里加入创意良品（CG）担任首席执行官，并领导该公司长达 15 年。

创意良品通过名为“倾听试验室”的实践用户研究，帮助许多顶级产品团队和产品公司更接近它们的用户，从而建立了业内顶尖合作伙伴的声誉。在此期间，特里和 CG 团队与该行业的许多领先公司合作，例如美国运通、苹果、BBC、Facebook、谷歌、微软、耐克和《纽约时报》，这些公司都致力于更深入地了解其用户。

为了成功完成这项工作，特里亲自参与其中，不仅与产品负责人和产品团队合作，还与有时不太愿意参与的高管团队合作。所有这些经历都使特里有机会结识来自整个行业的一流产品团队和产品领导者，这是一个无与伦比的机会。

### 成为产品教练

互联网泡沫破灭后，特里认为产品领导者之间建立联系会产生神奇的效应。因此，特里敏锐地发现了将他们最喜爱的事情结合起来的机会：辅导产品领导者和将他们连接成同行网络社区。因此，在 2003 年，特里创立了协作收益公司，并在过去 20 年里不断建设这个社区。它如今是世界上最大的同行网络社区，拥有来自全球各地产品公司的数百名产品领导者。

特里不仅帮助了无数产品领导者提高工作效率，还帮助他们找到了更多的职业成就感和幸福感。他们认识到，优秀的辅导不仅仅是善于倾听，更需要专业知识，需要持续学习的心态，还需要辅导者和被辅导者都愿意真正投入并努力工作。它需要深刻理解公司的政治和文化，需要双方愿意进行艰难甚至不舒服的互动。但最重要的是，它需要真正的思考：在制定辅导建议和辅导被辅导者如何思考难题时进行深入思考。

特里还喜欢通过写作进行辅导，他出版了《纳入用户》（*Customers Include*）和《永不孤军奋战：求职者指南》（*Never Search Alone：The Job Seeker's Play book*）。对于后者，特里建立了一个由成千上万名产品经理和希望发展职业生涯并找到出色职位的求职者组成的免费志愿者驱动的全球社区。

## 佩特拉·威尔

### 通往产品之路

佩特拉·威尔（Petra Wille）成为产品经理的道路始于 20 多年前。她最初从事了几年产品开发工作，但从一开始，她就着迷于开发产品的创意过程。为了理解全局并产生更大影响，她毅然从产品开发领域转行到了产品管理。作为一名产品经理，她能够参与产品创建从概念到发布的各个方面。

威尔曾在几家知名德国公司工作，这些年的实践经验让她学习了产品管理和产品团队的运作方式，并理解了创建优秀产品的复杂性和细微差别。很快，威尔就被提升到了领导职位，她曾担任两家德国科技公司 XING 和 tolingo 的产品负责人。在新职位上，她第一次真正肩负起了教练的责任，并立即意识到了人才发展在其工作中的重要性。除感受到了帮助他人所带来的快乐之外，她还发现，自己对教练的关注还有额外的益处，那就是吸引和留住人才。

### 成为产品教练

威尔向全职教练的过渡非常自然。当威尔辞去产品负责人职务自己创业时，她可以自由地发挥自己的教练技能。她开始举办工作坊和开展教练辅导，逐渐开发了一套教练策略，并不断完善和发展。作为一名产品教练，威尔帮助许多产品经理和产品负责人找到了通往成功的道路。她目睹了人们从对组织变革感到迷茫，到自信地带领团队走向成功。

与所有优秀的产品教练一样，她的方法并不是将一种万能的策略或框架强加给她所合作的人和组织。相反，她会根据所帮助的人和公司的个性化需求和背景来定制她的辅导方案。

威尔的教练之旅将她带到了广泛的领域，从医疗保健技术到电子商务，再到集装箱运输。但共同的主题是帮助人们创造成功的产品和充实的职业生涯。正如威尔所解释的那样："一名优秀的产品教练会在人们目前所处的位置与他们相遇，无论他们处于产品旅程的早期还是后期。这种能力来自扎根于现实世界的产品经验，这为他们提供相关且可操作的辅导和建议奠定了基础。正是这种实践经验，加上帮助他人的热情，使教练能够带来变革性的改变。"

2020 年，威尔出版了《打造卓越产品人》(*Strong Product People*)。她还是欧洲产品社区的积极领导者，既在热门的产品会议上演讲，也组织产品会议。

# 关于作者

这本书由硅谷产品集团的 5 位合伙人共同撰写。他们坚信，要成功转型到产品经营模式，必须亲身体验并付诸实践，深刻理解卓越的真谛。这就是为什么每位合伙人都需要拥有数十年的产品开发经验，他们先是作为产品创造者，然后作为产品领导者，在众多全球顶尖的技术驱动型企业中积累了丰富的实战经验。

这 5 位合伙人曾与不同规模、不同发展阶段、不同行业的产品团队合作，帮助团队成员学习如何利用技术为客户打造有效的解决方案。他们不设置初级合伙人或中间人，也不替客户包办一切。相反，他们会直接与公司各个层面的人紧密合作，帮助管理人员学习必要的技能，以便能够引领公司走向更辉煌的未来。

如果你想了解这些合伙人的背景和专长，可以在 www.svpg.com/team 上获得更多信息。

# 未来，属于终身学习者

我们正在亲历前所未有的变革——互联网改变了信息传递的方式，指数级技术快速发展并颠覆商业世界，人工智能正在侵占越来越多的人类领地。

面对这些变化，我们需要问自己：未来需要什么样的人才？

答案是，成为终身学习者。终身学习意味着永不停歇地追求全面的知识结构、强大的逻辑思考能力和敏锐的感知力。这是一种能够在不断变化中随时重建、更新认知体系的能力。阅读，无疑是帮助我们提高这种能力的最佳途径。

在充满不确定性的时代，答案并不总是简单地出现在书本之中。“读万卷书”不仅要亲自阅读、广泛阅读，也需要我们深入探索好书的内部世界，让知识不再局限于书本之中。

## 湛庐阅读 App：与最聪明的人共同进化

我们现在推出全新的湛庐阅读 App，它将成为您在书本之外，践行终身学习的场所。

- 不用考虑“读什么”。这里汇集了湛庐所有纸质书、电子书、有声书和各种阅读服务。
- 可以学习“怎么读”。我们提供包括课程、精读班和讲书在内的全方位阅读解决方案。
- 谁来领读？您能最先了解到作者、译者、专家等大咖的前沿洞见，他们是高质量思想的源泉。
- 与谁共读？您将加入优秀的读者和终身学习者的行列，他们对阅读和学习具有持久的热情和源源不断的动力。

在湛庐阅读App首页，编辑为您精选了经典书目和优质音视频内容，每天早、中、晚更新，满足您不间断的阅读需求。

【特别专题】【主题书单】【人物特写】等原创专栏，提供专业、深度的解读和选书参考，回应社会议题，是您了解湛庐近千位重要作者思想的独家渠道。

在每本图书的详情页，您将通过深度导读栏目【专家视点】【深度访谈】和【书评】读懂、读透一本好书。

通过这个不设限的学习平台，您在任何时间、任何地点都能获得有价值的思想，并通过阅读实现终身学习。我们邀您共建一个与最聪明的人共同进化的社区，使其成为先进思想交汇的聚集地，这正是我们的使命和价值所在。

Transformed by Marty Cagan, with Christian Idiodi, Chris Jones, Lea Hickman, and Jon Moore.

ISBN: 9781119697336

浙江省版权局图字：11-2024-312

**图书在版编目（CIP）数据**

转型启示录 /（美）马蒂・卡根等著；潘农菲译 . 杭州：浙江科学技术出版社，2025. 1. — ISBN 978-7-5739-1472-9

Ⅰ . F273.1

中国国家版本馆 CIP 数据核字第 2024WQ9831 号

| | |
|---|---|
| **书　　名** | **转型启示录** |
| **著　　者** | ［美］马蒂・卡根等 |
| **译　　者** | 潘农菲 |

| | |
|---|---|
| **出版发行** | **浙江科学技术出版社** |
| | 地址：杭州市环城北路 177 号　邮政编码：310006 |
| | 办公室电话：0571－85176593 |
| | 销售部电话：0571－85062597 |
| | E-mail:zkpress@zkpress.com |
| **印　　刷** | 天津中印联印务有限公司 |

| | | | |
|---|---|---|---|
| **开　　本** | 710mm×965mm　1/16 | **印　　张** | 19.5 |
| **字　　数** | 318 千字 | **插　　页** | 3 |
| **版　　次** | 2025 年 1 月第 1 版 | **印　　次** | 2025 年 1 月第 1 次印刷 |
| **书　　号** | ISBN 978-7-5739-1472-9 | **定　　价** | 109.90 元 |

| | | | |
|---|---|---|---|
| **责任编辑** | 余春亚 | **责任美编** | 金　晖 |
| **责任校对** | 张　宁 | **责任印务** | 吕　琰 |

# 目录

# 第一部分

# 重磅导读

TRANSFORMED

MOVING TO THE
PRODUCT OPERATING
MODEL

# 01



# 对产品经营模式的深入思考

潘农菲

产品国际经营顾问、光远和声基金事业合伙人

非常荣幸成为本书的译者，凭借多年来在产品管理与企业经营的经验，我在翻译过程中时常能够沉浸在与作者对话的心流之中。同时，那些我亲身经历和目睹的企业故事也时不时地浮现出来。借由这篇导读，我想分享我对产品经营模式（product operating model）的深入思考。

## 平庸的经营源于平庸的产品

国内众多企业在经历了持续多年的成长后，逐渐面临增长瓶颈。这一问题的直接体现就是增长乏力、经营平庸。经营者迫切需要找到原因和解决之道。

事实上，一些卓越的经营者早就找到了原因与答案：美的公司在2010年达到千亿规模时，原来的“大规模制造、总成本领先、低成本分销”的粗放式增长遭遇瓶颈，整个公司需要一次全新的战略升级。在2011年，美的正式提出了“产品领先、效率驱动、全球经营”的经营战略主轴，开始进行彻底的经营转型。历经10年，成就了美的公司从1 000亿到3 000亿的突破。

请注意，美的公司战略升级的第一大战略，就是“产品领先”。

OPPO首席产品官、一加手机创始人刘作虎先生提到步步高集团创始人段永平的时候，说段先生有一句颇具启发性的话，每当人们对一些未能取得成功的事情寻求理由或者指导的时候，段先生往往只有一句话回应：“那只能说明你的产品还不够好。”

无论是美的的转型，还是段永平的洞察，都指向了一个核心问题：平庸的经营，是源于平庸的产品。那么，平庸的产品，又是源于哪里呢？

## 平庸的产品源于平庸的体系

很多企业的老板也希望做出石破天惊的爆品，把公司从“红海”与“内卷”中拯救出来，但是现实却是，他们自己在日常生活中都在使用别家公司的好产品，走进自家公司却只能面对平庸的存货。他们不停地到处询问：究竟是什么导致了自家产品的平庸，是没有出类拔萃的产品经理，还是没有技高一筹的技术团队，或是没有创意无限的产品设计师？最后他们往往归咎于团队的执行力不足或者公司管理水平的滞后。

如果我只在微软、腾讯这样卓越的企业做过产品，我可能对这个问题不会有太深刻的理解。在卓越的产品型公司中，那些导致成功的要素就像空气一样，员工时时刻刻身在其中，却不见得都能感受到。然而正是多元化的工作经历让我对这个问题有了深刻的认知。

通常，这种企业的实际情况是：一家公司，随着中国经济的发展与各种机遇的助推，成长为一家稍有规模的企业。而随着规模的扩大，公司老板开始与众多行业领导者进行广泛交流。交流的内容通常是从各自的业务开始，很快就交流到彼此公司的产品。这时，面对别家公司的优秀产品，老板开始意识到自家的产品拿不出手，产品的水准并未与公司规模一起成长，公司盈利和产品受欢迎实际上是两回事。

于是，老板决定要打造出真正拿得出手的卓越产品，并在公司全员大会上表决心、谈初心，甚至在产品团队面前展现出雷霆般的严厉，共同宣誓必出精品，举旗签字，仪式感满满。然后，就没有下文了。

为什么会这样？他们并不是虚张声势，而是真情实感啊！员工为什么做不到呢？执行力为什么就这么差呢？

过去几十年，国家经济的崛起和全球化创造了大量的市场机会，很多企业利用低成本投入和大规模制造，拿 60 分的产品快速抢占市场，站稳了脚跟，并从中获得利润，然后这些利润大部分只用于扩大规模，而原有经营模式并未升级。在这个过程中，企业不断地重复着低成本投入和 60 分产品的经营模式。

就这样，随着时间的推移，企业逐渐搭建起一个围绕 60 分产品而生的体系，并且随着规模的扩大，该体系也在不断被强化。老板突然有一天意识到这样不行，他们开始尝试各种方法，无论是谆谆教导，还是当众发怒，签了字、发了誓的员工走出誓师会后，面对的还是这个 60 分的体系，这怎么能够做到说变就变呢？任何一个环节提升标准，体系就会停摆，更何况，从上到下也没有人知道如何打造一个超越及格线的产品。

平庸的产品源于一个平庸的体系。在总体市场持续增长的年代，这样的模式并没有遇到什么太大的问题。然而逐渐地，市场的红利消失了，增量不见了，有理想也不甘平庸的同行崛起了，自己的产品依旧 60 分，只能靠多年的惯性做存量生意。面对挑战，一些公司决定“向管理要效益”，开始所谓的降本增效。一些公司以为根本原因是中国用户挑剔了，竞争对手太强了，以为出海就有出路了，殊不知没有做好产品的经营体系，到哪里都没有出路。

我们不能改变过去，然而可以塑造未来。我们不能改变他人，但是可以重塑自己。总有不甘平庸的企业家，立志打破这样的怪圈，面对一个只能做出平庸产品的 60 分体系，决心彻底重塑经营结构。

## 重塑经营结构的第一要事

我在《中欧商业评论》发表的文章《业绩突破的瓶颈首先在经营结构，而非管理》一文中提出了经营结构第一模型：经营结构 = 产品模式 × 扩张模式 × 盈利模式。在此，我要继续指出：**建立产品经营模式是重塑经营结构的第一要事。**

大约 10 年前，小米公司提出了互联网思维，我认为初心和重点是希望改造产品模式，从雷军总结的互联网七字诀“专注、极致、口碑、快”来看，这些都是顶级互联网企业如何做好产品的要素。很可惜，当时的解读过度地聚焦在了互联网企业的扩张模式和盈利模式上。

当市场热潮退去，我们回归本质就会发现，**一家企业只有做出好产品，搭建起以做好产品为核心的经营结构，从而实现“做出让用户喜爱，并能创造公司效益”的产品经营模式，才能走上脱颖而出的有效路径。**

面对今天激烈的市场竞争，企业沿用上一个时代的传统发展模式会越来越困难，不论是在国内发展，还是选择出海，都必须主动、积极地学习全球顶级产品型公司的体系，打造做好产品的经营模式，这才是难而正确的选择。

## 顶级产品型公司的经营操作系统

他山之石，可以攻玉。

我有必要为读者们介绍作者马蒂·卡根的经历。早年在惠普公司担任了近 10 年的软件工程师后，他创立了 Continuus 软件公司，并亲自担任首席技术官与首席产品官。这家公司成功在纳斯达克上市后，又被 IBM 公司收购。随后他又加入了网景通信公司担任技术与产品副总裁，与创始人马克·安德森（Marc Andreessen）一起工作，见证了互联网的诞生。在 eBay

担任产品与设计高级副总裁之后，2002 年他创立了硅谷产品集团（SVPG），通过教练、演讲、写作来帮助企业打造成功的产品，其中不乏全球知名的顶级企业。自公司成立以来，他一直在帮助各种企业完成向产品经营的转型。基于 20 多年来作为咨询顾问的经验、案例分析与方法论研究，他总结出了这些卓越的企业产生出优秀产品的经营密码，他将其称为"产品经营模式"，在本书中做了系统阐述。

产品经营模式并不是指引入一个僵化的流程，也不是一种单一的工作方式。它是一个基于一系列核心原则的概念体系，这些原则被优秀的产品型公司所认同。例如，该模式强调试验的重要性，相较于对产出成果预测的时间精确性，其更注重产出成果的创新性。

产品经营模式也不仅仅适用于狭义的科技公司，用马蒂·卡根的话说，是不是科技公司，并不取决于一家公司销售什么，而是在公司的信念中，是什么在驱动着公司业务。特斯拉卖汽车，亚马逊开始只卖书，而它们都是顶级科技公司。产品经营模式适用于相信是技术在驱动着未来业务的公司。

我认为，**马蒂·卡根经过 20 多年企业调研总结出来的产品经营模式，是顶级产品型公司的企业经营操作系统。他写出了"做好产品，经营好企业"的内核密码与实用指南。他也把企业经营放在了非常重要的位置，书中指出：产品经营模式的本质是，做出既能让用户喜爱的产品，又能为企业创造效益的经营模式。产品创收时间（Time to Money）重于产品上市时间（Time to Market）。这些都是非常务实、接地气并且能解决企业实际问题的概念。**

当然，转型是充满挑战的，马蒂·卡根也写到了企业向产品经营模式转型的难度，一位 CEO 将转型的体验描述为"把交通规则从靠右行驶变为靠左行驶，而且还要逐渐切换"。面临这样的高难度转型，所幸，马蒂·卡根与他的合伙人拥有极其丰富的经验，给出了具体的实施步骤。

书中分享了 9 个成功转型的企业案例，这些企业分布在全球各地，来自各行各业，有的在海外，有的是高度管制的医疗企业，它们都可以经由书中总结提炼的方法进行产品经营模式的转型，并且收获了极佳的经营成果和投资回报。书中也给出了产品团队与公司各个部门、各个高管合作的具体方法，以及如何应对来自各个职能部门甚至部门内部的反对声音。

译完此书，我真心感觉这是一本又深刻又朴素、又微妙又直率的企业转型指南。无论你是企业有理想的 CEO、高管、中层管理者，还是产品团队的产品经理、产品设计师、开发工程师，或者是见过无数产品团队的投资人，这本书都会给你带来巨大的收获。

## 建立自己的产品经营模式

我至今仍记得多年前夜读《启示录》(*Inspired*)的情景，那时我刚从微软加入腾讯，和腾讯的小伙伴们讨论产品经理是否应该同时承担项目管理职能。微软的产品经理是同时负责产品策划与项目管理的，我当时非常认同，因为这样可以增加对产品的掌控感，腾讯的小伙伴不同意，因为腾讯有很强的对决文化和平等文化，所以小伙伴和我争论得很激烈。

一天晚上，我拿起《启示录》这本书，记得里面讲到产品经理要花大量的时间做产品探索，用户洞察。读着读着，我突然恍然大悟，当时在微软，我花在项目管理的时间太多，没有充足的时间研究产品本身。产品可用性交给了交互团队，用户洞察工作也交给了用研团队，而且因为身兼两职，非常容易为了达到项目交付时间，而在产品上自我妥协。我读了一整晚，一个长时间坚信的理念就在那晚被彻底打破了。从此我也坚定地认为，**产品经理不应负责项目管理，而应该把更多的精力花在产品探索和用户洞察等产品工作上。**

《启示录》深刻地重塑了我作为产品经理的认知。我非常感谢马蒂·卡根。15 年后，我有幸成为他这本新书的译者，这让我百感交集。读书的时候，计算机教育专家侯捷先生翻译的计算机编程系列书籍是口碑相传的知名译本。对专业知识的精通，对文字的不断推敲，对书籍的严谨态度都是侯捷先生成功翻译一本本名作的原因。

平时在阅读引进版国外商业经管类书籍时，经常看到有些中文费解，查阅原文才知道是商业类的术语，而译者可能缺乏专业知识，所以翻译不到位也在情理之中。在此次翻译时，我非常留意企业中的实际用语，通过与马蒂·卡根和业内人士沟通，确认我的理解和翻译是准确的。同时，我要感谢湛庐团队的悉心指导，也要感谢图书界与广告界的资深前辈徐智明先生。

最后，期待越来越多的中国经营者可以与团队一起认真研读本书介绍的原则、理念、方法，并在实践中推敲琢磨，建立自己的产品经营模式。希望中国有越来越多在国际市场上受到尊重和认可的产品公司，彻底打破做 60 分产品的 60 分体系，用卓越精神，打造新时代优秀的产品型公司。

# 02

TRANSFORMED

# 在变革中扬起产品为先的主帆

唐　毅
印象笔记 CEO

很荣幸受邀为《转型启示录》写这篇导读。我的职业生涯是与全球科技和中国经济一起成长的历程。它既是不断自我突破的旅程，也是不断适应行业变革的过程。多年的从业经历，让我对科技行业的发展轨迹、企业运作模式的演进都有着直观和深入的理解和思考。

在信息技术和互联网科技的早期，我身处技术巨变的时代，见证了科技创新如何成为推动企业发展的核心动力。那时的产品设计往往围绕技术突破展开，产品的价值主要体现在功能性和性能表现的提升上。然而随着移动互联网时代的到来，用户需求呈现出多元化、个性化的发展趋势，传统的技术驱动模式逐渐暴露出它的局限性。越来越多的企业意识到，仅仅从技术视角不断更新迭代已无法持续满足不断演进的用户需求。如何通过产品思维和 PLG (Product Led Growth) 将技术与用户核心需求有机结合，以产品为核心，驱动策略、交付价值，成为大多数企业必须面对的转型课题。后来，无论是在风险投资领域与初创企业的接触中，还是在带领印象笔记完成独立重组的过程中，我和团队始终将产品与用户放在首位。印象笔记的转型历程尤为典型：从一家硅谷公司到实现成功的产品本地化，再到推出“印象大模型”和“印象 AI 服务”，赋能全系列产品，直到再次从中国出发走向全球，这一过程中我们深刻认识到，**产品经营模式的核心不仅是以技术创新为本，更是以产品的愿景和洞察力为先。只有这样，才能在快速的市场和科技变化中维持定力、保持前瞻力、并持续拥有以用户满意为前提的核心竞争力。**

产品经营模式并不是初创企业的专利。《转型启示录》聚焦转型这一主题。不仅从理论和实践的角度深刻剖析了从传统模式向产品经营模式转型的意义，更通过大量鲜活的案例为读者提供了操作性强的转型路径。马蒂·卡根更在书中指出在资源丰富、管理体系完善的大型企业中，转型之路更非一帆风顺。大型企业往往面临组织架构臃肿、决策流程缓慢等挑战，如何在这样的环境下保持市场敏感度、推进产品敏捷开发、实现产品创新，对于每一位致力于变革的企业领导者，这本书都将是值得一读的启示性指南。

本书的作者马蒂·卡根是全球产品管理领域的权威，他早在2008出版的经典著作《启示录》已成为产品经理案头的必读书目。而在《转型启示录》一书中，他将目光提升至企业层面的深度变革，深入探讨如何通过组织转型实现产品驱动，为复杂环境下的企业转型提供了更全面的路径与方法。

作为企业管理者，这本书会让你重新思考下一次组织转型的真正意义和巨大机会——拥抱产品为先的策略。**很多人以为转型只是换个流程、增加一些工具，但实际上，它更像一次深刻的文化重塑。**马蒂·卡根用他丰富的经验和犀利的视角，帮我们看清从传统模式到产品经营模式的关键路径，告诉我们如何在复杂的环境中，带领团队看清方向，跑得更快、更远。作为产品负责人或者是产品团队的一员，这本书在某种程度上会成为你的行动指南。我们都知道做好产品不容易，如何高效协作、快速落地、准确洞察用户需求，是每个产品人都会遇到的难题。这本书不仅提供了丰富的真实案例，还提供了实用方法，帮助产品团队更高效地交付真正有价值的产品，更是为不同的产品岗位（产品经理、设计师、技术负责人）明确了具体的核心职责和能力需求。作为刚开始探索产品领域的年轻人，这本书会引领你看清产品工作的本质。**打造产品不是靠美好的想象和功能的堆砌，而是基于对价值交付和可行性的持续推演、对超越用户需求的深刻理解和不懈追求。**马蒂·卡根通过他的笔，带你快速掌握产品思维的精髓，也为你未来的职业发展铺平道路。

如果你是一位创业者，这本书会像你急需的良师益友。在现阶段，创业就是创造产品、交付价值，有了这本书的帮助，你将更清楚如何高效利用资源，迅速验证产品想法，从一开始就为创业团队植入健康的产品文化。这些并非空谈，而是来自一位顶级产品专家的真知灼见。

最后，我想特别感谢本书的译者潘农菲先生，他不仅是我的老朋友，也是印象笔记的资深用户，持续为我们的产品提供专业的反馈建议；他更是国内产品领域备受尊敬的专家。他多年来在产品管理领域的深厚积累，让这本书的译文不仅准确传达了马蒂·卡根的思想，更赋予了本地化的洞察和温度。相信读者在阅读过程中也能感受到译者的专业与用心。

我由衷希望，无论你是企业管理者、产品人，还是正走在创业路上的探索者，这本《转型启示录》都能为你带来启发，帮助你在不确定的环境中找到清晰的方向。未来属于那些不断持续探索和自我变革的人，让我们在他人的“破坏式创新中”主动变革。让我们在马蒂·卡根的帮助下，一起在变革中扬起产品为先的主帆。

# 03



# 开启产品经营模式新时代

李建忠
全球产品经理大会发起人、CSDN 高级副总裁

马蒂·卡根是硅谷著名的产品管理大师，他曾担任 eBay 和网景的产品副总裁，是互联网革命的亲历者和推动者。我与他相识于 2009 年，彼时马蒂·卡根应我的邀请来到上海，出席了第一届全球产品经理大会（PM-Summit）并发表主题演讲，适逢他刚刚在国内出版了他的首部著作《启示录》。此后，他多次来华，在全球产品经理大会上传道授业。很多产品经理都告诉我，他们系统地接触产品管理的思想和方法论就是来自马蒂·卡根。在全球科技中心，马蒂·卡根拥有很多产品拥趸。

很多朋友都经历了互联网（包括移动互联网）的革命浪潮。大家会惊讶地发现，互联网每到一个领域，都会掀起一场摧枯拉朽的革命，将这些领域的传统势力打翻在地。从新闻到商贸、从出行到餐饮，最新的例子是汽车产业。这一切的背后原因是什么？关键在于互联网带来的产品经营模式。需要强调的是，**并非所有基于互联网的业务都能自然而然地采用产品经营模式。很多公司的业务虽然也基于互联网，但经营模式并不是“以产品为中心”。这是很多企业在数字化转型中难以取得成功的深层次原因。本质上来讲，这些企业仅仅只是有了数字化的“形”，而没有数字化的“魂”，即产品经营模式。**

那么，到底什么是产品经营模式？马蒂·卡根在《转型启示录》里延续了他一贯对产品管理的真知灼见。他分别从“产品开发方式”“解决问题方式”“产品规划方式”三个维度，深刻地阐述了正确的产品经营模式到底应该怎样，而常见的错误产品经营模式有哪些特点。特别是对很多基本问题的澄清，例如：“憋大招的项目制 vs. 敏捷迭代的产品制”“以利益相关方为中心 vs. 以用户为中心”“功能团队主导的路线图 vs. 基于洞察的产品战略”等，对于建立坚实的产品观非常有益。

马蒂·卡根也从不掩饰他对一些错误产品管理认知的鞭挞。在讨论产品团队的各个角色时，他指出了很多团队中存在的陈旧且错误的观点：“产品经理负责决定做什么和为什么做，工程师只负责如何做”。并发出了振聋发聩的警示：如果团队中没有工程师和产品经理一起参与产品探索，那么最终的产品几乎注定失败。**工程师不能缺席产品创新！**

在谈到产品的敏捷开发时，马蒂·卡根犀利地指出，仅仅在开发流程中采用一些敏捷方法很容易陷入自欺欺人的“伪敏捷”（包括备受争议的 SAFe 之类的方法），敏捷产品的真正标准是：是否支持不低于每两周一次的产品发布。**敏捷的核心不只是开发过程的敏捷，而是产品探索的敏捷！**

在讨论改变解决问题的方式时，马蒂·卡根对比了功能团队和产品团队两种团队模型。他指出功能团队的症结在于他们是为公司内部的利益相关方服务，而产品团队是真正为公司的客户 / 用户服务。公司利益相关方提出的功能通常基于自己的需求，但不具备对科技产品至关重要的支撑技术的深入理解，这使得最终交付的结果常常偏离客户 / 用户的期望。

随着大模型等人工智能技术的突飞猛进，整个科技行业又将迎来新一轮的范式革命。**丰富的智能供给会极大地释放生产力，科技产品的创造将会呈现指数级的增长。正确的“产品经营模式”将会变得更加重要，越来越多的企业将放弃传统模式，转而拥抱产品经营模式。**本书凝聚了马蒂·卡根多年的产品智慧和丰富经验，是深刻理解产品经营模式的一部宝藏之作。

04

TRANSFORMED

# 将企业从 IT 模式转变为产品驱动型组织

檀　林
北大汇丰商学院创业创新中心实践导师
海创汇合伙人兼首席生态官

在这个风云变幻的商业世界，企业如何保持长青？如何实现从传统 IT 模式向真正的产品驱动转型？当互联网巨头们纷纷投身 AI 革命，传统企业仍在为数字化转型挣扎之时，硅谷产品教练马蒂·卡根的新作《转型启示录》为我们揭开了答案。

## 大师再出新作，续写产品管理新篇

马蒂·卡根，这个名字在产品管理领域举足轻重。作为硅谷产品集团的创始合伙人，他拥有超过 40 年的科技行业经验，曾在 eBay、AOL 等巨头担任要职。在 eBay 时期，他带领团队将一个简单的拍卖网站转变为全球领先的电子商务平台，奠定了他在产品管理领域的权威地位。

他的前作《启示录》和《启示录 2》早已成为产品管理领域的经典著作，影响了包括亚马逊、谷歌、Facebook 等科技巨头在内的众多公司的产品实践。如果说《启示录 2》聚焦于打造卓越产品团队，那么《转型启示录》则将视角拓展到整个组织层面的转型。这本书回答了一个关键问题：**如何将企业从传统 IT 模式，转变为真正的产品驱动型组织？**

## 击中痛点，直面转型挑战

在过去 10 年的创新孵化与企业咨询生涯中，我目睹了众多企业在转型道路上的挣扎。表面上，他们都在践行敏捷开发、强调产品思维、重视用户需求；实际上，却仍在传统 IT 模式的泥潭中难以自拔。

我曾近距离观察过的国内某大型快销集团，声称自己采用了敏捷开发方法，但实际上，他们的开发周期仍然长达数月。产品团队被要求提前数月制定详细的需求文档，而开发团队则按照这些固定的需求进行开发。结果是，当产品最终上线时，市场需求可能已经发生了变化，导致产品无法满足用户的实际需求。这正是马蒂·卡根描述的“功能工厂”模式的典型表现。

马蒂·卡根的这本书恰恰击中了这些痛点，为企业指明了前进的方向。这本书的核心在于倡导企业转向真正的产品运营模式。这种模式强调：

- 建立强大的产品管理、设计和工程能力
- 培养以洞察驱动的产品战略
- 赋权产品团队，让他们拥有自主决策权
- 重视产品探索，而不仅仅是功能开发
- 关注解决用户实际问题，而非简单满足需求方

这本书不仅指出了转型的必要性，还详细阐述了如何评估企业现状、制定转型策略，以及应对转型过程中各种挑战的具体方法。马蒂·卡根特别强调了 CEO 的支持和产品领导力在成功转型中所扮演的关键角色。

书中提出的“三大转型维度”概念非常值得关注，涵盖了产品开发方式、问题解决方法以及决策优先级的调整。马蒂·卡根建议企业采用频繁的小规模发布、持续探索用户需求以解决实际问题，并制定基于深入洞察的产品策略。这种方法不仅能提高产品开发的效率，还确保企业始终专注于创造真实的用户价值。以下是书中对产品运营模式的三大核心支柱的探讨，值得我们深入研究和体会：

- **持续交付。**书中强调产品交付的“持续性”，即以小规模、频繁的用户导向型版本发布为主。持续交付不仅是一种发布策略，更是团队“以用户为中心”的体现。通过频繁的迭代发布，不断验证产品功能的市场价值，避免“完成即放弃”的现象，确保团队在市场变化中保持灵活和敏捷。
- **赋权的产品团队。**赋权的产品团队不再仅仅执行预定义的任务清单，而是将解决特定“问题”作为核心任务，并对产品的结果而非产出负责。这一维度的核心在于“赋权”，即给予产品团队更大的自主性和灵活性，让他们基于客户需求、数据分析和

业务需求作出决策，从而实现最佳的用户体验和业务价值。

- **产品领导力。**这是产品经营模式的关键支柱。领导者需要从产品价值、设计可用性和技术可行性等多维度推动团队创新，确保团队以客户为中心并关注业务价值。在实际应用中，这种跨部门的领导模式确保了产品每一个维度都有明确的领导目标和责任分工，以更好地适应快速变化的市场需求。

书中有一个成功的案例。一家中型软件公司在采用马蒂·卡根建议的方法后，将其主要产品的发布周期从每季度一次缩短到每两周一次。他们组建了跨功能的产品团队，每个团队都有权力做出关键决策。结果是，他们不仅能够更快地响应市场变化，还大大提高了员工的满意度和参与度。这个案例生动地展示了产品运营模式的优势。

## 转型领导力，赋权与责任

书中详细探讨了产品领导者的角色和责任，包括产品经理、产品设计师和工程师。马蒂·卡根强调，这些角色的转变不仅仅是头衔上的变化，更是思维方式和工作方法的深层次革新。他提出了“四大风险”概念：价值风险、可行性风险、易用性风险和技术可行性风险，并深入阐述了如何通过有效的团队协作来管理这些风险。

作为一名在多次企业转型中积累了丰富经验，并帮助众多企业实践第二曲线创新和转型的从业者和顾问，我非常认同马蒂·卡根的观点。**真正的转型不仅是职位名称的调整或开发方法的改变，而是思维方式和工作模式的根本转变。这种转型需要时间、耐心和持续的努力。**

这本书为我们提供了一个清晰的路线图，帮助企业规避常见的转型陷阱，比如过度关注流程而忽视核心原则、忽略产品探索的重要性、未能真正赋权产品团队等问题。书中的案例和建议对那些正在考虑或已经踏上转型之路的企业而言，都是宝贵的参考和指引。

特别值得一提的是，马蒂·卡根在书中再次强调了“赋权与责任”的重要性，这与他在《启示录2》中的核心思想一脉相承。他认为，**真正的产品团队应是跨职能的，拥有自主决策权，并对其所设计的解决方案负责。这种赋能机制不仅激发了团队的创造力，也大幅提升了产品开发的效率和质量。**例如，一家知名科技公司在采纳马蒂·卡根的建议后，彻底改革了其产品开发流程。不再由高层管理者制定详尽的产品规划，而是让产品团队自主决定如何实现公司的战略目标。结果是，创新速度显著提升，员工参与度大幅增加，公司在市场上的竞争力也得到了巩固。

无论你是企业高管、产品经理、设计师还是工程师，这本书都将带给你新的启发和实用的建议。它不仅帮助你深入理解产品运营模式的本质，也指导你在实践中克服各种挑战，最终实现企业的真正转型。

企业转型是一个持续的过程，而非一蹴而就。正如马蒂·卡根在书中所言，转型需要整个组织的共同努力和坚持。然而，通过这本书中提出的策略和方法，我相信每个企业都能找到适合自己的转型之路，实现从 IT 驱动向产品驱动的跨越。

## 企业转型首先要转变思维和重塑文化

最后，我想分享一个个人观点。在我多年的创新孵化和企业咨询经验中，我发现，企业在转型过程中面临的最大挑战往往不是技术或流程，而是文化和思维方式的转变。马蒂·卡根的书恰好切中了这一点。他不仅提供了实用的工具和方法，更重要的是，他帮助读者理解了产品思维的核心。

**产品思维强调以用户为中心，强调持续学习和适应，而这正是当今快速变化的商业环境中企业成功的关键。《转型启示录》不仅是一本关于产品管理的书，更是一本在数字时代如何重塑企业思维、文化和行动的指南。它将引导你重新审视组织结构、工作流程，甚至是企业与客户的关系。**

在这个产品思维正重塑几乎每个行业的时代，这本书的价值无可估量。无论你是刚刚踏上产品管理之路，还是一位经验丰富的产品领导者，这本书都将为你提供新的视角和洞见。在这个充满挑战与机遇的时代，让我们携手同行，共同探索产品驱动型组织的无限可能。《转型启示录》将是我们这次探索之旅的完美指南和伙伴。

# 05

TRANSFORMED

# 敏捷中的产品经营模式

徐　毅
开发者技术布道师、DTSE 教练
华为云开发者联盟

我还记得第一次读到《启示录》的感觉，当时因为遇到了理念相同的大师内心非常激动，也期待马蒂·卡根的影响力可以转变更多人的思想。他会在书中时不时流露出对伪敏捷的反感，当然，作为一名坚信敏捷理念并亲身实践的开发者，我与马蒂·卡根一样，对那些名不副实的敏捷实践持批判态度。

从那时起，我开始对马蒂·卡根和译者七印部落多了一份关注，也期待着自己可以有机会翻译他的著作。遗憾的是，我未能参与《启示录 2》的翻译工作。而这本《转型启示录》的翻译机会也因为种种原因与我擦肩而过。但我很荣幸，也很感激仍能有机会为本书写一篇导读。

我自己并非产品经理，但我自认为在实践中也践行着马蒂·卡根的很多理念。在我看来，敏捷的真义也是要打造卓越的产品，只是从思想到方法、再到实践，更侧重于管理研发团队和研发过程，对于产品经理或产品负责人的角色着墨甚少，对于产品创新以及更前端的市场调研、用户洞察等环节涉及更少，而是聚焦于产品研发阶段，特别是产品需求和进度管理。这种对产品相关人员和产品思维的忽视，或许是马蒂·卡根对敏捷有所保留的原因之一。不过，令人欣慰的是，从《启示录》到《启示录 2》，再到《转型启示录》，虽然马蒂·卡根每次都会在书中批判那些伪敏捷现象，但明显可以感受到他对敏捷的理解逐渐加深，接受度也在提高。

观察连续创作者的写作过程是很有意思的一件事情。很多人早早地就打消了自己写书的念头，很多作者在第一本书的写作过程中半途而废（比如我自己），也有不少作者并没有想到著作的受欢迎程度，导致后续作品缺乏连贯性。然而，马蒂·卡根的三本书显示出了很强的延续性和演进逻辑，这意味着他很可能在写作第一本书的时候就对后面两本有了规划，或者至少有一个演进的蓝图，而这也正是一款优秀产品所需的。

《启示录》聚焦于产品，讲述如何打造卓越产品的方方面面。《启示录 2》则聚焦于创作产品的人，即产品团队，讲述上位者或产品教练如何辅导以及赋能产品团队，让他们具备打造卓越产品的能力。**《转型启示录》聚焦于企业，从组织结构等方面入手，强调要创造好的组织环境和周边支撑，让优秀的产品团队能够尽情地发挥能力，切实地打造出卓越的产品。**

从某个角度来说，这意味着本书并不适合产品领域的新手，而是更适合那些已经初步尝试过产品经营模式并获得成果、思考如何扩大试点、锁定并进一步扩大胜利成果的实践者和高层管理者。因为一次成功试点，更多是产品团队的能力体现，要将这种成功经验和团队能力转变为企业层面、组织层面所具备的能力，还需要在组织结构、人员配置等层面进行深刻的转型，而不仅仅是在方法、实践层面进行小调整。本书英文书名中的“Transformed”一词正是转型的意思，点出了这一关键要义。针对如何完成向产品经营模式的转变，书中也给出了非常具体、有实操性的指引：转型的 3 种方式、4 种关键角色的胜任力、5 大关键要素、与 6 类合作方的互动方式、转型的 7 大步骤、应对转型路上的 11 类反对者。

转型的 3 种方式给我留下了深刻的印象。我们在自己工作和辅导团队时经常强调，**做事情要从 3 个方面去思考，一是做正确的事情，二是把事情做正确，三是正确地做事。**对应转型的 3 种方式具体如下：

- 改变开发产品的方式，贴近于把事情做正确。采取小型、高频的版本发布；使用监测技术在影响到用户前先把问题检测出来；先验证功能价值，再做全量发布。
- 改变解决问题的方式，主要在强调公司需要培养一种能快速测试想法的专业能力，即产品探索能力，这贴近于正确地做事。我们可以简单理解为拍脑袋就开干的方式，和先侦察再开火的方式。要知道解决问题通常至少有两种方式，比如提高利润就有增加收入和降低成本两个方向，选择正确的方式做事，事半功倍。
- 改变问题筛选的方式，则是为了选对目标，确保做正确的事情。对症下药就是这个意思，医患关系方面，找错了病因，轻者延误病情，重则危及生命。在企业或产品研发方面，影响也不小，纵观企业兴衰历程以及各种创业公司的案例就可以知道，找错方向最大的代价，对于大企业来讲是一款产品、一个潜在业务的消逝，对于小企业来讲，很可能就是企业自身的衰亡。

在我看来，转型的 3 种方式是最为关键的思想导向，整本书围绕组织如何落实这三个维度的改变而展开，值得大家细细品味。

# 06

TRANSFORMED

# 产品经营模式，让产品团队从乙方变成甲方

苏　杰
产品创新顾问、《人人都是产品经理》丛书作者

马蒂·卡根的第一本书《启示录》可谓影响了不少国内的产品经理。2011 年，我组织七印部落翻译引进这本书。从那以后，马蒂·卡根和他的团队又陆续推出了更多作品，其中包括《启示录 2》和最新的这本《转型启示录》。这三本书的目标读者群体呈现出明显的递进关系：从产品经理到产品团队负责人，最后是公司经营的负责人。那么，《转型启示录》有哪些独特的价值呢？

## 提升产品团队的决策权

这本书的英文书名叫 *Transformed*，这个词可能会让你联想到国内常说的一个词——数字化转型。但我的理解是，**转型的重点并不是“数字化”，而是“产品驱动”。这里的“产品驱动”主要强调的是增强公司内部产品团队的话语权。**为了避免引起其他团队的警惕和敌意，作者在书中巧妙地避免了直接使用“产品驱动”这个说法。

在我看来，书中所说的转型，实际上是希望产品经理或产品团队能够从乙方变为甲方。深入探究这一概念，我们就会发现这不是简单的行政命令，而是需要公司从根本上转变其经营模式，即转变为本书提到的“产品经营模式”。

要想转变为产品经营模式，产品团队自身的能力升级自不必说。本书的第二部分详细探讨了产品经营模式下，4 种关键角色应具备的胜任力。但想要转型，更为关键的是赋予产品团队更大的、对等的权责利。在书的第三部分，作者介绍了产品经营模式的 5 大关键要素，特别在第 8 章强调了充分赋权产品团队的重要性。

## 真正的产品经理应该始终是甲方

很多领导者可能会问：我们为什么要转向产品经营模式？我想通过甲乙方的概念来分析这个问题。

当产品团队处于乙方的位置时，无论甲方是内部的业务部门，还是外部的客户，通常都是甲方支付费用、甲方承担产品失败的风险。在这种情况下，为乙方赋权对甲方来说是不公平的。

因此，企业想要在不改变盈利模式（即甲方付钱）的前提下让产品团队转型，是非常困难的。这也是给大客户定制产品时的一个挑战。在只有单一或少数客户（付钱）的“项目”模式中，乙方自然没有话语权，这就是现实。我认为，**真正的产品经理应该始终处在甲方的位置。**

然而，甲乙方的关系实际上也是一种供需关系。以面向消费者的互联网产品为例，这些产品拥有海量的潜在用户，任何单一用户的话语权都变得微不足道，决策权自然转移到了产品团队手中，使得产品团队变成了甲方。在这种情况下，产品团队可以分析以满足用户的“最大公约数”，哪怕 C 端用户不付钱，也可以通过大量用户的影响力来影响 B 端（支付费用的一方）。

这就要求我们转变为产品经营模式，这不但涉及产品本身，还包括业务模式（我们提供什么产品）、商业模式（我们创造什么价值）和盈利模式（我们如何赚钱）。我认为这是转型的关键原因所在。

## 从用户价值到商业价值的全面思考

在与译者潘农菲老师的交流中，我们发现书中提供的 10 个成功案例全部是数字化产品，主要集中在互联网和软件领域，而且偏向 2C 市场。这和 C 端数字化产品能够以极低的边际成本服务大量用户的特性有关。

**在我看来“产品经营模式”的适用范围不应局限于软件、硬件等产品形态，也不应局限于 2C 或 2B 等用户类型。关键在于能否以甲方的方式去服务用户。承担了更大权责利的产品团队需要从对产品负责，转变为对整个经营负责。**

产品负责人需要站在老板的视角来思考产品，这涉及潘老师提出的公式：经营结构 = 产品模式 × 扩张模式 × 盈利模式。这个公式要求产品团队思考：我们赚谁的钱、怎么赚钱、以及如何持续赚钱。

从用户价值到商业价值，从依赖外部输血到团队自我造血，这是一个全面的转变。希望每一位读者都能从这本书中获得宝贵的洞见，引领自己的产品和团队走向成功。

第二部分

# 人工智能如何影响产品管理与开发

TRANSFORMED

MOVING TO THE
PRODUCT OPERATING
MODEL

# 07

TRANSFORMED

# 人工智能产品管理的挑战

马蒂手记：我想重点介绍一下本文的合作者玛丽莉·尼卡（Marily Nika）。尼卡专门帮助产品团队开发人工智能驱动的产品和服务。她拥有机器学习博士学位，在Meta和谷歌的人工智能产品开发方面有着令人印象深刻的职业生涯，她还开设了一门热门课程，教授产品经理开发有效的人工智能驱动产品所需的知识。

在本文中，我们将讨论人工智能产品团队开发的产品。为了明确术语，当我们提到“人工智能产品管理”时，我们指的是开发人工智能驱动的产品。这与“移动产品管理”指的是开发移动产品非常相似。正如“移动产品管理”在移动领域刚刚兴起时是一项特别受欢迎的技能，现在大多数产品经理都需要具备开发移动产品的技能，我们预计人工智能产品经理也会如此。我们预计，大多数产品经理都需要熟练掌握开发人工智能驱动的产品和服务的技术。

## 基础设施与应用程序

一个重要的区别是，我们这里关注的是人工智能驱动的应用程序，而不涉及模型训练过程本身的底层人工智能基础设施。

这种区别类似于平台产品和体验产品之间的区别。平台产品使体验产品成为可能。这两种产品都很有趣也很重要，但绝大多数人工智能产品经理将负责体验产品，即应用程序，所以我们在这里将重点关注这一点。

## 人工智能驱动的产品的本质

大多数产品都存在重大风险，而产品团队是跨职能的，因此他们拥有应对这些风险所需的各种技能。很少有产品比人工智能产品更能凸显对强大产品管理的迫切需求。

“人工智能产品”是指利用人工智能技术为客户或公司创造解决问题的体验的产品。“人工智能”一词既包括传统人工智能（例如机器学习），也包括生成式人工智能。这些技术可实现多种功能，包括智能建议、个性化体验或匹配市场双方。人工智能应用程序的例子包括使用语音和自然语言理解来处理人类声音的智能家居设备、欺诈检测系统，以及生成式人工智能的高级功能，如内容创建、总结和合成。

当谈到产品风险时，人工智能产品尤其具有挑战性。这意味着产品经理、产品设计师和技术主管需要密切合作才能找到有效的解决方案。请注意，**虽然人工智能产品经理可能不会将机器学习科学家作为其核心产品团队的专职成员，尤其是在人工智能应用产品的背景下，但他们希望咨询机器学习科学家。这种合作对于有效利用底层人工智能技术至关重要。**

本文试图阐明人工智能产品尤其具有挑战性的原因。

## 技术可行性风险

生成式人工智能本质上是概率性的，而非确定性的。对于传统解决方案，我们通常可以相信，如果给程序以相同的输入，它将产生一致的输出。对于生成式人工智能解决方案，可能有数十亿个输入，并且权重会随着学习而改变，并可能随着时间的推移产生不同的输出。

某些类型的产品和功能非常适合概率解决方案，而其他类型的产品和功能则不适合。这也许是最基本的考虑因素。如果产品是个性化的新闻推送，那么如果偶尔有推送与用户所述的偏好不完全一致，这很可能可以在用户体验中进行管理。然而，如果一种产品控制药物的剂量，例如胰岛素，那么超出医疗指南推荐的剂量是不可接受的。因此，**人工智能产品经理要确保该技术与特定产品或解决方案良好匹配。**

这直接引出了质量保证这一关键问题。可接受的错误率是多少？可能的错误类型有哪些？产品将如何处理每种类型的错误？有没有办法通过用户体验来减少错误？说到错误，很多时候重点都被放在训练数据上。用于训练人工智能模型的数据质量至关重要。**产品经理需要对训练数据以及模型的训练和调整方式有清晰而深入的了解。**

所有大型数据集都存在潜在的偏差和局限性。数据偏差的伦理影响将在下文业务持续性风险中讨论，但人工智能产品经理需要掌握这些问题，并了解这些问题可能如何在最终产品中体现出来。更普遍地说，对于当今许多人工智能产品而言，最大的障碍是训练数据本身。目前的训练数据的数量和质量可能还不足以支持可行的商业产品。

**当谈到技术可行性时，人工智能产品经理需要与技术主管密切合作，并且可能还需要咨询机器学习科学家，以做出最合适的权衡。**例如，可能需要对高精度模型在训练数据、大量处理能力和时间以及计算资源方面进行更大规模的投资，从而影响用户体验、可扩展性和成本。

提及技术债务和基础设施并解决以下问题，也很重要：公司是否拥有支持人工智能产品所需的技术基础设施？要考虑数据存储、处理能力和持续维护成本等因素。高额技术债务会阻碍可扩展性以及整体技术可行性和业务持续性。

## 可用性风险

客户体验对于任何产品都很重要，但对于人工智能来说，它的重要性和复杂性上升到了一个新的水平。对于人工智能产品，我们需要设计用户体验，明确设定技术能做什么和不能做什么，以及至少在概念上产品如何工作。这种透明度是建立信任和避免在遇到限制时感到沮丧的关键。

传统模式中，产品经理在建立用户信任方面严重依赖产品设计师。然而，人工智能带来了额外的限制和复杂性，其中许多来自产品经理。我们需要让用户和客户对他们的数据使用方式以及人工智能的功能感到满意，这可能意味着新型的用户交互。产品设计师需要与人工智能产品经理密切合作，以确保人工智能体验易于学习、使用、理解和信任。

此外，在许多情况下，**解释人工智能决策和行为背后的“原因”在某些应用中变得至关重要。这种透明度可以建立信任，并帮助用户在与产品交互时建立信心。**

需要什么级别的可解释性才能产生必要的信任？与评估可行性一样，人工智能产品经理需要与产品设计师密切合作，分析可能影响用户体验的权衡因素。例如，高度准确的人工智能推荐系统可能需要更长时间才能产生结果，从而导致用户失望。同样，为更快处理而设计得更简单的人工智能模型可能会难以应对复杂的用户交互，或者准确性较低。

在准确性、速度、运营成本和用户体验之间找到适当的平衡至关重要。

## 价值风险

价值始终是一个关键风险。人工智能产品有望带来巨大价值，这就是为什么世界上如此多的人争相应用这项技术。但如今我们也看到许多人工智能产品只是徒有虚名。因此，**人工智能产品经理的首要职责是确保人工智能驱动的功能和产品为用户和客户提供真正的增量价值。这意味着要以明显优于现有解决方案的方式解决实际问题，甚至解决没有人工智能技术就无法解决的问题。**

我们希望避免仅仅为了营销或竞争而使用人工智能的诱惑。我们的工作是确保人工智能产品的价值清晰且引人注目。与大多数复杂的产品功能一样，我们希望使用一系列工具来评估价值。通常这意味着将定量证据（如 A/B 测试）与定性见解（如用户测试）相结合。

我们还需要与产品营销部门密切合作，以确保我们能够有效地传达这一价值。在谈到产品营销时，我们下面将围绕用户隐私和合乎道德的数据使用讨论重要的业务持续性工作，我们希望确保在适当的情况下，能够清楚有效地传达这些要点。

## 业务持续性风险

尽管人工智能具有巨大潜力，特别是在为用户和客户提供真正价值方面，但商业可持续性挑战往往也很大，而有关业务持续性风险的错误和疏忽往往占据了当今的新闻头条。

对于任何产品，我们都需要确保它能够有效地营销、销售、服务、融资、货币化，合法并符合相关的监管限制。但对于人工智能产品来说，这些业务持续性风险尤其重要且具有挑战性。从人工智能产品的单体经济模型角度来看，这一产品目前还处于初始阶段，但成本可能相当高昂。

此外，对于几种类型的产品，存在关于训练数据的数据来源和版权、数据中的偏差以及基于这些数据的建议引发的后果的真正问题。换句话说，公司仍在努力了解向客户提供概率解决方案的法律责任和影响。

最后非常重要的一点是道德考量。这是一个持续且日益令人担忧的问题。这超出了训练数据中的潜在偏差。如果用户误解了结果，或者模型出现造成危险的幻觉，那么法律和道德后果是什么？

要知道，有了概率解决方案，人工智能系统很有可能既能通过比人类更准确地执行关键任务拯救生命，又能通过犯错危及生命。如今，公司必须积极应对这些道德问题。

同样，人工智能产品经理必须努力预测不良行为者以非法或不当方式使用产品的后果。业务持续性的一个重要部分是保护公司的资产和声誉。根据使用情况，人工智能产品还可能产生社会或环境影响。人工智能产品经理应考虑和分析这些风险，并与公司的法律团队合作，保护客户和公司。需要明确的是，这些关键的业务持续性风险问题完全落在了人工智能产品经理的肩上。

希望本文能够清楚地说明产品风险如何受到人工智能产品的影响，以及人工智能产品经理如何承担更多责任和义务来应对不确定性。**成功的人工智能产品经理需要对用户和客户、数据、业务和市场有深入的了解，才能胜任这项艰巨的任务。此外，人工智能素养也是产品经理需要扎实技术基础的另一个原因。**

与移动产品经理一样，随着时间的推移，我们期望所有产品经理都至少具备这些技能的基础水平。未来，大多数产品经理都有望成为人工智能产品经理，这意味着产品经理需要了解人工智能技术的工作原理、所涉及的风险范围以及降低风险所需的工作。

（文章来源 https://www.svpg.com/ai-product-management/）

# 08

TRANSFORMED

# 为未来的产品开发做好准备

马蒂手记：通常我会写一些我亲眼见证的优秀产品团队的实践，但这篇文章有所不同，因为我需要尝试预测技术和趋势将把我们引向何方。所以对本文的所有内容你都应该持保留态度，但我仍然认为这种尝试是有用的，因为我们都应该尽力思考我们创造的技术的影响和后果。

首先我要明确一点，本文不会试图预测新一代生成式人工智能将实现的所有新型应用和设备。我关注的几位技术领袖都比我聪明得多，但我认为直到今天还没有人知道这一点。相反，本文是为我们这些将要打造未来产品的人写的。

目前大多数与人工智能相关的内容都涉及如何使用人工智能来改进我们的产品和服务。这当然是一个非常有趣的话题，因为我们每天都会听到更多鼓舞人心的案例，而且越来越多的人开始将生成式人工智能视为一种平台转变。但我的工作重点是产品开发方式：产品开发已经开始发生哪些变化，我认为将会发生哪些变化，以及你可以做哪些准备。

## 建立在颠覆性技术之上的行业

我想我的主要优势在于我已经在科技行业的核心部门工作了 40 多年，并且经历过几次重大的技术变革。我的职业生涯开始于个人电脑诞生之时，我很难向今天的人们描述在每个家庭和每个办公室中配备一台电脑的想法有多么意义深远。然后出现了分布式计算和高速网络，这使我们能够解决一些更棘手的问题。后来互联网出现了，这实际上促使公司重新审视我们生活和工作方式的几乎所有方面。我很难向人们解释当时的情况，只能说感觉就像现在的情况一样。

当时，无论是初创公司还是大公司，都涌现出大量创新。每周都有数十种新技术、数十种新工具和数百家新企业诞生。要跟上这些创新步伐非常困难，常常让我头晕目眩。今天的 OpenAI 可能最接近网景在当时所扮演的角色。然后，移动计算将这三项创新结合到一个可以放进口袋的设备中。我意识到这些早期的颠覆性技术在今天听起来可能有些过时，但在方方面面，无数的公司和产品被颠覆。

关于颠覆性技术，我还学到了另一件事，我始终牢记在心，那就是阿玛拉定律："我们倾向于高估一项技术的短期影响，而低估其长期影响。"也许生成式人工智能会是个例外，但我对此表示怀疑。在产品公司，我们为这些颠覆性技术而生。它们让我们能够以以前无法想象的方式解决长期存在的问题。

## 产品开发方式的创新

现在，如果我们把注意力转向如何开发产品，我会说迄今为止互联网对产品开发的影响最深远。互联网出现之前，产品团队规模更大，开发产品所需的时间更长，获取反馈所需的时间也更长，而且迭代次数更少。

纯属运气好，我正好处于互联网变革的中心，负责互联网诞生之初的公司——网景的平台和开发工具。互联网实现了产品探索、产品交付、分销和反馈周期的新模式。网景的产品团队以及我们处于中心的不断发展的生态系统都在前线，尝试着如何改变我们开发和交付产品的方式，而敏捷、客户开发和精益创业技术正是从这些早期团队的经验中诞生的。所以，所有这些都引出了一个问题：**生成式人工智能的兴起将如何影响我们开发产品的方式？**

## 产品开发方式的 10 大变革

从某种程度上来说，生成式人工智能是一种新型且功能强大的工具。听起来很简单，但用起来却很棘手。正如本尼迪克特·埃文斯 (Benedict Evans) 所指出的："有句老话说，当我们得到一个新工具时，我们首先要让它适应旧的工作方式，然后再改变自己的工作方式来适应新工具。"

我认为我们已经看到了这两者的明显迹象。两者都很有趣，但我想在这里集中讨论一下这些技术可能会如何改变我们的工作方式。此外，有些工具可用于产品开发，有些工具可用于产品运营。商业模式画布是前者的例子，AWS 是后者的例子。然而，生成式人工智能是一种在两方面都有重大应用的工具。

## 1. 产品团队和团队拓扑

公司销售的产品来自不同的产品团队。由于大多数产品都有多个产品团队负责不同的领域，因此团队拓扑是指我们如何组织这些产品团队。这是目前产品领导者需要做出的最困难但最重要的决定之一。目前有许多限制因素影响着最佳团队拓扑结构的决策。其中一个主要制约因素是“认知负荷”，即工程师的脑子能记住多少信息。要知道，如今许多产品的代码多达数千万行，因此这是一个非常现实的问题。我们确实有各种方法来抽象这种复杂性，但这仍然是一个主要因素。

因为工程师有了新的人工智能工具，认知负荷可能会下降，而且可能会大幅下降；这意味着团队负责的范围可能会增加，而且可能会大幅增加。产品团队数量减少、规模缩小，对公司来说是一大利好。这会带来很多切实的好处，包括提高赋权、自主性、沟通、协调、协作和工作满意度。显然，一种可能性是公司只是减少了所需的产品人员数量。我们已经看到类似情况发生了。但从历史上看，随着时间的推移，公司会追求更多的产品，更多新公司成立，因此整个行业都会经历整体增长。没有硬性指标，但我相信情况会如此发展。尽管正如你将在下文中看到的那样，这从来都不是一个平稳的过渡。总会有伤亡。

## 2. 团队自主权和主动性

决定产品团队成员工作满意度的主要因素之一是他们的自主权水平。从实际角度来说，这意味着他们所依赖的资源中有多少是他们可以自己控制的，有多少是必须从别人手中获取的。

在大多数大型组织中，为了完成任何有意义的工作而不得不依赖如此多的其他产品团队，这可能会让人非常沮丧和无能为力。由于自主权有限，即使想实现很小的功能也可能会非常复杂。以至于许多产品团队和产品组织只会避免解决最有意义的问题，因为他们不想处理沟通、协调和依赖管理的额外工作，也不想花费由此产生的时间和成本。

**新一代人工智能工具可能带来的一个主要好处是产品团队将拥有更高程度的自主权，尤其是对于工程师而言。**

一般而言，产品团队会处理各种规模的工作。从小型功能到中型项目，再到影响多个产品团队的大型计划。大多数公司对主动性总是感到困惑。主动性往往是解决最有意义的问题的砝码，能产生最大的潜在影响。然而，由于缺乏自主权，主动性往往伴随着高额的管理费用。

新技术的一大希望是，自主权将提高到一定水平，即单个产品团队不仅可以完全拥有和交付常规功能和项目，还可以有更大的自主行动权。**随着技术解决了工程师更多的认知负担，提高了设计师的体验设计水平，将产品经理从更多的行政负担中解放出来，产品团队有望承担起更多的端到端体验的责任，而依赖性会大大减少。**希望这将使产品团队能够以与他们今天承担新功能时相当的自主性水平来应对更大的计划。

## 3. 团队动态

产品团队在很大程度上是一种基于信任的社会结构。它们必然是跨职能的，而真正的创新的关键是合作。 甚至在生成人工智能出现之前，许多团队就发现建立和维持信任是困难的，尤其是当团队成员远程工作时。

问题在于新一代生成式人工智能工具是否会找到帮助建立信任的方法，或者是否会在无意中加剧问题，让人们更容易退缩到自我，主要与基于人工智能的代理进行互动，而较少与跨职能的同事互动。这听起来很微妙，其实不然，因为健康的合作需要一些必要的摩擦——能够表达不同意见，并解决许多经常相互冲突的目标和制约因素。许多人倾向于避免摩擦。但这样做，创新可能会受到影响。

当然，工具有可能有助于培养必要的信任和协作，但考虑到人们倾向于避免这些互动，人们真正担心的是，这会造成伤害而不是帮助。

## 4. 思考与判断

这一点既具有最大的潜力，也具有最大的风险。我对这件事将如何发展既感到兴奋，又感到恐惧。新一代人工智能工具有可能比我们所见过的任何其他工具更能提高我们的思考和推理能力。 但它也有可能接管必要的思考和判断，这可能会严重损害产品团队以及整个社会。

产品团队致力于以客户喜欢的方式解决难题，同时又有利于我们的业务。这需要一支跨职能团队来构思和讨论各种权衡。但最重要的是，它需要思考和判断，事实上，我们培训产品经理、产品设计师和工程师最重要的技能之一就是如何思考这些棘手的问题。

尽管如此，仍有许多人为了逃避思考而不惜采取如此行动，这真是令人惊讶。就在产品团队尝试 ChatGPT 的过去几个月里，我已经看到了各种例子。有些例子中，人们使用这项服务来挑战自己的思维，找到表达论点的最佳方式，或总结现有的研究。然而，我也看到过太多这样的例子：有人得到了 ChatGPT 对提示的回应，盲目地接受了它，而没有考虑它是否有意义，是否真的是最好的行动方案，或者输出是否相关。

**如果人们最终放弃实际的思考和判断，转而依靠科技工具，那么我担心我们正走向一个非常糟糕的方向，这一点再怎么强调也不为过。相反，如果我们确保人们使用这些工具来提高他们的思考质量，那将是一个巨大的贡献。**

## 5. 工件

随着新的人工智能工具的出现，创建产品团队和产品组织用于沟通和生产产品的工件将比以往更容易、更快捷。这有可能节省大量时间，并将人们从通常烦琐且耗时的工作中解放出来。然而，对于许多人，特别是那些不愿意深入思考和完成工作的人来说，工作变成了做工件本身，而实际上工件只是做工作的副产品。

例如，如果你已经完成了必要的产品探索工作，你通常需要将你的决策记录在产品路线图、产品需求说明书或带注释的用户故事等文档中，以便与工程师沟通，让他们了解需要开发和测试的产品的细微差别。但如果你没有进行必要的产品探索工作，那么你将基于猜测而不是产品探索期间产生的实际证据来制作工件。工件可能从表面上看跟工作一样，但其价值却不一样。

## 6. 质量

一个既有巨大潜力又有巨大风险的领域是质量保证。我们如何确保我们的产品始终如一地为我们的客户提供正确的服务？

一方面，这对许多产品团队来说一直是一个非常困难的问题。通常需要在测试自动化方面投入大量资金，然后持续投资维护这些（非常脆弱的）自动化测试。新一代基于人工智能的测试自动化工具有望彻底改变我们确保产品正常运行的方法。

另一方面，我们当前对质量的掌控主要基于确定性产品。这意味着，给定一组输入，我们可以预测适当的输出应该是什么，并且可以无限期地信赖这一点。然而，对于许多基于生成式人工智能的新产品来说，我们的产品不再是确定性的，而是概率性的。我们不能再指望相同的输入产生相同的输出。在许多情况下，这不是问题。但对于其他情况来说，尤其是涉及安全的情况，这将需要不同的方法来确保适当的行为。

## 7. 产品工程师

现在让我们从工程师开始看看人工智能技术对具体角色本身的影响。自产品工程师这个职业诞生以来，他们用来开发、测试和部署产品的工具一直在不断改进。尽管如此，新一代基于人工智能的工具仍然代表了能力的巨大飞跃，它确实改变了产品团队的形态。

未来某些工程师会被淘汰吗？当然，比如一些低级设计师和低级产品经理。但这很可能主要取决于工程水平。已经做过无数次的软件，例如将应用程序从 iOS 迁移到安卓，肯定会得到工具的极大帮助。然而，要提出一个反映组织独特需求、产品愿景和遗留系统的软件架构，工具可能就不会那么管用了。

我绝对希望并期待这将导致传统工程外包的终结。但也许有悖常理的是，我预计这将标志着工程师黄金时代的开始。作为一名从低级编程语言时代的工程师起步的人，我们的操作非常接近机器的水平，然后随着抽象级别的逐步提高，我们体验到了解放和生产力的阶梯式增长，新一代工具的承诺是使普通工程师能够拥有所谓“10 倍工程师”所拥有的超能力。这既减少了团队必要的规模，也扩大了团队负责的范围。

我乐观地认为，我们将看到赋权、自主权、影响力和工作满意度全部上升。我知道很多人担心我们是否仍然需要工程师。但我的预期是，**虽然按团队计算，工程师数量会下降，但按公司计算，尤其是按行业计算，工程师数量会上升。**还需要承认的是，就像所有颠覆性技术一样，有些工程师愿意学习新事物（很多人已经在学习了），但其他人则会尽可能地避免改变。**优秀的工程师知道学习新技术是他们的职责和贡献的核心。事实上，确定工程师是否真正渴望学习新技术是面试中最重要的目标之一。**

如今，许多工程师都在思考自己是否需要成为开发模型或训练这些模型的专家。虽然我确实认为某些公司需要这样做，但绝大多数情况下，与其他颠覆性新兴技术一样，大多数工程师需要掌握如何使用这些模型，但不必了解开发或训练这些模型的细微差别。与 AWS 等新兴技术一样，优秀的工程师可以成为使用这些服务的专家，而无须具备这些服务如何开发或运行的专业知识。

我们已经看到特定的工程技能组合不断发展，包括更多的机器学习、数据科学和数据工程，并且我们可以预期这种情况将继续下去。

## 8. 产品设计师

提到产品设计师时，我们指的是精通一系列设计学科的设计师，从服务设计到交互设计到视觉设计。

如今，许多设计师擅长视觉设计，但不擅长交互或服务设计。几年来，我一直在鼓励这群人提高技能水平，因为自动化和工具已经颠覆了视觉设计工作。随着新一代设计工具的出现，这种情况几乎是肯定的。事实上，新一代设计工具导致的裁员已经开始影响到这个群体。

另一方面，对于那些擅长服务和交互设计的产品设计师来说，他们的技能比以往任何时候都更加重要，特别是新一代技术以新颖的、在许多情况下用户不熟悉的方式展现，因此产品设计师的角色需要处于前沿和中心位置。因此，**对于有能力创造强大的端到端用户体验的产品设计师的需求将比以往任何时候都更旺盛。**

## 9. 产品经理

对于本次讨论来说，区分赋权的产品团队中的产品经理、功能团队中的产品经理以及交付团队中的敏捷产品负责人至关重要。这三种产品管理的定义差别很大，其含义也有很大不同。

我在其他地方已经更详细地写过这个问题，但就本次讨论的目的而言，赋权的产品团队的产品经理主要负责团队所创建的解决方案的价值和业务持续性。功能团队的产品经理主要是一名项目经理，负责设计、构建和交付项目路线图。敏捷产品负责人主要是一个负责产品待办事项的管理角色。

对于功能团队产品经理，尤其是管理产品负责人来说，如果新一代工具没有严重冲击这些角色，我会感到惊讶。就我个人而言，我认为这是一件好事，因为我认为这些角色不值得担任这些角色的人去思考。

话虽如此，如果我是对的，那么很多产品人员可能会发现自己至少会暂时失业，这可能会扰乱他们的生活和家庭，所以我这样说是为了鼓励人们尽早为这种可能性做好准备。

另一方面，**如果你是一支赋权的产品团队的产品经理，那么你的角色可能会变得更加关键，而不是更无足轻重。**我确实认为执行要素将大大减少，但我认识的大多数产品经理都会对此非常感激。他们需要集中所有精力来处理价值和业务持续性问题。下面将详细介绍。

对于那些赋权的产品团队的产品经理来说，新一代工具应该会大大减少他们花在创建书面叙述、路线图、产品需求说明书和验收标准等工件上的时间。部分此类工具已经开始出现。即使新工具还处于起步阶段，如果它们能够显著减少产品经理（或工程师）处理 Jira 等工具所花的时间，那也将是一个巨大的胜利。

### 10. 道德

我认为，最后一点是最重要的。我们很容易被我们现在能够创造的真正令人惊叹的事物所吸引。我们中的许多人进入这个行业是因为希望利用技术在某种程度上改善世界。然而，过去 10 年中，我们已经看到太多严重违背道德的例子，甚至使用传统技术的产品也存在同样的问题。

今天我不得不勉强承认，有很多公司，我们根本就不能或不应该信任它们能做正确的事情。世界上确实存在邪恶，但我认为更大的问题是，有太多“让我们先打造这个很酷的东西，然后再考虑道德”的例子。其中一个例子就是没有足够重视我们的训练数据中的偏差。

我仍然对这些新技术带来的好处抱有真诚的乐观态度，但也同样担心它们的危险性。**产品团队处于开发新产品和服务的前线，因此我们需要更加积极主动地发现和防止人工智能产品对人类、社会和环境造成的负面影响。**但在道德和人工智能方面也有一些好消息：至少我们不再需要担心加密货币带来的道德和环境灾难。

## 最后要说的三点

第一，正如施雷亚斯·多什（Shreyas Doshi）所说：“为未来做好准备的最好方式就是投资于你的同理心、思维和创造力。”

第二，正如玛丽莉·尼卡博士所说：“不要为了做人工智能而做人工智能。确保有需要解决的问题。确保有个需要以智能方式解决的痛点。”

第三，请记住，就生成式人工智能的影响以及发展而言，现在依然是初期阶段。有些事情我们可以有合理的信心进行预测，但也必须认识到我们的认知局限性，请始终牢记产品的第一原则：“知道你所不知道的事情。”

我们无法预知未来会发生什么。我们能做的就是尽可能做好准备，努力学习新兴技术，并不断思考如何利用新技术来帮助我们的客户。那些能够快速学习和应用新技术的人，那些对用户和客户有真正同理心的人，以及那些具有判断力和思考难题能力的人，在之前的技术颠覆中总是做得很好，我相信他们会再次做得很好。

特别感谢克里斯·琼斯（Chris Jones）、玛丽莉·尼卡博士和施雷亚斯·多什为本文初稿提供的想法。

（文章来源 https://www.svpg.com/preparing-for-the-future/）

第三部分

# 产品经营模式的核心思想

TRANSFORMED

MOVING TO THE PRODUCT OPERATING MODEL

1. 产品经营模式是指持续创造既受用户欢迎，又为公司创造效益的技术驱动型解决方案。从财务角度来看，这是最大化技术投资回报率的关键。

2. 向产品经营模式转型要从 3 个维度入手：从以项目为中心转向以产品为中心（改变开发产品的方式）、从功能团队模式转向赋能的产品团队模式（改变解决问题的方式）、从功能路线图转向成果路线图（改变筛选问题的方式）。

3. 产品经营模式是一种依赖信任而非控制的模式。

4. 产品团队要对“成果“而不是“产出”负责。

5. 不是以产品上市时间（time to market）为目标，而是以产品创收时间（time to money）为目标。

6. 产品团队既要解决用户问题，又要解决业务经营问题，这种改变是持续缩短创收时间的关键。

7. 发现有效解决方案的人必须是将它推向市场的人，因此产品团队必须同时负责产品探索和产品交付。

8. 产品探索中不存在成功或失败的概念，只有“我们学到了什么”这个问题。

9. 每周启动三次、每次一小时产品探索研讨会，与用户进行实质性互动，是公司持续创新必不可少的一部分。

10. 不要在用户与团队之间设置任何的中间层，跨职能的产品团队要想成功，就需要能够直接接触用户、直接接触用户生成的数据以及直接接触前端业务的公司利益相关方。

11. 只有负责交付的团队才能做出承诺，高度精准承诺应该是例外，而不是常态。

12. 成功转型最困难的是重新定义产品组织与公司不同部门之间的关系，要从“技术团队服务于业务”转向“以对业务有力的方式服务用户”，这是由从属模式转向协作模式的彻底转变。

13. 在产品经营模式中，一种全新的关键能力就是产品领导力。

14. 转型要牢记两件重要的事情：有多少主人翁精神就有多少信任度。产品领导层的工作就是改变人心和思维方式。

15. 擅长协作是优秀的产品团队工作模式的核心。

16. 产品经营模式的核心是关注既对产品满意又愿意传播口碑的标杆用户。产品团队需要与销售团队合作，找到和发展这些潜在的愿意传播口碑的用户。

17. 协作并非妥协，而是产品经理、产品设计师和工程师共同努力，找到一个突破所有限制条件的解决方案。

18. 产品经营模式中 AI 的应用是基于实际问题和明确的业务痛点，而非仅仅追求技术的先进性。

19. 真正驱动优秀的产品型公司的，是对产品愿景的主动追求，一种能够实在在改善用户生活的产品愿景。